总序

任何教材都是关于知识的认识和理解。不同的认识会有不同的知识体现，不同的理解也会有不同的知识追求。我们尝试编纂应用型本科系列教材，概括起来主要基于这样几点考虑和探索：

教材是一幅知识的蓝图，它标明知识的走向、知识的关系和知识的系统。然而，我们所强调的则是对知识走向的创新，知识关系的重构和知识系统的再建。

教材不该是对知识的按图索骥，而应该是对知识变化过程的引领。没有变化的知识不是真知识，不能运用的知识不是活知识。知识的生命在于知识的重组、知识的再生和知识的生产。知识是一个过程，了解和获得知识的真正目的，是掌握和运用知识。

教材要教给学生学什么，还要告诉学生什么如何学，更要指导学生什么如何应用。这里的应用不是指如何操作，而是指对基础知识和专业知识的巧妙融合和灵活处理。应用不是指做什么，而是指利用什么做什么。利用得好坏就是应用的方法。传授知识的方法是形式也是内容，根据对象选择内容，更应根据对象设定方法。

教育是一个永远值得探索的过程，因为知识永远都在变化。掌握知识变化的规律永远都需要探索——探索本身就是一种创建，一种辉煌。

一套教材的总序，就是一套教材的总的开头。开头的目的其实不在开头本身，开头的目的在于让人们急着往后看，看内容、看思路、看方法。所以，总序的文字就应该少到极致，而思考的空间却应该大到无穷……

丁海宴

2008年8月6日于南京方山

序

王更新

九月的南京，还在释放酷暑的余热，朱宝贺先生邀我为他们即将出版的《电视文艺编导教程》作序，着实让我诚惶诚恐。

朱宝贺先生是我的前辈，是我为人师表、探究学问的榜样。先生有着丰富的广播电视从业经验，并且30多年致力于传媒教育与研究，在业界学界享有一定的声望。他所著的《广播剧编剧艺术》、《电视文艺编导艺术》是国内最早在这些领域进行理论研究和梳理的专著，曾获得国家广电总局优秀教材、优秀科研成果二等奖。

这本《电视文艺编导教程》是电视文艺编导专业学生的核心教材。朱宝贺先生和王慧敏老师根据当下电视文艺节目形态发展的新情况、新特点，结合培养应用型、复合型、高素质电视编导专门人才的实际需求编著了此书。

该书从内容和框架上，突出了知识性、应用性、指导性、时新性。全书共分六章：第一章“电视专题文艺节目”；第二章“电视文艺栏目种类与策划”；第三章“电视综艺节目”；第四章“撰写综艺晚会文学台本”；第五章“电视文艺导演的学养与素养”；第六章“电视文艺导演的职责”。每章都有明确的学习目标和知识要点，有生动精辟的案例分析，还有思考与训练、阅读导航等。这些内容的设计使学生在理解和掌握专业基础知识，训练和培养专业应用技能上，能够深入浅出、化繁为简。教程的附录部分遴选了有代表性的不同形态电视文艺节目的文学台本，其中绝大部分内容都是由朱宝贺先生和王慧敏老师根据电视节目整理出来的，资料相当宝贵，具有一定的专业典范性和指导性。教程中还对目前中央电视台和部分省级卫视台各类电视文艺节目的定位、风格和特点进行了介绍，所引案例包括《中国画面——第27届中国电视剧"飞天奖"颁奖盛典》、2010年第九届中国艺术节，以及近年重大节日的电视综艺晚会，具有强烈的时代特征和时新性。教程整体上体现出科学性、规范性和创新性，对于电视文艺编导专业学习具有重要的理论价值和指导意义。

在该书的编写过程中，朱宝贺先生及时总结教学成果，孜孜以求知识更新。为了收集资料，七十几岁的老人家不辞辛劳往返于北京/南京，一边上课，一边写作，精力充沛，治学严谨。先生还热情、无私地栽培青年教师，对与他共同编写教材的王慧敏老师悉心指导，这一切都让我钦佩、感动。

借此，向朱宝贺先生的学识、热情、严谨、坚持、辛苦致敬！

2011年9月

目 录
contents

第一章
电视专题文艺节目

学习目标

- 了解专题节目的界定和类型。
- 了解专题节目与专题文艺节目的异同。
- 了解专题文艺的表现元素。
- 了解专题文艺的结构。
- 了解撰写专题文艺稿的要求。
- 了解专题文艺节目的走向。

"电视文艺"按第21届电视文艺"星光奖"所规定的项目分为:综艺节目、歌舞节目、音乐节目、戏曲节目、文艺专题片、纪录片、文学节目、少儿节目、动画片、科普节目、文艺栏目。运用类型学研究方法进行分类,电视文艺可分为:专题型、专项型、综艺型文艺节目。首先我们要探讨的是电视专题文艺节目,在此之前先了解一下专题节目。

第一节　电视专题节目

关于专题节目的界定、分类问题,中央电视台研究室曾于1992年11月、1993年4月和11月分别在北京、浙江舟山和湖北宜昌举行过三次中国电视专题节目分类和界定研究活动,会上邀请了全国电视界的部分专题节目编导和学术界专家。本着“涵盖周全、分类准确、界定周密、表述精当”的原则，与会编导和学术界专家展开了热烈研讨，对纷繁复杂的专题节目形态做了归纳和整理，并对其所具有的内涵和外延进行了概念表述，制定出了《中国电视专题节目界定分类条目简表》。该简表也成为我国电视艺术理论建设中的一项重要的科研成果。

《中国电视专题节目界定分类条目简表》包括以下内容：

一、报道类(含纪录片)

(一)纪实型：1.新闻性；2.文献性；3.文化性；4.综合性。

(二)创意型：1.抒情性；2.表现性；3.哲理性；4.愉悦性。

(三)政论型：1.评论性；2.思辨性；3.论证性。

(四)访谈型：1.对话性；2.专访性；3.座谈性。

(五)对话型：1.报告性；2.发布性；3.礼仪性。

二、栏目类

(一)对象型：1.军人节目；2.青少年节目；3.老年节目；4.妇女节目；5.残疾人节目；6.少数民族节目；7.港澳台胞节目；8.对外节目。

(二)公共类：1.社会节目；2.经济节目；3.文化节目；4.体育节目；5.科技节目；6.卫生节目。

(三)服务类：1.公益性(①天气预报；②股市行情；③寻人启事；④广而告知；⑤节目预告)；2.指导性(①示范节目；②时令节目)。

三、非栏目类

(一)特别节目型

(二)系列节目型

(三)连续节目型

(四)竞赛型：1.益智性；2.娱乐性；3.技能性。

四、其他类

(一)主持人节目

(二)节目主持人①

---

① 转引自高鑫、周文：《电视专题》，中国广播电视出版社1997年版，第2页。

在这个简表中，对文艺性专题节目没有明确规定，但后者同样包容在这几种类型之中。因此，电视专题文艺节目既有专题节目的共性——主题相对统一，又有文艺节目的个性——以文艺为选题对象，是一种运用文艺素材对主题作全面、详尽、深入的反映而形成的节目形态。

专题节目是在确定主题的前提下进行纪实性的创作，要求主题相对统一。它往往是创作者在先期深入生活采访后确定主题，在主题的统帅下选择素材进行构思，把最深刻的感受凝于笔端，写出文学台本。调动多种素材为展示主题服务。所选择的素材绝不能虚构，必须是具有真实性或纪实性的材料。通过镜头语言和各种声、光、色手段对主题作全面、详尽、深入的反映，强调主题的集中性。关于专题节目与纪录片的区别可参见表1—1：[①]

表1—1

	反映生活的方式	表现生活的手段	时空处理	镜头运用	结构形态	思维方式
纪录片	客观再现	新闻手法	现在进行时	长镜头 跟拍等	纵向	展现生活
专题片	艺术表现	艺术手法	任何时空	自由组接	横向	展现思想

电视专题文艺节目，从界定上说，应该属于文艺节目的范畴，是专题节目中的一个支脉。所谓专题文艺节目，是一种主题明确、内容集中、开宗明义的节目形态。它一般都是围绕主题精选相关的节目素材，题材集中，主旨鲜明，样式较多，有一定的完整性和深度感。主题明确、鲜明、生动，素材的精心选择和再创造，是办好专题文艺节目的关键。

另一方面，电视专题文艺虽然有文艺的成分，但它毕竟是专题节目的一种，依然强调真实性，二者之间有着千丝万缕的联系。电视专题文艺与电视专题节目之间的区别是：电视专题节目是纪实性的，不允许有杜撰或虚构；而电视专题文艺允许在纪实的基础上进行艺术加工。比如，它可以用非现场声源的音乐烘托某种情绪，可以插入资料性的画面和回忆性的镜头以及空镜头，甚至可以将摄像机搬到现场以外拍摄移动中的现场，等等。

纪实性是电视专题文艺的本质，如何把现实生活拍得生动感人、富有意义

① 根据郑向荣《电视文艺专题节目创作》第9～12页内容绘制，中国传媒大学出版社2008年版。

而且好看，这就要取决于编导的艺术功底了。

从广义上来说，电视专题文艺是电视专题节目的一个分支；从狭义上来说，它又是文艺节目的一个分支。因此说，电视专题文艺具有双重属性，既有真实性又有文艺性，二者缺一不可。无论是从编导创作的角度还是受众接受的角度来说，电视专题文艺都是一种很有魅力的节目样式。

第二节　电视专题文艺节目的类型

根据节目的内容和编导的立意，专题文艺从形式上可分为如下几种类型：访谈类的专题文艺、报道类的专题文艺、介绍类的专题文艺、抒情类的专题文艺、评述类的专题文艺、赏析类的专题文艺以及特别类型的专题文艺。

一、访谈类的专题文艺

这类节目不以文艺的本体作为反映的对象，而是以评价、介绍文艺现象为主，它的界定必须是对有关的文艺活动进行访谈，而不包括与文艺无关的内容。如果是文艺以外的内容，则将其归类于专题节目。比如专题文艺《春节晚会访谈录》，这个节目集中在有关春节晚会的主题，其中涉及四个问题：1. 众口难调调众口；2. 春节晚会的"动情点"问题；3. 走出演播室又怎样？4. 祝福你，春节晚会。这类节目是专题文艺中一种比较简单的形式。确定访谈题目是一项非常重要的课题，主持人提出的问题要清晰、有一定的代表性，被访者的回答要简单、明确，只有这样才不至于使观众产生疑虑。

访谈节目既有多人访谈，也有单人访谈。《春节晚会访谈录》属于多人访谈，涉及的面较宽，访问的人次也较多。这种访谈能吸引社会各阶层人士参与到节目中来，因此，所反映的问题也能代表广大电视观众的想法、意见和愿望。单人访谈多以艺术创作为主题，做深入的探讨和详尽的介绍。在《王冼平谈春节歌舞晚会——致春天》这个访谈节目中，主持人与受访者王冼平之间通过问答的方式，比较详尽地介绍了歌舞晚会的构思、艺术处理以及一些幕后鲜为人知的趣闻等情况。这类访谈往往是从微观上介绍节目的创作、导演和表演的艺术处理，既能传播一定的知识也能满足观众的好奇心理，从而培养了观众的审美情趣，提高了观众的欣赏水平。

访谈类节目容易使观众产生倦怠感，因此，节目内容尤其应具有时代感，所选择的素材要紧密围绕主题，同时采用多种节目样式，丰富节目内容。中央电视台《文化访谈录》是一个典型的访谈类专题文艺栏目，在《电影照进现实》一期节目中邀请的是电影《无形杀》的制片人谢晓东。《无形杀》讲述的是“人肉搜索”对个体生活产生强烈影响的故事，是中国第一部有关这个题材的电影。主持人马东和嘉宾谢晓东对这部电影的创作动机、拍摄的意义、拍摄期间的艺术创作、整部电影的运作、国家电影机制等问题做了深入的探讨。节目中插入了精彩的电影片段，既让电视观众在电影未上映之前先睹为快，又起到了起承转合的衔接作用。

二、报道类的专题文艺

报道类的专题文艺是指专门报道文化艺术界或电视文艺界的创作、演出活动的一类专题节目。这类专题文艺既富有新闻的纪实性，又有相对的时效性。

中央电视台《幕后》栏目是一档专门展现文艺节目创作过程的节目。该节目围绕2009年央视春节联欢晚会，对观众关心的春晚节目的制作过程做了详细的报道。例如，关于小沈阳和赵本山的小品《不差钱》的创作过程，在后台几位主演是如何讨论小品的包袱设置以及有几个不同版本的结尾等，都予以披露报道。每一年中央电视台在春节联欢晚会前后都会推出一系列的幕后花絮节目，此外还有报道中国音乐电视大奖赛、歌手大奖赛的节目，等等。这些节目系统地向观众报道文艺活动的筹备过程，把文艺活动的后台工作情况都如实地向观众进行展示，使观众不仅能看到台前精彩的节目，而且也了解到幕后工作的艰辛，满足了观众的好奇心理。

报道类的专题文艺节目需要为观众提供完整、清晰的信息，还要能给观众带来一定的艺术审美享受。例如在系列节目《杨丽萍和她的原生态》中，有大量的《云南的响声》现场演出的画面，对于那些不能去现场观看演出的电视观众来说，给他们带来了直观的审美感受，使他们也可以欣赏到一台全新的、精彩的节目演出。

三、介绍类的专题文艺

这类专题文艺主要是从介绍的角度制作节目，观众可以通过节目了解到文化艺术界的著名人物、专业的文艺知识、有独特艺术品格的剧种以及优秀的文艺作品，等等。这类专题文艺囊括的范围比较广泛，是专题文艺的主体形式。其中包括：

（一）介绍人物

如对音乐家、画家、雕塑家、表演艺术家、舞蹈家等的介绍。这类专题文艺节目的要求是：定位人物，以事为衬，以艺托人，突出精神。

介绍人物的专题文艺节目，实际上是关于文艺人物的专题片，将其作为一类是因为节目中所介绍的人物是独具艺术特质的"人"，具有一定美学意义的内涵。他们展现在社会公众面前的是美的艺术品质，以及他们获得这种艺术品质所要经历的一般人不曾经历的生活道路，这本身就具有审美价值。更为重要的是，文化艺术界名人往往很受观众的青睐，这是因为文艺创作过程的特殊性和欣赏过程中产生的一定轰动效应，使得文化艺术活动在普通人心目中具有神圣感和神秘感，容易引起人们的好奇和探秘心理。文艺人物专题节目，可以把普通观众带到文化艺术界名人创作和生活的世界中，满足观众的特殊心理需求，同时也就增强了这类节目的可视性。这类专题文艺节目既要展现人物艺术创作的魅力，又要深入人物内心，通过事件展现人物的独特品格。例如，《人物》栏目之"艺坛大家·方掬芬"介绍的是儿童剧表演艺术家方掬芬的艺术创作活动，其中有这样的细节：方掬芬让记者摸布娃娃，听玩具鸟叫，连声地跟记者说："好玩吧？我都不敢拿出来放在外面，几天就会被我摸脏了。"通过这一系列细节描写，既展现出一位老艺术家的童心未泯和她从事儿童剧工作所特有的气质，又拉近了艺术大家与观众之间的距离。

（二）介绍知识

介绍知识的专题文艺节目的要求是：以传授知识、追根寻源、层层递进、阐述演变为准则。例如，《古乐南音》介绍了作为音乐活化石的南音的形成过程，经历了两千多年的发展历史依然保持着原始的风貌。在这个节目中，主持人通过串联词引出题目，用画面和字幕分别介绍单个乐器，解说人用解说词详细地介绍曲目，插播古画、诗词等材料与解说词相配合，主持人提出问题并以传说中的故事为引子介绍南音的发展历史：中原人民南迁到泉州，把中原文化带到泉州，使古老的音乐一代一代相传至今成为音乐的活化石。《京都古戏楼》介绍了皇家戏楼（平阳戏楼、听郦馆戏楼、畅音阁大戏楼、恭王府戏楼等）、会馆与民间戏楼（湖广戏楼、古北口戏楼、广和楼戏楼）及有关戏楼的建筑、传说等方面的知识。《川剧与变脸》介绍了川剧的历史及其中的绝活——变脸的来历、传人与发展，以及川剧在世界戏剧艺术中的广泛影响等。

（三）介绍作品

古今中外曾产生过许多脍炙人口的优秀文艺作品，编导有责任将这些优秀作品介绍给观众。这类专题文艺节目不仅可以普及观众的知识面，使其了解新的文艺作品和优秀的艺术家，而且可以提高观众的审美能力。介绍作品的专题文艺节目的要求是：选择优秀的作品，介绍诞生年代，叙述历史地位，突现内涵外延。

江苏民歌《茉莉花》这首歌曲，经过编导创作成专题文艺《芬芳年代——茉莉花》后，使观众对这首经典民歌的来龙去脉有了详尽的了解，同时节目对这首民歌对国内外民族歌曲的影响、发展等内容都做了详尽的介绍，从中揭示出艺术来源于生活的真谛。节目以香港回归祖国庆典上演奏的《茉莉花》乐曲为切入点，介绍这首民歌的演变及其在中国音乐史上的重要地位，对其他艺术门类的影响，以及在世界文化艺术交流中所产生的作用，借以说明来源于民间、来源于生活的艺术作品有着永久的生命力。

此外还有许多文艺节目也对作品的形成过程做了介绍。如《千手观音——心手相连》，通过对手语老师、编舞、导演以及领舞者邰丽华等人的访谈，介绍了

《千手观音》这部舞蹈所取得的艺术成就和在国内外产生的影响。

四、抒情类的专题文艺

抒情类的专题文艺往往侧重于文化方面的内容，相对而言，文艺方面的内容略微偏少，强调一种历史感和抒情感，有点类似于音画散文。抒情类的专题文艺节目的要求是：融知识风物，拟状物抒情，形散神不散，文化在其间。

例如专题文艺《洛阳牡丹情》，先介绍的是牡丹的品种和繁衍的历史，然后介绍洛阳是十五朝的古都、现代的工业重镇，以盛产牡丹闻名。“洛阳牡丹甲天下”，洛阳人对牡丹有着特殊的情感，由牡丹引发的文化现象渗透到社会各个方面。牡丹来到洛阳是牡丹之幸，洛阳有了牡丹也是洛阳之幸。以牡丹为线索贯穿着洛阳的历史和今天，抒发着洛阳人对牡丹的那份深情。

《江南——千年陈酒》是刘郎编导的《江南》系列片之五。在这一集中，以河姆渡遗址发现稻谷为切入点，引出绍兴盛产黄酒的话题。绍兴东浦镇有位酿酒师傅汤百年，其祖父和父亲都是酿酒的能手，而他也遵照祖上的传统工艺进行酿酒。他用糯米和鉴湖水系的水酿造黄酒，好酒与好水、好米息息相关。中国第一个王朝创建者、治水英雄大禹的陵墓就坐落在绍兴城外，鉴湖水系不仅养育了江南的子民，也孕育出灿烂的文化。酒与文化有着密切的联系，由酒而引发出王羲之的《兰亭序》、陆游和唐婉的名词《钗头凤》。此外，文化名人鲁迅也出生在绍兴，咸亨酒店则由此闻名。绍剧也透着浓浓的酒香。黄酒的品牌“花雕酒”、“香雪”、“女儿红”等都蜚声海内外。革命先驱徐锡麟、秋瑾等都有着绍兴人的黄酒性格。绍兴像一尊古老的酒坛，而绍兴的文化更像是千年陈酒。编导以抒情的笔调对酒与文化的关系做了细致而全面的表述，是一部较典型的文化抒情类的专题节目。如果从文化的宏观角度看，把它归于专题文艺节目也是可以的。

五、评述类的专题文艺

这类专题文艺往往带有夹叙夹议的风格，既有叙述的解说词，又有对节目的评述成分，甚至还可以借题发挥，引申和深化主题，如《歌曲比赛评述》、《舞蹈比赛评述》等。这类专题文艺的要求是：夹叙夹议，简言点评，褒贬得当，观点鲜明。

六、赏析类的专题文艺

赏析类的专题文艺，多由主持人或嘉宾、编导和演员等带领观众欣赏一些富有艺术性的文艺节目。

七、特别类型的专题文艺

这一类型的专题文艺是指为了体现某种特定意图或传播某一重要内容而特别采制和播出的节目。它是同固定节目相对应的一类节目，常用于重要的纪念日、节日或比赛，主要以题材重大、主题集中、思想性强、艺术水平较高吸引观众。这类节目持续的时间长短不一，有些规模较大、时间较长的事件或活动的特别节目，常以系列形式出现。其播出时间不受固定的时间表的限制，而且通常安排在黄金时段，如国庆特别文艺节目、春节特别节目等。

《中国文艺》栏目播出的《除夕夜》这个专题文艺共分为四集，具体内容如下：

第一集：20世纪50年代，一部黑白电影的春节联欢晚会在春节期间拍摄完成，虽然电影的上映因制作周期长而在半年后才与观众见面，但它仍不失为一次创举。这之后，中央人民广播电台又举办了广播春节联欢晚会。当历史步入1983年的时候，中央电视台春节联欢晚会终于出现在了电视荧屏上。

第二集：以情与爱的奉献、苦与乐的体验、名与利的淡泊，甚至生与死的考验为线索，用感人的话题作为切入点，反映出晚会工作人员所具有的责任感、使命感、敬业精神与牺牲精神。

第三集：为了拉近与广大电视观众的距离，贴近普通老百姓的生活，电视春节联欢晚会的创作者们付出艰辛的努力，运用各种艺术手段求创新。而观照时代潮流、反映年度大事，更是成为电视春节联欢晚会义不容辞的重任。这一切都巧妙地融合在一个个精彩感人的节目中。

第四集：围绕电视春节联欢晚会在各个不同时期，针对港、澳、台同胞及海外侨胞推出的有一定代表性的节目，穿插了大量相关导演及创作人员的采访，打破原有素材的时空限制，充分利用精彩画面，扩大信息量。

每逢重大节日或纪念日，电视台都会制作这种特别类型的专题文艺节目，它既是对文艺发展的梳理，又有很强的宣传作用，同时也具有一定的史料价值。

第三节　电视专题文艺节目的创作

一、电视专题文艺节目的表现元素

要构思一档专题文艺节目，在主题的要求下选取素材成为专题文艺的表现元素。从节目创作出发，大致涉及以下几种语言元素：

1. 主持语言——串联词起到提出问题、组织段落以及结构全篇的作用。

2. 解说语言——叙事、解释、介绍、说明内容。

3. 画面语言——选取画面与解说词相配合，完成表情达意的作用。为了解说词的充分表达，选用空镜头来进行匹配也可视为画面语言。

所谓画面语言，主要是指电视节目创作者用以构成视觉形象的各种因素和方式，体现创作构思的各种手段和技法的总和。这其中主要是指镜头、构图、光效、色彩、影调等诸多元素的组合方式。

4. 字幕语言——强调和补充解说词难以承担的任务，同时也起到注解的作用。

5. 音乐语言——歌曲、配乐，起到烘托情感和情绪的作用。

6. 造型语言——雕塑、建筑、绘画等节目素材。

7. 音响语言——补充空间的音响，烘托气氛。

8. 资料语言——引用诗词文学、史料性的照片等。

9. 采访语言——补充、说明、印证创作者所要表现的主题内容。

以上几种语言构成了专题文艺节目的整体，彼此相互融合，共同完成体现主题、传达节目信息的任务。

二、电视专题文艺节目的结构

结构包括主题的提炼及事件的发展(节目的开头、结尾、高潮和总体布局,以及事件和人物之间的关系)。编导既要“全局在胸”,又要不枝不蔓。

1. 序(或前言)——选题的意义,问题的提出。

2. 中间——问题的展开。依据认知的逻辑,层层递进,娓娓道来。此处要注意层次清楚,即:先说、后说、再说;段落要分明,即一个问题或题目结束后再转入下一个问题或题目,一个段落一个段落地进行下去,直到完成主题要表述的使命。每个段落要求层次清楚。

3. 结尾——要照应开头、总结全篇。此处要精练,不可拖泥带水,要给观众留下一个完整的印象。

4. 结构形式

(1)线性结构,其形式为:序—A—B—C—D—结论。一般来说,线性结构按照时间顺序安排内容,这也是电视节目中最为常见的一种结构形式。例如,2009 年,北京电视台专门为新中国成立 60 周年制作了一部 20 集的专题文艺节目《百花》。《百花》回顾了新中国成立 60 年来文化艺术百花齐放的盛况,详尽地记录了社会主义文艺大繁荣的面貌。这部系列专题节目在整体结构上按照时间的顺序,介绍了不同历史时期的代表文艺作品,是典型的线性结构。

(2)板块结构,其形式为:总序 → A—B—C / A′—B′—C′ / A″—B″—C″ → 结尾。这种结构适用于内容较为分散但又有同一主题的素材,各板块之间为平行关系,服务于同一个中心思想。例如,由中国残疾人艺术团录制的《与梦同行》就是一部展现中国残疾人艺术团 15 年所取得的光辉成就的专题文艺节目。节目没有采取常见的时间线性叙述方式,而是选取几部代表作品,结合表演者的人生故事,展现了残疾人演员的精神世界。在内容上采取人物故事和表演节目相结合,并列平行的结构方式,最后统一于残疾人艺术的主题之下,带给人深刻的思考。

(3)圆形辐射状结构,即围绕同一个主题,朝不同方向伸展(如图1—1所示)。比如,《芬芳年代——茉莉花》围绕《茉莉花》这首民歌,对其久唱不衰的原因、对国内外民族歌曲的影响以及发展等内容进行了全面的介绍。

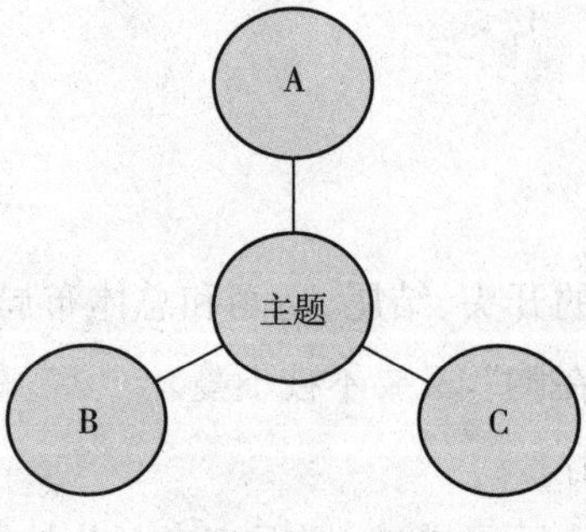

图1-1 圆形辐射状结构

(4)点面结合的结构,即以一个事件为点,由点扩展到面,最后点面结合的形式。也有人称这种结构为横线与纵线交叉的结构。比如《江南——千年陈酒》,从“造酒”这一事件扩展到文化的各个方面,属点面结合的结构形式。

一般来说,专题文艺节目由于篇幅较短,结构不可能过于复杂。但对于一些大型专题文艺节目来说,则可以将几种结构形式综合起来使用。这样处理的前提是节目资料要丰富,素材要多样化,彼此之间可以相互融合,结构清晰,层次分明,从而达到吸引观众的目的。

三、电视专题文艺节目的撰稿

专题文艺节目稿的撰写要求文字语言与画面相互配合,相得益彰,共同为主题服务,使观众从解说词和画面中能够得到知识、信息和美感,审美水平获得提高。

通常来说,解说词的写作,作者主要运用散文体语言进行叙述、描写,用评述性的语言进行说明与点评。解说词叙述注意层次要分明,段落要明晰,语言要精练,有韵味、有文采,口语化。解说词在专题文艺节目中主要起到承上启下、提纲挈领、解释主题、传递情感的作用,它是节目创作的一个重要环节,创作者要格外下工夫。电视编导一般都具有较高的文化程度和一定的文字表达能力。解说词和串联词最好由编导亲自动手写,这样能够充分表达自己的创作意图。经过充分酝酿、反复推敲和精心撰写的解说词,能较好地体现编导艺术创作的整体构思。

编导要有全新的创作理念和熟练的技巧及方法,这些都是制作好一档专题文艺节目的重要保证。著名专题文艺节目编导刘郎曾说过:“就个人的体会而言,我觉得真正的电视撰稿,应该是包括选材、开掘、结构、画面设计、文学表述等多种内容的综合性精神劳动,它本身就包含着编导工作的极大成分。或者说,真正的电视撰稿人,实际上在撰写纲要的时候,执的就是导演之笔。记得在撰稿阶段,我曾留意了以下几个方面:在选择事件的时候,要主干清晰;在组织材料的时候,要删繁就简;在进行结构的时候,要段落干净;在设计画面的时候,要注意营造;在文学表述的时候,要把握语势。”[①]刘郎的这段话可以说颇得电视专题文艺编导工作的三昧。一档节目从选题开始直到制作完成,是一项相当艰巨的系统工程。其中的每一个步骤、每一环节,都倾注着编导的心血、才智和热情,任何一点疏忽、懈怠和偏差都会毫不客气地显示在电视屏幕上,直接影响到观众的收视情绪。所以要吸引观众津津有味地看完节目,必须高度负责地对待节目中的每一个环节,一丝不苟,精益求精。

第四节 电视专题文艺节目的走向

一、专题文艺节目

专题文艺节目是指以纪实的手法真实表现某一题材、人物或知识,或欣赏、或评述、或报道,节目中所有的文艺成分仅作为节目语言或素材来为主题服务,而不是完整地表现某一文艺作品的全部内容。这类专题文艺节目的选材较为广泛。比如,中央电视台国际频道《中国文艺》栏目国庆60周年特别节目“十月·记忆”即属于这种类型。整个节目分为“情感记忆”、“家园记忆”、“五环记忆”、“乡村记忆”、“城市记忆”五个板块。在“城市记忆”这一板块中,又分为“车水马龙”、“城市短衫”、“粗粮细粮”、“大城小市”、“电灯电话”、“楼上楼下”、“戏

① 引自《中国电视》第164期,第49页。

里戏外”七集，节目中引用了影视剧作品片段、相声小品表演、音乐作品以及嘉宾的亲身讲述，以此说明城市发生的翻天覆地的变化。

二、文艺专题节目

文艺专题节目是在某一主题思想的指引下，用艺术门类中的各种文艺形式来阐释或说明所规定的主题。它将审美性与欣赏娱乐性放在首位，同时也适当地融入了一些知识性的内容。这种文艺专题节目在内容上既有简单的艺术门类的组合，如歌舞组合、戏曲组合、小品组合，等等；也有多种艺术门类中的不同文艺形式的组合，形成主题性的综合文艺节目。这类节目融思想性、艺术性、知识性、趣味性、欣赏性于一体，用电视艺术表现手段，深刻揭示主题，具有鲜明的个性。例如，王冼平任总导演的《百年经典——20世纪中外音乐舞蹈》就属于文艺专题节目。该节目以展示20世纪的经典音乐舞蹈为主题，选取了各类民歌、流行音乐、音乐故事、戏剧片段等不同的文艺样式，介绍了当时的著名音乐家、舞蹈家的创作生涯，详细地描述了百年舞蹈历史。

三、专题艺术片节目

这类节目综合了专题文艺与文艺专题节目的特点，因此它既具备专题文艺的纪实性，又强调文艺专题的主题性。这类节目一般时间较长，容量较大，是文艺类专题节目中的大型作品。

例如，电视专题艺术片《七弦的风骚》展现了被联合国列为“人类口头和非物质遗产”的中国古琴的高雅和风骚，以及“琴乡”江苏常熟的千年文脉和人杰地灵。著名的电视艺术片编导刘郎“将中国古琴的历史与体式、琴乡与琴境、琴手与琴心作三位一体的全方位烛照和‘道’与‘器’关系层面的深刻探讨，写出了古琴这个美丽而雅致的文化图腾的高古圆融和奥秘无穷”①。

① 倪祥保：《古琴与琴乡的意象之美——评电视艺术片〈七弦的风骚〉》，《中国电视》2006年第11期，第18页。

以上三个层面或类型上的划分，主要是从节目形式与内容的不同特点来定位的。

总之，专题文艺从纪实性走向文艺与纪实相互渗透，继而强调纪实的成分，题材选择日益广泛多样。而文艺专题强调文艺的主题性，用文艺节目表现主题，由文艺专题发展到综合文艺晚会。综合文艺晚会具有兼容性，综合了文艺范畴中的所有艺术门类的艺术成分和非艺术的成分。“晚会”一词不过是个时间的概念，而综合则既是形式上又是内容上的组合概念(见图1－2)：

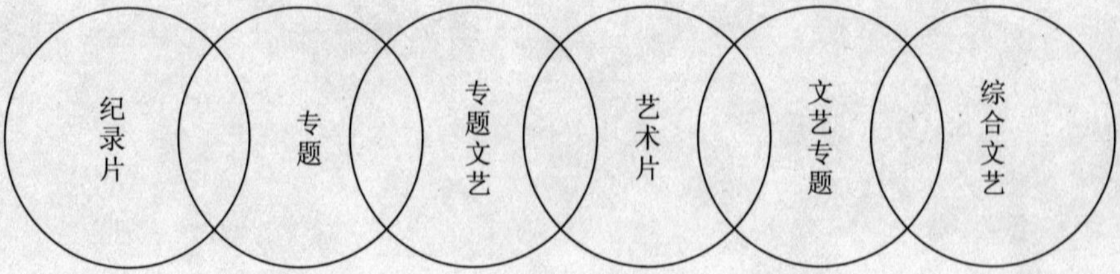

图 1－2

纪录片节目：拍摄真实生活进行剪接的节目。

专题节目：编辑真实的材料表现主题的节目。

专题文艺节目：运用真实的材料表现文艺现象的节目。一般来说，在片中没有完整的文艺节目，多截取文艺表演的片段来为主题服务。

艺术片节目：以纪实性与文艺的抒情性相结合表现主题的节目。

文艺专题节目：以不同的文艺形式表现某一主题的节目，有完整的文艺节目展示。

综合文艺晚会节目：综合传统艺术、亚艺术和非艺术、舞台艺术、电视艺术等手段表现主题的节目。

思考与训练

1. 专题节目与专题文艺节目之间有哪些方面的异同？

2. 专题文艺节目的表现元素是什么？

3. 专题文艺节目的结构有哪几种？

4. 撰写专题文艺节目稿都包括哪些内容？

课外阅读与欣赏

1. 游洁：《电视文艺节目创作》，中国广播电视出版社 2001 年版。

2. 中央电视台国际频道《中国文艺》节目。

附 录

《百花》

二十集社会主义文化大繁荣纪事

第十八集 八面来风

旁白：2001年10月，当世界的目光聚焦上海APEC分会，20位各国家和地区的领导人身着唐装亮相的一幕惊艳世界。唐装浓厚的中国传统文化背景和民族特色，一时成为一种时尚潮流。其实，在2000年，王家卫的那部电影《花样年华》中，女主角张曼玉换了二十多套旗袍，已经让我们见识了传统服饰是如何的风情万种。新千年的开始，中国正在学习以自己最传统的文化和美感染世界，而世界也在重新想象这个日渐强大、日渐自信的国家。

【字幕：第十八集 八面来风】

主持人王姬：2001年，中国的大门正在以前所未有的速度向世界打开，APEC只是其中大事之一。这一年，我们无法忘记的还有：7月13日，中国申奥成功，无数中国人为此欢呼或流下了激动的泪水；两个多月后，9月17日，中国正式加入WTO，中国经济勇敢地走出了融入世界的重要一步。新世纪之初，中国的文化和娱乐界也正在以自己独特的姿态努力地与世界接轨，尝试着让世界了解一个更内在、更本源的中国。

旁白：2001年10月5日，刚刚成立100天的女子十二乐坊举行了她们的第一场音乐会。音乐会很成功，不过，那时候还没人能预料到，这个成功仅仅是她们日后走出国门的一个开始。第二年，她们登上了春晚；又过了一年，她们在日本发行了第一张同名唱片，堪称辉煌的销量，让日本为之震惊。

女子十二乐坊成员石娟：当时就是完全可以说家喻户晓，和滨崎步都可以说是同级别了。

女子十二乐坊成员廖彬曲：我们是8月份发的专辑，不到3个月，居然卖到了200万张。

石娟：200万张。这个销量在日本来说，可以说真的是天文数字。

旁白：十二乐坊的音乐创造性地结合了中国传统和现代潮流，她们在海外取得了巨大的成功，让外国人对中国的传统音乐和乐器产生了浓厚的兴趣。

石娟：我们在日本还开办了民乐学校，每次巡演的时候，大家都会安排时间，去那个学校里面为大家辅导。因为很多人，当时曾经一时，二胡在日本已经脱销了。

歌唱演员周冰倩：现在日本二胡也很流行嘛，还有什么十二乐坊，他们都很喜欢听二胡。当时我在NHK做节目主持人的时候，也是每周都拉一段名曲，日本名曲或者是世界名曲，他们也很喜欢。

旁白：虽然有人曾对她们的民乐编配和演奏方式不乏微词，但无法否认的是，十二乐坊的女孩们用她们自己独有的、富于东方女性美的方式，让世界对中国的民族器乐和民族音乐不再陌生。

词作家付林：所有这一切的新东西，你会看到新的文化、新的音乐，它越来越多元化。非常古典的有，非常原生态的有，非常中西合璧的世界音乐有，所以你会看到这绝对是社会进步和经济繁荣的结果，催生了文化的一个非常大的发展。

旁白：在民族声乐领域，宋祖英同样把东方的茉莉花香带向了世界。2002年，纯粹的中国民歌在西方歌剧和交响乐的圣地——悉尼歌剧院唱响，让西方媒体和听众大为惊艳。

【宋祖英悉尼音乐会现场　歌曲《小背篓》片段】

宋祖英：小背篓，晃悠悠，笑声中妈妈把我背下了吊脚楼，头一回幽幽深山中尝呀野果哟……

歌唱家宋祖英：站在那个舞台上的时候，还是一种，感到一种很自豪，很幸福的。因为自己的梦想成真了，我觉得还是很幸福、很开心，非常开心的。

【宋祖英肯尼迪音乐会现场　歌曲《龙船调》片段】

宋祖英：Somebody help me?

现场一外籍男观众站起示意：I can help you!

宋祖英：Thank you very much.

艄公你把舵搬哪，

妹娃我上了船。
啊哟喂座，
啊哟喂座，
将阿妹推过河啰……

旁白：在悉尼歌剧院之后，宋祖英又登上了维也纳金色大厅和美国肯尼迪艺术中心的舞台。而也在此时，世界顶级音乐奖项"格莱美"向她抛来了橄榄枝。

【百年留声专辑《我的祖国》片段】

宋祖英：好山好水好地方，
条条大路都宽畅。
朋友来了有好酒，
若是那豺狼来了，
迎接它的有猎枪……

旁白：宋祖英凭借《百年留声》专辑获得"格莱美"古典跨界专辑奖提名，该奖项用于表彰具有流行元素的古典音乐专辑。尽管只是提名，却也是中国民族声乐一次了不起的进步。

【歌曲《花儿为什么这样红》片段】

宋祖英：花儿为什么这样红……

【歌曲《天涯歌女》片段】

宋祖英：小妹妹唱歌郎奏琴呀，
咱们俩是一条心……

宋祖英：我觉得我们这么多年的努力，就想让中国民族声乐走向世界。我觉得这么多年的努力真的没有白费，我们已经逐渐地被世界认同，就是我们的唱法，我们的中国元素的音乐。

歌唱家蒋大为：随着历史的发展，随着国家的变化，我们中国的声乐，也在发展、也在变。可以说变到现在，已经成了自己的声乐体系。所以我们这种唱法，我们以前叫民族，其实它应该改变，应该叫中国唱法。

【歌曲《爱我中华》片段】

宋祖英：爱我中华，

健儿奋起步伐；

爱我中华，

建设我们的国家。

……

旁白：宋祖英为把中国民族声乐带向世界迈出了自己的脚步，在之后的数年间，王宏伟、汤灿、谭晶，甚至全国各地的民族音乐团体，都开始了走向世界的步伐。

【谭晶维也纳音乐会现场　歌曲《在那东山顶上》片段】

谭　晶：在那东山顶上，

升起白白的月亮，

年轻姑娘的面容出现在我的心上……

歌唱演员谭晶：我当时在维也纳金色大厅演唱的时候，我就觉得特别地骄傲和自豪。我站在那个舞台上的时候，觉得我代表的不仅仅是我自己，我代表的是一个青春的中国。中国是一个多民族，是一个热情好客，是一个热爱和平的国家。我当时在唱《想亲亲》的时候，就有一位奥地利当地的歌唱家叫托马斯，然后他跟我一起合唱这首山西民歌。等上场的时候，音乐一起，我就把这个中国结给他戴上了，底下观众就开始鼓掌了，果然是就觉得我们两个人一下就近了。

【歌曲《想亲亲》片段】

托马斯：想亲亲，想得我手腕那个软，呀呼嘿。

拿起个筷子我端不起个碗，呀儿呦。

谭　晶：想亲亲，想得我心花花花乱，呀呼嘿，呀呼嘿。

煮饺子下了一锅山药那个蛋，呀儿呦，呀儿呦。

托马斯：头一回毛妹妹你不那个在，呀呼嘿。

你妈妈劈头打我两锅盖，呀儿呦。

谭　晶：想你呀，想你呀，实格在在想你。

……

旁白：谭晶为托马斯戴上了中国结，拉近的不仅是两个人的距离，也是中国民族声乐与世界的距离。宋祖英、谭晶和其他所有民族声乐工作者一起努力，让世界开始认识一种属于中国的独特声乐唱法，也让世界开始认识到一个日益强大和自信的中国。

宋祖英：其实能连着继续开的话，我觉得与我们国家的经济实力的提高、提升有直接的关系。如果在我们国家经济基础不是很好的时候，不可能有一个人的那种独唱能在国外的大剧院来做。

声乐教育家金铁霖：我们赶上了一个好时代，我教的学生能够走出国门、走向世界，这是我的荣耀，更是祖国的荣耀。

谭晶：我觉得我们作为文艺工作者，应该说也是非常幸福的，能够赶上这样的一个好时代。

旁白：在流行音乐和世界音乐领域，何训田作曲、朱哲琴演唱的两张唱片《阿姐鼓》和《央金玛》也是具有启发意义的佳作。曾有媒体这样评价：如果你在外国的唱片店发现只有一张CD来自中国，那么它极有可能是《阿姐鼓》。

【歌曲《阿姐鼓》片段】

朱哲琴：唔嘛呢叭咪唔嘛呢叭咪
唔嘛呢叭咪唔嘛呢叭咪
唔嘛呢叭咪唔嘛呢叭咪
……

《阿姐鼓》曲作者何训田：它被大家认可，我觉得是一个独立性。它既是西藏的，但是，不是我们熟悉的西藏的音乐，但它又是西藏的。就像我当时说的一个话：我到西藏去，不是为了寻找西藏，而是寻找自己。因为你寻找了自己在西藏的位置。

旁白：何训田用自己的个性创作出富于西藏韵味的音乐，并加之朱哲琴的天籁之声，和世界音乐的编曲形式，从而征服了世界。他的成功和十二乐坊、宋祖英的成功一样，都让中国的音乐家们清楚地发现，在民族音乐和流行音乐领域，立足本土的国际化已经成为潮流。而同一时期的影坛，和世界交融接近的脚步也正在加速。一位未来将通过自己的电影走向世界的女演员，此时还只是一个从未演过电影的普通学生。这一天，她接到了一个改变未来命运的电话。

电影演员章子怡："你好，我是张艺谋。""啊！？"我说"导演你好"。就这样，他们说有这样一个剧本，因为之前已经有过接触了，那他们可能也做了一定的选角色的过程。那具体发生什么，我也不太清楚。然后拿到这个剧本以后，(我)就被送到乡下了。然后在乡下老乡家住了两个多月，就每一天去挑水、喂猪，然后拔土豆，然后给老乡做那些糊饼子。

旁白：到电影《我的父亲母亲》正式开拍的时候，她已经彻彻底底把自己变成了一个合格的农村姑娘。

章子怡：我记得有一场戏，就是招娣拿着那个碗追陆老师，给他吃那个饺子，就摔倒了。摔倒了好痛啊，那一跤摔的，很多人都吓到了。工作人员就冲上来，要扶我，然后都被张艺谋导演一句话就给吼回去了，说"别扶她！"我也不知道发生什么了，这个镜头就停了。后来下来我跑得就是缺氧了，就在一个大巴士里面休息。然后他就说，他说如果有经验的演员，这个摔倒是最自然的一个摔倒，会爬起来继续跑下去。我当时就特别想哭的感觉。

旁白：还是初出茅庐的章子怡，在《我的父亲母亲》的拍摄中，学到了如何面对突发情况。可另一个突发情况是她没有预料到的，就是这部片子所引起的巨大反响以及自己的一夜走红。

章子怡：那时候张艺谋导演确实帮了我很大的忙，他就说有什么你不明白的，我有经验，来问我。然后那时候刚刚拍完《我的父亲母亲》，他知道李安导演一直还在找合适的演员，然后他就说，我们刚刚拍了一个新人，要不要去试一下。就这样子，然后我就有机会见到李安导演。

【电影《卧虎藏龙》片段】

玉娇龙：从今以后认剑不认人！

旁白：见到了李安导演，拍成了《卧虎藏龙》这部电影，这对于章子怡是走向世界影坛的一个绝好的开始。而《卧虎藏龙》这部电影的意义，当然不仅仅在于此。李安导演以两岸三地纯华人班底打造的这部作品在 1999 年横扫奥斯卡，勇夺四项大奖，不但极大地提升了华人电影工作者在世界影坛的地位，也让中国的文化元素潜移默化地在世界影迷中深入人心。

章子怡：为什么外国人会喜欢？我想可能大家看很多关于香港的动作片，可能对功夫片一点都不陌生。但是对这么一个有诗意和有内容的、很丰富的这样一个作品，可能大家会觉得眼前一亮。所以为什么就是美国《纽约时报》这样大的一个媒体，它在选近二十年最经典的电影，唯一一部中国影片上榜，就是

《卧虎藏龙》。

旁白:1997年,在素有“舞坛奥斯卡”之称的洛桑国际芭蕾舞大赛中,黄豆豆被破例邀请为表演嘉宾。不过此时,他和中国的古典舞还不被西方观众所熟知。

中国舞蹈家协会书记冯双白:当他站在舞台上的时候,所有的参加比赛的世界各个芭蕾舞团大腕没有一个人看他。谁也不认识他,也不给他让地方,每个人站一块地方。黄豆豆非常尴尬地站在那儿。

旁白:顶着质疑和轻视的目光,黄豆豆登上了舞台。

冯双白:后来当黄豆豆在舞台上做了完美的表演之后,所有对他看也不看的人,那些大舞蹈家——去给别的观众签字的人,都拿着自己的节目单,或者拿着纪念册来找黄豆豆签字。

舞蹈理论家欧建平:不用你说什么文化,不用你说什么高调,所有人把手掌都给鼓疼了。

舞蹈演员黄豆豆:观众对我们掌声的认可,你能从掌声里面感受得到,他真的是从心里面被中国的舞蹈折服了。我们都感觉,掌声它不单单是对舞蹈的肯定,这种掌声里面,我感觉更多的是对中国人精神的肯定和中国文化的一种肯定、一种尊重。

旁白:黄豆豆正是在走出国门、看过世界之后才更容易发现自己脚下的这片土地的可贵,发现了自己应该坚定不移地走民族与现代结合的舞蹈之路。于是他放弃了已经有所成就的现代舞,回归传统。

黄豆豆:后来我突然在想,我为了让自己跟全班四十个同学不同而去跳了现代舞,但是其实我是跟全世界四百个、四千个甚至四万个跳现代舞的人都一样了。所以我突然之间就意识到,我要回到自己寻找的真正的一个文化脉络里面,我要找回真正的自己,我应该回到中国的文化里。

旁白:黄豆豆回归传统,开始寻找一条传统与国际化结合的舞蹈之路。那个时候,为此而努力的当然不止是他一个人。事实上,2000年之后,中国的舞蹈家们通过各自的努力,让世界逐渐知道了中国的当代舞蹈风貌和艺术水准。谭元元的芭蕾、黄豆豆的民族舞、金星的现代舞、张继刚的编舞作品,都让世界开始重新认识和审视中国的舞蹈艺术。

黄豆豆:那个时候,世界好像对中国的舞蹈还不是很理解。有时候就说,这是中国的舞蹈吗?中国的舞蹈还能这样?我们一直觉得中国的舞蹈就是舞红绸,有扇子、有狮子头,我们真的不知道中国舞蹈还能这么去跳。

总政宣传部副部长张继刚:过去我们的舞蹈作品,中国人知道的很多,国际上知道的很少。现在我们的舞蹈作品和舞剧作品,在国际上,是目前在这个世界上最赚钱的舞剧。其中包括我的舞剧作品《野斑马》和舞剧作品《一把酸枣》,都赚取了大量的外汇。

旁白:张继刚的《一把酸枣》走出国门,赚取了大量的外汇。而他更广为人知的作品是由残疾人艺术团二十位聋哑演员编排的舞蹈作品《千手观音》。

【舞蹈《千手观音》片段】

旁白:美轮美奂的《千手观音》除了给人以视觉的享受外,更带来心灵的震撼。《千手观音》内在的精神正是它能够感动全世界的原因。

张继刚:现在《千手观音》你说去过哪些国家,我跟你说不清楚;你说在这个世界上,还没去过哪些国家,我倒是可以给你说清楚,它几乎走遍了全世界。你要是问一些外国朋友,知道中国吗?他就拿手给你比划,《千手观音》的那个国家。可见它已经成了当代中国的一个标志。

旁白:在同时期的时尚行业,世界正在对一位来自中国的时装设计师胡晓丹产生极大的兴趣。由他设计的"流动的紫禁城"系列服装创造性地融合了中国古代宫廷建筑元素,让西方人大开眼界。

设计师胡晓丹:特别是中国文化这样一个有这么悠久的历史,有这么多精彩东西留下来的这样一种文化,它的生命力是非常强的。而且至今,我觉得很多东西是不落后的。

服装设计师马羚:我有一组让法国蓬皮杜艺术中心收藏的时装作品,就是根据我们的花脸设计的。蓝是窦尔敦,白是曹操,黑是包公,那红是关公。实际上呢,我们中国的颜色,比欧洲的颜色的使用要丰富,要丰富很多,要大胆,要平面化。这一点上面是许多外国人不了解的。

胡晓丹:甚至我跟他们开玩笑,说中国其实没有传统的色彩学。可是你看咱们历史上这些艺人们用的这个颜色,它太符合今天的色彩学的那些研究的最新的成果了。

中国舞蹈家协会名誉主席贾作光：哪个国家能像我们中国这样的，舞蹈这么繁多、民族这么样繁多、东西这么样繁多。

歌唱家才旦卓玛：丰富多彩的这个文化，丰富多彩的这个音乐、舞蹈。

舞蹈理论家资华筠：又结合了时代的精神，把它的审美特质提炼出来，赋予它一种新的意蕴。

钢琴家殷承宗：觉得中国五千年文化特别灿烂。

马羚：当我们走出国门的时候，我们也同时把我们的精髓，我们的那种大胆的艺术就是带给了他们，他们也觉得特别欣喜。

旁白："只有民族的才是世界的。"在21世纪的今天，在我们拥有了全球视野之后，再反观我们的传统文化时，才更能深刻地体会到鲁迅先生这句话的含义。

主持人王姬：就像改革初期，有机会出国的人才会做一身西服一样，中国人曾经以西方的审美观和服饰习惯为时尚，但是到了2000年，唐装和旗袍再度随着APEC回潮。"紫禁城"服装系列、"上海滩"服装系列都成为了新的时尚潮流。这当然是因为随着中外交流的愈加频繁和中国国际地位的提高，中国人变得更加自信。世界了解着发展变化中的中国，中国也认知着世界，这其中需要的是交流；也只有交流，才能弥合分歧和误解。

旁白：2001年，电影《刮痧》讲述了一个发生在美国的真实故事，一个华人家庭在美国用中医刮痧为孩子治病，却被误会为虐待儿童的故事，展现了多元文化在交流融合中产生的种种碰撞。

电影《刮痧》主演蒋雯丽：我们是导演、我、朱旭老师，我们大概是十几个人从北京去的，然后大概有二十多个人是从香港去的。我那时候我的感受就是，因为我也不懂粤语，当他们（来自）香港的，大家在一块儿都说粤语的时候，我觉得跟他们说美国话是差不多的感觉。因为就是，后来我还开玩笑，我说语言真是带来一种文化的差异。

【电影《刮痧》片段】

许大同：我觉得你们没有明白，刮痧是传统的中医疗法，可以治疗各种疾病。几千年来中医认为人有七经八脉。

电影《刮痧》导演郑小龙：对这个家庭来说是一场灾难，而且完全就是因为文化上的不能够理解而产生的一种灾难。因此我觉得要把这个差异表现出来，通过文艺作品告诉大家。

【电影《刮痧》片段】

美国律师：孙悟空不但吃光了全部药丸，还掀翻炼丹炉，砸烂别人的车间。这么一只顽劣、粗鲁的中国猴子，却被许先生当成道德与价值榜样！

许大同：你以为你是什么玩意儿！你对中国文化一窍不通，你是个无耻的骗子！

郑小龙：因为实际上"地球村"这个概念，就是技术发展以后，人和人的距离一下拉近了。所以说在这个问题上呢，我们就应该更多地理解对方的文化，了解对方的观点，知道为什么要这么做。这才能够使全球化变得融洽起来，否则就会出问题。

旁白：如同电影《刮痧》，在现实中，文化差异所带来的误会和冲突也确实存在着。

胡晓丹：我是作为一个中国的设计师到西方来，他说中国有设计师吗？服装，中国用得着设计吗？中国人不都是规定要穿军装的吗？我说你们应该到中国去看看。当然现在变化越来越大了，可是即便是现在，我觉得可能西方人了解的中国也还是有限的，有好多人还是不了解。

影视演员丛珊：就会碰到很多的观众，他们看完这个电影(《良家妇女》)提很多的问题，比如说中国现在是不是还是这样？因为那是一个等于说童养媳的这种婚姻，是不是现在还是这样。就是你会发现，他们对中国社会其实到底是什么样，一点都不知道。

影视演员王姬：到了厦门以后他傻了。这是中国吗？我说对呀。他说不对！我说为什么不对？他说在我们感觉，中国都应该是泥泞的路，有牛走在上面，拉着牛车。我说天哪！他撂起胳膊来给我看，他说王姬你看我打了多少针，这是防这个的，那是防那个的，就感觉咱们这儿就是瘟疫区、灾区，打了40多针在身上。他说我出国，我来中国之前，他们都告诉我，你要这样、你要这样。我说那你简直对我们中国太不了解。

电影演员陈冲：这30年来，在海外的华侨，肯定是地位上，有这样一种位置上的转变，而且也开始对你有一种刮目相看了。

旁白：世界需要更多坦诚的交流才能真正相互了解，东西方文化也需要更多激烈的碰撞才能真正走向融合。这在新世纪的中国，乃至世界文化领域已经成为共识。但另一方面，随着整个世界的进一步交融和相互了解，世界各国也都意识到，越是到了一个开放的时代，一个全球一体化已成潮流和趋势的时代，如何保护自身的文化，保护地球文明的多样性，已经成为一个愈加重要而紧迫的任务。于是 1998 年，世界保护非物质遗产计划启动。2001 年，一度濒危的中国昆曲和古琴艺术入选第一批世界非物质文化遗产保护名录。

昆曲演员魏春荣：2001 年就是申遗成功，当时大家真就是好像有点奔走相告的那种感觉，打电话的，见面大家就开始聊这个话题。然后就想以后会怎么样，很快就有变化，就包括那些媒体对昆曲的关注，普通的老百姓对昆曲的关注，包括上边的领导对昆曲的关注就接踵而来了。

昆曲表演艺术家蔡正仁：我记得有几十位青年大学生主动地跑到上海昆剧团，他说你们演出《长生殿》，我们能不能报名参加为你们演出的义工。这个我觉得是我们演昆曲以来，第一次碰到的新问题。

魏春荣：我们下到大学里去演出，在那儿演昆曲的氛围非常好，只要有昆曲的演出，几乎场场爆满。在那儿演出吧，我觉得特别有意思在哪儿，就是说，你念一句就会有反应。

【昆曲《牡丹亭》片段】

魏春荣：我觉得一个是他们逐渐地对咱们中国文化的一种重视，还有就是对民族文化的这种自豪感。

旁白：2007 年国庆期间，在刚刚落成的国家大剧院，青春版《牡丹亭》成为剪彩剧目之一。

学者于丹：那天我进大剧院看《牡丹亭》，我的感觉就是时空都停顿了，交织在一起。我看到了传统与现代的相逢，一种不可思议的相逢。就是那种古典的魂魄放在一个现代的躯壳里面，被重新放飞。如果你闭上眼睛，你听到的一切宛如当初；当你睁开眼睛，你会惊诧得瞠目结舌。

蔡正仁：从一个对昆曲一点都不了解的少年，开始学上了昆曲，演昆曲，然后传昆曲，就成了我一生的使命。

旁白：昆曲重新被国人热爱，是因为昆曲 600 年来一脉相承的美，更是因为全民对传统文化越来越重视、越来越自信。

主持人王姬：在新世纪的商业大潮中，在文化娱乐越来越趋于多元化和多选择的时代，我们对于源远流长的民族民间艺术，应该如何保护和弘扬呢？也许，不应该仅仅满足于将它们送入非物质文化遗产的行列保护起来，更不应该捧入博物馆，高高地供奉起来，应该努力研究探索它们将如何发展和传承下去。青春版《牡丹亭》是一个有益的尝试，杨丽萍的《云南印象》在这条探索之路上走得更远、更艰难，但也更成功。

【《云南印象》片段】

舞蹈演员杨丽萍：《云南印象》就是我从事舞蹈 30 多年，我每天都在用心地去积累，在观察，观察大自然的这些东西。看见月光那么圣洁，然后那个三道弯，女性的这种曲线，就研究这种东西。用我的独立思考的一个角度，而不是被别人干扰的这样一个东西，来完成这样的一台原生态的作品。

旁白：《云南印象》在 2004 年中国专业舞蹈最高奖项"荷花奖"的比赛中赢得十项大奖中的五项。截至 2007 年，《云南印象》在全球巡演了 160 多场，创造了巨大的经济效益和文化影响。杨丽萍用《云南印象》把云南原生态民间舞蹈带出了国门；而和云南山水相连的广西从 1999 年起，每年举办的广西民歌节至今已经 10 年，它也把广西民歌之乡的美名传遍了世界。

【1999 年第一届广西民歌节　歌曲《山歌好比春江水》片段】

斯琴格日乐：唱山歌，
　　这边唱来那边和，
　　那边和。
　　山歌好比春江水吔，
　　……

策划人刘莉玲：我觉得是开了一个先河，当时民歌那么唱，就把它摇滚化了，然后的话，用很时尚的一些元素，(将)音乐元素放进去。当时在中国，我至少没有看见。

【歌曲《太湖美》片段】

那英：太湖美呀，
　　太湖美，

美就美在太湖水。

……

旁白:广西民歌节对民歌的大胆改编,使得民歌更加适应当下的发展潮流;而政府参与办节,也给当地建起了一座收益颇丰、没有污染的民歌工厂。

刘莉玲:如果十年前去我们南宁和现在去我们南宁的人,觉得它变化是非常大的。没有人会怀疑民歌艺术节给南宁带来的这种巨大的影响。

旁白:广西民歌节在传承和发展民歌的路上已经取得初步成功,而我国非物质文化遗产保护工作,始终任重道远。为了保护文化遗产,自新中国成立以来,党和政府一直都在做不懈的努力。

【纳西古乐片段】

旁白:这是世界上最古老的音乐之一——纳西古乐,在解放前夕一度失传。解放后,前后曾有十多起学习、采访和搜集整理活动,以至于我们仍然有幸在今天能听到唐朝的宫廷音乐。1950 年,中国音乐研究所对无锡民间艺人华彦均(瞎子阿炳)的传谱和演奏技艺进行了采录。华彦均于当年 12 月逝世,他演奏的《二泉映月》等录音资料成为一代民乐大师之绝响。1984 年,一场规模宏大、发掘深入的全国民间文学普查活动展开,共收集到民间故事 184 万篇,歌谣 302 万首,谚语 784 万余条,总字数超过 40 亿字。这次普查成果辉煌,意义十分深远。而随着经济持续高速增长,人们生活方式的改变,文化遗产的生存面临着危机。

中国文联副主席冯骥才:中国木版年画最多的,但是最有特点的是杨家埠。山东有一个年画艺人,叫杨乐书,原来他屋子里找不着他家里的传承人。有一次我跟他聊天,我看角上有一女孩子短头发、头冲里,我就过去了。我跟那女孩说,我说你是哪个学校的?你在这儿学,你喜欢版画?她也不理我,后来我看看她,她也看看我,她还不理我。我说这女孩怎么回事,后来他说她是日本人。

旁白:名扬海外的古老年画面临失传的危险,其实这不仅仅是杨家埠之痛,也是很多传统文化之痛。为拯救和保护文化遗产,2006 年,国务院公布第一批国家级非物质文化遗产名录。其中包括杨家埠年画、梁祝传说、刘三姐歌谣、昆曲、皮影戏等共 518 项。

冯骥才:实际上,国际的《非物质文化遗产公约》也是在 21 世纪初才公布。

所以我们应该讲，跟世界的潮流并不慢。这一点我觉得还是感到很自豪的。

旁白：中华民族五千年的文化积累和沉淀，不仅凝结着炎黄百姓的生活情感，而且昭示着华夏民族的个性和精神。我们有理由保护并让它永远传下去。

国画家范曾：中国五千年文明是很密度的，全世界没有（哪个）国家的文字记载像中国这样丰厚、这么详尽。有些国家，几百年历史就是一片空白。中国至少有三千年的准确纪年。

剧作家苏叔阳：非物质文化遗产是我们民族灵魂所系、命运所系，是你之为中国人、中华民族一部分的那些根本的东西。

冯骥才：一个民族，我觉得最关键就是说，你创造了文明，你还得要保护你自己的文明，还要传承你的文明，你才能永远是一个文明的大国。

主持人王姬：或许，当我们回头看这世纪之交的几年，我们会发现它是中国文化至关重要的几年。在这几年中，中国文化开始面对全球化和本土化的双重冲击和洗礼。由此，中国人也开始用新时代的视角，重新审视和发掘自身深邃的民族文化，自己悠长久远的民族历史，自己深藏于民族精神中生生不息的价值观。

（王慧敏根据节目录像带整理）

第二章
电视文艺栏目种类与策划

学习目标

- 了解专项型文艺栏目的特点。
- 了解综艺型文艺栏目的特点。
- 掌握文艺栏目策划的要点。

电视文艺栏目是电视台播出的电视文艺节目中最基本的组织形式，大都是由相同或不同类型的一个或多个节目连缀成板块构成的。文艺栏目是在内容上涵盖极为广泛、在风格样式上丰富多彩的电视节目系统。文艺节目在经过栏目化处理之后，一般都有特定的名称和固定的播出时间，这样就使节目获得了整体化的效果，内容定位更专一，收视更为便利。电视文艺栏目化是电视文艺走向成熟的标志之一，栏目化的播出使观众逐步形成了固定的收视习惯，有利于播出的规范及扩大文艺节目的影响力。每个栏目都有固定的片头、题花，以及主持人等"外"包装，使得栏目更能凸显个性与风格，并具有了形式美。许多外包装本身也能成为内容，如主持风格、栏目的形式美都是非常必要的，因为它们具有特殊的表达功能。

由此，这就向电视文艺的创作者们提出了一系列的课题。例如，如何吸引观众更广泛地参与节目？如何发挥电视的优势，体现制作手段的多样化？如何扩大单位时间的信息量，在有限的时间内求得更加完美的艺术表现？如何掌握周期性的播出节奏，树立固定的栏目形象？等等。作为日常播出，栏目制片组一般都有自己的策划、采访、编辑、播出小组，机动性很强。那么，栏目化的电视文艺节目都有那些类型？具体来说有以下四种：专项型栏目、综合型栏目、杂志型栏目、谈话型栏目。

第一节　专项型的文艺栏目

专项型文艺栏目，是根据文学与艺术的分类而设置的栏目，强调表现某种专项艺术门类的独特性，只限于本艺术门类中不同样式的组合。专项型文艺栏目以提供欣赏、传播知识、提高审美为主要目的，包括音乐类栏目、戏曲类栏目、曲艺类栏目、舞蹈类栏目、文学类栏目等。下面我们以中央电视台的文艺栏目作为例证，对各类栏目进行归纳和介绍。[①]

一、音乐类栏目

音乐类栏目是音乐节目的一种载体方式，它以音乐节目为核心，以独唱、合唱、民族器乐、管弦乐、歌剧、舞剧、音乐剧等多种音乐形式为表现内容，在固定的时段播出，供观众观赏。

早期音乐类栏目的内容与形式都较为简单，中央电视台的《每周一歌》是最早的音乐类栏目。进入 21 世纪后，音乐类栏目从初期的单一表现内容发展至涵盖中西、古典、流行音乐的方方面面，从早期的编辑类节目走向大型现场直播节目，发生翻天覆地的变化。栏目通常将主持人的串联词与多种音乐样式相融合，不仅丰富了节目内容，也更加符合现代观众的审美需求。经过多年发展，现在的音乐类栏目形态已日趋完善。

① 本章节栏目内容参考中国网络电视台 www.cntv.cn 介绍。

(一)中央电视台的主要音乐类栏目

1.《百年歌声》

《百年歌声》既有对经典歌曲的梳理、回顾,也有对当下流行歌曲的介绍、弘扬。该栏目采用演播室录制的方式,每期节目邀请一位音乐人作为嘉宾,以一部音乐作品为核心,或以一个主题为中心,介绍歌曲的创作背景,分享音乐人的成长经历,赏析歌曲的风格特色。该栏目"旨在通过对中国百年歌声的回顾,让这些世代传唱的歌曲引发人们对逝去时代的感悟,加深人们对百年中国的历史记忆,借助富于时代特色的歌曲弘扬传统文化与民族精神,让中国的民族情感在当今时代得以继承并发展,这符合中央重塑炎黄精神和构建和谐社会的一贯宗旨,是一次具有里程碑意义的百年歌曲大展播"①。

2.《CCTV 音乐厅》

《CCTV 音乐厅》是中央电视台音乐频道的一档音乐欣赏类栏目。节目汇聚了世界各国的音乐演出,内容涵盖音乐剧、音乐会、音乐比赛、电影歌曲,使观众能够在家中遍赏天下音乐。

3.《风华国乐》

《风华国乐》是一档以民族器乐欣赏为主的栏目,重点展示中国传统音乐,例如每年的民族器乐电视大赛的展播、各地民乐演出团体的演出、文艺晚会、影视作品中民乐作品汇编,等等。

4.《民歌·中国》

《民歌·中国》是目前中国唯一一档全景展示中国原生态民歌歌种版图的民歌艺术栏目。该栏目以系列化的方式介绍中国民间歌曲,有演播室表演,有乡间演出,有专家点评,形式多种多样,下设"民歌·经典"、"民歌·发现"、"民歌·故事"、"民歌·版图"、"民歌·博物馆"、"新民歌"等板块,系统而有侧重点地展现中国民间的原生态艺术。

---

① http://bugu.cntv.cn/ent/yue/bainiangesheng/videopage/index.shtml

5.《音乐告诉你》

《音乐告诉你》是一档普及音乐知识的栏目,既有器乐认识、乐理学习等常识性知识介绍,也有关于音乐史、音乐赏析的讲座。

6.《音乐人生》

《音乐人生》是以音乐艺术大师为采访对象的一档音乐访谈类栏目。

7.《激情广场》

《激情广场》是中央电视台综艺频道的一档文艺栏目。每期节目都会设定不同的主题,根据主题选择各个时期的经典作品,民族、美声、通俗串联,以群众表现的方式来普及优秀的音乐作品。

8.《音乐之声》

《音乐之声》是中央电视台电影频道的一档音乐栏目,每期节目主要有"碟碟不休"和"津津乐道"两个板块的内容。"碟碟不休"介绍新近上映电影中的歌曲,展现歌曲的艺术特色和风格;"津津乐道"介绍电影中的音乐制作,揭秘幕后故事。

9.《音乐快递》

《音乐快递》是中央电视台少儿频道针对18岁以下的少年儿童推出的一档全新的音乐栏目。每周一期。每期有来自全国各地的三名小歌手进行个性展示、演唱比赛,由著名歌手和音乐界资深前辈作为嘉宾主持,对小选手的演唱予以点评。

10.《中国音乐电视》

其前身是《音乐电视城》、《中国音乐电视60分》,是中央电视台综艺频道推出的一档大型日播音乐类栏目。该栏目主要推荐最新的中国音乐电视作品,反映音乐电视制作的台前幕后,评价优秀作品,介绍知名音乐电视作品的创意、制作,推广介绍新人新作,展示年度音乐电视大赛参赛作品。

(二)音乐类栏目分类

由以上具体栏目可以看出,音乐类栏目主要可以分为四类:

1. 欣赏类

转播国内外音乐会，经典音乐会回放，中外歌曲、乐曲、歌剧、舞剧音乐欣赏，如《CCTV 音乐厅》、《风华国乐》等。

2. 普及类

向观众介绍音乐历史和各种乐器、乐理等相关知识，讲述古今中外音乐史上发生的传奇故事，如《音乐告诉你》。

3. 专题访谈类

访问国内外著名指挥家、歌唱家、作曲家等，如《音乐人生》。

4. 观众参与类

为观众提供一个展示音乐才能的平台，通过多种方式与观众形成交流和互动，如《激情广场》等。

这样从中央电视台音乐类栏目的整体布局来看，专业频道、综艺频道各有侧重，电视音乐栏目定位日趋多元化，兼顾了音乐爱好者和普通观众的欣赏喜好。

二、戏曲类栏目

(一)戏曲种类及概况

中华戏曲曲种繁多，全国共有地方戏曲剧种三百多种。仅从戏曲的声腔系统上进行归纳，就可以分为“东柳西梆、南昆北戈”与皮黄调五大声腔系统。

柳子腔不单指明代以来山东曲阜一带流行的柳子戏，还包括湖南和湖北的花鼓戏、江西的采茶戏、安徽的黄梅戏、云南的花灯戏等。以山歌、民谣、小曲为主要唱腔的被称为“俗曲”，曲牌委婉动听，能够表达细腻复杂的思想感情，有“九腔十八调、七十二艾艾”及“难艾艾”之称。

“梆子腔”名称的来源，是由于乐器中有两根表达节奏用的硬木梆子而得名。它的声调高昂悲壮，自明代以陕西诞生的“西秦腔”演变而来，是戏曲中最早创用板式变化结构的声腔。流传于北方广大地区,秦腔、晋剧、豫剧和蒲州、上党等各种梆子,都是它的支叶。

昆山腔的历史可以上溯至元代,自南戏流经昆山一带,与当地语言和音乐相结合,经昆山音乐家顾坚的歌唱和改进,推动了它的发展,至明初遂有“昆山腔”之称。它的声调最抒情、最优美,具有“流丽悠远”的特色,使昆山音乐以“婉丽妩媚,一唱三叹”著称。明末清初,昆山腔流传各地,与当地的地方戏曲相结合,产生了这一系统中许多带有地方色彩的分支,如川昆、湘昆、苏昆、徽昆等。

弋阳腔保存了古老的南戏部分传统,是宋元南戏流传至江西戈阳后,与当地方言、民间音乐结合,并且吸收北曲演变而成。弋阳腔又通称“高腔”,多用打击乐器。弋阳腔的传统特征,如徒歌(乾唱)、帮腔(接腔)和滚调(滚唱、滚白),采用的是前后台一唱众和的帮腔形式,它的风格比较粗犷、朴实。以高腔为主的湘剧、赣剧、川剧、徽剧、闽剧等都是它的亲族。

皮黄调是清代中叶形成的,以西皮二黄为主的导板、慢板、快板、散板等一套曲调组成,大多是七字句与十字句,汉剧、京剧、桂剧、粤剧等属于这一类。

在各个声腔系统所属的剧种中,秦腔、昆剧、川剧、汉剧、徽剧和越剧的影响都很大。秦腔是西北的主要剧种,康熙年间已传到北京;乾隆时出现了杰出的演员魏长生以后,它更是轰动了京城。昆剧是我国古戏剧表演艺术的高峰,它有四千多支曲调,适用于塑造不同类型的人物;配合音乐,它有一整套精心创造的舞蹈动作,表现人物的内心世界,细致传神。川剧在西南地区的影响很大,剧本主题鲜明,情节生动,以小生、小旦、小丑为主的戏特别多,在喜剧表演手法方面有丰富的经验和创造。徽剧和汉剧与京剧的形成都有密切的关系,特别是徽剧,唱腔丰富,包含二黄、昆曲、吹腔、高拔子等各种声腔,表现力强。此外,还有形体动作很像傀儡的莆仙戏,用琵琶、洞箫、三弦伴奏的梨园戏……这些既有民族统一风格,又有鲜明的地方色彩的戏曲,充分凸显出我国艺术土壤的肥沃与人民丰富的智慧才能。

在所有的地方戏曲中,享有最高荣誉的是京剧。20 世纪 30 年代,京剧就有“国剧”的称呼,艺术大师梅兰芳曾多次率领剧团出国演出。

京剧的历史并不很长,它于清朝光绪年间形成于北京。其前身为徽剧,通称“皮黄戏”,同治、光绪两朝最为盛行。道光年间,汉调进京被二黄调吸收,形成徽汉二腔合流。民国初年还有人把皮黄称作“徽调”。光绪、宣统年间，北京皮黄班接踵去上海演出，因京班所唱皮黄与同出源、来自安徽的皮黄声腔不同，而且更为悦耳动听，遂称为“京调”，以示区别。民国以后，上海梨园全部为京班所掌握，于是正式称京皮黄为“京戏”。“京戏”一名，实创自上海，而后流传至北京。在皮黄戏衍变为京戏的过程中，同治、光绪年间皮黄班中改笛子为胡琴，统一了伴奏乐器以后，陆续出现了一批著名的演员。他们促进了皮黄戏的发展，终于形成了一个崭新的剧种——京剧。唱腔以二黄、西皮为主要声腔。二黄旋律平稳，节奏舒缓，唱腔较为凝重；西皮旋律起伏变化较大，节奏紧凑，唱腔较为流畅、轻快、明朗、活泼。①

京剧比较全面地体现出我国戏剧的民族风格与传统特色。角色的分行在生、旦、净、丑四类下，再细分为老、小、武、红各生，青衣、花旦、刀马旦、武旦、闺门旦、泼辣旦、老旦，铜锤、架子花、武花、摔打花，袍带丑、方巾丑、武丑、茶衣丑等。各类角色根据剧中人物的身份、气质与性格，都有规定的扮相与脸谱、服饰，不能混淆。在表演上，讲究手、眼、口、身、步“五法”和唱、做、念、打“四功”的规矩尺度。各行角色必须掌握本行一套专门技术，比如小生的扇子，旦角的水袖，武生的筋斗和武打套子，老生的甩发髯口，等等，还要熟练地运用被称为“程式”的一系列规范化了的舞台动作。

程式化是我国古典戏曲在表现手段上区别于话剧等戏剧艺术的主要特点。程式的出现是戏曲艺术家继承了我国“诗言志”、“情动于中而形于言”的传统，不去直接反映生活现象，而是首先从生活实践中孕育“意”，以意为主，立象尽意，创造具有装饰美的程式化的“象”来体现作者的“意”，这就是虚拟。虚拟是戏曲艺术最根本的特色。所以人们通常称戏曲为“写意的戏剧”，它和西方的写实戏剧是两种不同体系。

装饰美是戏曲艺术魅力的一个重要方面。由于戏曲的艺术形式完全程式化了，它的形式美就不是模拟生活中自然形态的美，而是一种装饰的美。它追求的是干净、整齐、鲜明、简练。譬如，戏曲舞台上角色的面貌和现实生活中人的本来面貌大不相同，前者舍弃了许多细节上的区别而抓住男女、老少、美丑、

---

① 摘引自《文艺小百科》，学林出版社 1992 年版。

善恶等关键充分装饰，甚至赋予象征的意味，这就构成了脸谱图案。再譬如，戏曲舞台上兵士列队或交锋所走的路线讲究对称、均衡，也是图案；其他方面，如演员读台词时的语言、语势和台词本身的句式结构等，都体现了装饰的美。

戏曲艺术形式的装饰美是和高难度的表现技巧紧紧结合在一起的。话剧艺术并非不讲究技巧的难度，但它在形式上追求真实、自然，所以要把技巧的难度掩蔽起来；戏曲则不为了追求真实、自然而掩蔽技巧的难度，相反要明显地展示技巧的难度使观众惊叹。可以说，凡是受观众欢迎的戏曲演员都掌握了一种或多种高难度的技巧，凡是受观众欢迎的戏曲剧目都为施展高难度的技巧提供了广泛的可能性。

前面提到的戏曲表演讲究唱、念、做、打四个方面，在这四个方面都需要难度很高的技巧：演员的演唱要声音洪亮、字正腔圆，就必须善于运用丹田气，掌握换气、偷气、缓气的本领，正确运用共鸣部位，钻研字的四呼、五音和四声，这些都需要经过多年的严格训练才能使演唱具有美的魅力；演员要做得好、打得好，就需要经年累月地刻苦锻炼腰腿和眼睛，还要善于利用服装和道具来表情达意，例如，耍帽翅、耍锥尾、耍髯口、耍水发、耍扇子、耍笏板、耍水袖、耍手绢、耍腰带、耍旗，等等。优秀的戏曲演员仅仅凭借着帽翅的颤动就能表现出丰富的感情和复杂的心理活动，并使舞蹈动作显得更富于变化、更美。把唱、念、做、打结合起来，声、形合一，才能创造出完美的舞台形象，这些都是真功夫，丝毫不能掺假，所以戏曲艺术的形式美又以其难能可贵吸引着观众。①

总之，中国戏曲以五大声腔系统、程式化的虚拟动作及装饰美区别于戏剧艺术中的其他门类。但是，近几十年发展起来的现代戏曲与传统的戏曲相比，表现出明显的区别。无论是在内容上还是表现形式和表现手法上都是不同的。现代戏曲一般以传统戏曲的曲牌和唱腔为手段，表现现代人的生活。从演员的扮相、化妆、服装、道具、舞台布景到表演动作，都要接近现实生活。这就为戏曲艺术反映现实生活开辟了一个前景广阔的天地。

（二）中央电视台的主要戏曲类栏目及类别

电视戏曲类节目主要有两类：一类是电视手法运用较少的录播、直播戏曲

---

① 摘引自江溶主编：《艺术欣赏指要》，文化艺术出版社 1986 年版。

表演的节目;另一类是运用电视手法制作的戏歌、戏曲电视剧、戏曲专题片等。戏曲类栏目是电视戏曲节目的承载平台,作为一种常见的节目样式,戏曲类栏目也有各自不同的定位。

1.《CCTV 空中剧院》

《CCTV 空中剧院》是中央电视台戏曲频道于 2003 年元月开播的一档戏曲栏目。该栏目以"百花齐放、继承创新、强强联合、德艺双馨"十六字方针为宗旨,主要播出经典大戏或折子戏,由京剧表演艺术家和优秀青年京剧演员联合演出,通过现场直播或录播的方式呈现给观众。

2.《名段欣赏》

一档定位于记录戏曲界著名艺术家及新秀演唱的经典传统剧目选段的栏目。以京剧为主,同时兼顾全国上百个剧种,力求选段的典型性、观赏性和奇绝有趣。节目制作以演播室内搭建拍摄实景为主,努力营造不同剧种、不同选段的特定氛围和时空感,以有别于舞台演出的电视转播,让观众在赏心悦目的视听享受中领略戏曲艺术的独特神韵,普及相关戏曲知识,弘扬优秀的中国传统文化。

3.《九州大戏台》

该栏目的宗旨是为了弘扬民族文化,振兴戏曲艺术,适应广大观众和戏迷朋友的欣赏需求。包含上午、下午和晚间三个播出时段,内容包括京剧、地方戏和影视戏曲三个节目种类。2010 年 3 月与《地方戏之窗》合并。

4.《青春戏苑》

开播于 2008 年 4 月,改版自中央电视台戏曲音乐频道的知名栏目《梨园擂台》。精心打造推出的《青春戏苑》既汲取了《梨园擂台》的戏曲文化精粹,同时又以大胆创新的风格力推梨园新星,借以青春时尚的形式传承古典厚重的戏曲文化艺术。节目以综艺戏曲晚会、新人新秀演绎的形式每周呈现一期,内容主要涵盖京剧、昆曲、越剧、豫剧、黄梅戏、评剧等中国几大历史悠久、影响深远的剧种以及其他极具特色的地方戏,让热爱戏曲的观众通过耳目一新的视听享受,对我们的国粹、我们的戏曲艺术产生浓厚的兴趣和全新的认识。

5.《地方戏之窗》

这是中央电视台推出的第一档专门的地方戏栏目。作为戏曲频道唯一的一档以播出地方戏剧种为定位的栏目，该栏目本着推介名家名剧、铸造戏曲精品的原则和宗旨，从地方剧种中挑选、录制一批具有较深的思想性、较高的艺术性、较强的欣赏性的节目，力争保留一批具有一定的历史价值和文献价值以及艺术欣赏价值的剧目。

6.《戏曲采风》

这是中央电视台推出的唯一一档戏曲专题类节目。周一“人物周刊”：讲述演员背后的故事，其中有小板块“艺人追踪”，报道戏曲界演员的近况。周三“新闻周刊”：跟踪报道戏曲界的大事小情、台前幕后，提供第一手的戏曲资讯，其中有小板块“院线风云”，主要为观众介绍北京、上海等地剧院的演出情况。周五“宣传周刊”：播出《CCTV空中剧院》盛况，其中有小板块“回音壁”，主要为观众与节目之间架起一座桥梁，为观众回复来信、反馈意见和建议等。周日“文化周刊”：回顾戏剧界的历史长河，与观众一同拜读经典，回味戏态人生。

7.《过把瘾》

《过把瘾》创办于1999年8月，栏目的宗旨是弘扬民族文化，传播戏曲知识，活跃群众文化生活，满足戏迷需求，真诚为戏迷服务。它以知识性、参与性、娱乐性为主，节目风格轻松、活泼、欢快、有趣，强调场内场外互动，注重台上台下交流参与，内容贴近戏迷、贴近观众，给广大戏迷票友提供了一个充分展示自己的舞台，让观众在观赏中得到快乐，在笑声中增长知识。

8.《跟我学》

《跟我学》栏目以普及戏曲艺术、弘扬传统文化为己任，是中央电视台戏曲频道唯一一档以教授京剧和地方戏为宗旨的电视栏目。

9.《戏苑百家》

作为中央电视台推出的唯一一档戏曲访谈类栏目，《戏苑百家》关注的是当红名角、梨园常青，满足戏迷们“听戏不过瘾，希望走近艺人，聆听他们心底之声”的愿望。

三、曲艺类栏目

曲艺是文艺样式的一种，概括起来可分为两大类：说和唱。所以“曲艺”又成为各种说唱艺术的总称。曲艺在中国源远流长，是中国民间艺术的沃土养育了它，使它得以成长和繁荣，使它的曲种和类别不断增多。据新中国成立后的不完全统计，全国各民族、各地区约有400个品种，包括大鼓、弹词、琴书、道情、牌子曲、走唱、滩簧、评话、快板、相声等。每一类别又可细分为许多不同种类，如大鼓就可分为京韵大鼓、梅花大鼓、西河大鼓、乐亭大鼓、山东大鼓，梨花大鼓、湖北大鼓等。渔鼓分为沔阳渔鼓、祁东渔鼓等。相声分为单口相声、对口相声、三人以上的群口相声、化装相声等。

(一)曲艺的类别

归纳起来曲艺可分为十大类：大鼓、弹词、琴书、渔鼓、道情、牌子曲、走唱、快板快书、评书、相声。这十大类大致可以概括全国的曲种。曲艺一般是以说、唱、身体动作等形式，将形形色色的人物和各种各样的故事表演出来，告诉给观众，无论是反映社会生活、叙述故事、塑造人物，还是表达思想感情，都以带有表演动作的说、唱来完成。说、唱、动作都以其生动、活泼、通俗、有趣而使广大观众喜闻乐见。曲艺艺术演出时，演员数量不多，通常为一至三人。演员往往有一身兼多角的特点，忽而是叙述者，忽而又是被叙述的人物；一会儿是故事中的甲，一会儿又是故事中的乙。但一般说来，曲艺艺术以间接叙述为主，角色扮演为辅。曲艺界关于演员的表演流行着这样的艺诀：“字是骨头，韵是肉，板是老师傅”，“清晰的口齿沉重的字，动人的声韵醉人的音”，“装文扮武我自己，一人能演一台戏”。

从曲艺艺术的表现手段不难看出，它的最突出特点是集文学、音乐、表演于一身的综合性和演员与欣赏者直接对话的切近性，以及男女老少都能欣赏的通俗性、群众性。

下面分别对几种常见的曲艺品种做简要的介绍：

1. 评书

说唱文学的一种，因地区不同而名称各异。北方叫“评书”，南方称“评话”，而湖北、四川等地也叫“评书”。说书的底本分两种：一种叫“道儿话”，只有故事的基本情节，需要说书人临场发挥，这多是由师承关系，通过口传心授而得；另一种“墨刻儿”，它是在现代文学作品的基础上进一步繁衍而成的。

在结构上，评书大多是由若干大小单元组成的。大单元叫“坨子”，小单元叫“回目”，在回目之间起穿针引线作用的被称作“扣子”。评书的情节要求曲折动人，丝丝入扣，引人入胜。在表演上，演员的手、眼、身、步、法有一定的程式化的要求和规范，并以醒木当做道具，起制造气氛的作用。评书艺术具有细致、传神、绘声绘色的特点。这在一无布景、二无伴奏的条件下，要靠演员一个人说话使故事娓娓动听，人物栩栩如生，情景活灵活现，内容感人肺腑。在写作上，由于评书是长篇叙事体，因而非常讲究叙述方法，包括“正笔”、“倒笔”、“伏笔”等等，根据故事情节的发展，人物塑造的需要，说话人要运用多种艺术手法。评书的描写主要有肖像描写、心理描写、景物描写等。在避免啰哩啰嗦、干干巴巴的前提下，评书与小说相比，要更细致一些。评书的细致程度十分惊人，这就是为什么由小说改编的长篇评书篇幅总是大大增加的主要原因。

2. 快板

曲艺的一种，流行于全国各地。表演者通常自击竹板和节子，按较快的节奏念诵唱词。基本用七字句，押韵，或间以说白。有单口、对口、快板群之分。快板有“数来宝”、“小快板”、“快板书”、“快板群”、“天津快板”等多种形式。快板群有伴以锣鼓打击乐的，叫“锣鼓快板”。快板从整体上说都具有形式灵活，能叙事、说理、抒情的特点。

“数来宝”又叫“顺口溜”、“练子嘴”。起初流传在农村，后来流入城市。在旧社会，“数来宝”是沿街乞讨的人为了要到钱而采用的一种手段，只是一个人演唱；后来被搬上舞台，两个人表演。“数来宝”一般具有随机应变、现编现唱和“快”的特点，在语言形式上一般不一韵到底，而是以两句一换的“花辙”为主。

小快板既有少到几句的，也有多到十几句的。除了舞台演出做返场的小段外，一般作为群众性的娱乐活动。它具有短小精悍、生动活泼、随时可演的特点。

快板书篇幅较长，由一个人表演。一般有曲折连贯的故事情节，善于刻画个性鲜明的人物形象。在语言形式上，一般是一韵到底、不可换韵，句子长短也有较多变化，有时还有大段插白。

快板一般采用“包袱”、夸张、铺陈等艺术手段。“包袱”就是制造悬念，到一定的时候再解开这个谜；快板里的夸张既用来组织包袱，又用来为描写增添色彩；用铺陈手段进行渲染，可使抽象的内容变得具体、形象、鲜明、生动。

山东快书与快板的形式接近。它起源于山东省临清、济宁、兖州一带，流行于山东及华北、东北各地，约有一百多年的历史。表演时一人手持两块铜板说唱，节奏较快，也有用竹板击拍的，叫“竹板快书”。由于形式简便灵活，山东快书特别适合在工厂、农村、部队业余演出。

3. 相声

曲艺的一种，是中国特有的。它的形成有很长的一段历史过程，一般认为宋、元、明直至清同治年间由民间笑话演变而成，以引人发笑为艺术特色的喜剧性的语言艺术。相声以说、学、逗、唱为主要艺术手段，一般用北京话说讲，也偶有用当地方言说讲的方言相声。“说”指的是相声的表演方式，表明相声是说唱艺术；“逗”指的是相声的艺术风格，表明相声是具有喜剧风格的语言艺术；“学”和“唱”都是指相声的艺术手段。四种要素中，“说”居于统领地位，赋予相声艺术以表演基础，确定了相声作为说唱艺术的特点。“说”是“逗”、“学”、“唱”的黏合素，同时“逗”也在风格特点上制约着“说”、“学”、“唱”。

相声的基本结构单位是“包袱”。“包袱”是相声的术语。它是一种比喻的说法，意思是用各种艺术手段把可笑的东西包起来，等待时机成熟，突然打开，让这些可笑的东西一下子呈现在观众面前。任何一段相声都是由大大小小的“包袱”组成的。相声艺人认为，最理想的相声段子是大“包袱”套小“包袱”，而整个段子就是个完整的“包袱”。

相声的表现形式可以分为三种，即单口、对口和群活。其中，对口相声最为普遍，是相声的主要形式。单口相声是相声里最早出现的形式，在传统相声中极多。它一般以说的段子为主，有曲折的情节、生动的故事，有众多的“包袱”，有“打诨式”的评点，有虚拟化的色彩。对口相声，由两个演员表演，甲为逗哏，乙为捧哏。对口相声又可分为“一头沉”、“子母哏”、“贯口”三种。“一头沉”以逗哏的叙述为主，捧哏居于辅助地位；“子母哏”是甲乙互相争辩，组织“包袱”揭露矛盾，进行表演；“贯口”是以流利的、有节奏的、一气呵成的语言进行表演，但它不能单独存在，必须辅以“一头沉”或“子母哏”。“群活”指三人或三人以上的相声，除捧哏、逗哏外，还有一个“腻缝的”，从中调停，滑稽取笑。

相声的结构一般可分为“垫话儿”、“瓢把儿”、“正活”和“底”四部分。“垫话儿”就是开场白，可起集中观众情绪的作用；“瓢把儿”是过渡段；“正活”是相声的主要部分，由它便可一个“包袱”接一个“包袱”地推向高潮；“底”又叫“攒底”，是一段相声的结尾，也是高潮之所在。“底”的好坏直接影响整段相声的效果，它应该既能引起观众酣畅的笑声，又意味隽永。

相声语言一般具有通俗易懂、生动形象、明快犀利、朴实含蓄、灵活多样的特点。它往往运用夸张、比喻、对比等修辞手段和语言技巧，达到幽默诙谐的目的。相声取材的范围是较广的，既可以讽刺，也可以歌颂。相声表演，直接面向观众，收到的社会效果是快速而明显的，它凭借鲜明的善恶、美丑的立场和幽默风趣的特点赢得了观众的笑声。在相声的表演历史中出现过化装相声，即相声演员用简单的道具、服装自己装扮成相声中的人物，增加形象性和趣味性。

相声与现代传媒工具——电视相结合，出现了一种新的形式，叫电视相声。电视相声从可视性出发兼顾可听性，在“说”的基础上增加了戏剧性的表演。根据已播出的电视相声来看，其特点是类似于默片加旁白的手法。电视相声扩展了“说”的内涵，利用相声段子中的人物形象、动作、场景来表现“说”的内容，其重点放在那些富有情节性的“说”上，而对于“学”、“逗”、“唱”等表现形式却难以表现，不能涵盖相声的全貌，只能说是相声家族中利用现代化传媒手段的一个分支。比如《曲苑杂坛》曾播出过电视相声《补袜子》，叙述一个妇女挺笨，又爱说大话，丈夫买了一丈二蓝布让她给做件大褂儿，她给裁坏了，还说“不要紧，可以改小褂”，小褂儿也裁坏了，又改成坎肩儿、裤衩儿，还不行，只好补袜子，妙的是把补丁补在脚面上。这个段子就是由两个演员表演，加上画外音进行录制的。再比如，根据郎德沣创作的相声《夜行记后传》，将 40 年前的父亲和 40 年后的儿子不遵守交通法规而造成的恶果做了讽刺性的揭露，对观众进行善意的教育。导演将这段相声进行视觉化表现，相声的语言成了画外音，这样的艺术处理显然要超越一般的相声表演，充分发挥了电视的优势。

4. 杂技

杂技是最古老的一种表演艺术。它主要包括蹬技、手技、顶技、踩技、口技、车技、武术、爬竿、走索、扛鼎以及各种民间杂耍等。通常来说，各种形式的马术表演、丑角表演、魔术、驯兽、戏法、哑剧等也被包括在内。

杂技来源于民间，早期的杂技多是江湖艺人在街上、广场上或临时搭建的戏台上演出的。作为一门独立的表演艺术，杂技经过了历代民间杂技艺人的创造和改进，现今，我们在优秀的传统节目中可以看到杂技表演者以其健美的形体、有力的动作和灵巧、迅速的手法表演各种高难度的技术，以此表现人的智慧、勇敢和坚强毅力。

杂技与一般的体育技巧表演等有所不同，它在舞台上表演要尽可能地创造出完美的艺术形象。杂技艺术一般来说有比较固定的程式，它是以技巧为中心的一门综合艺术。另一方面，每一个杂技节目都要求有冲突，并有程度不同的经过提炼的性格表现，而且演员的表演还可以看出出其不意的、异乎寻常的形式，目的是让观众得到更多的审美情趣。杂技演员通常要表演一些美妙的、高难度的特技，并将一些特技组成一定的结构，配上灯光、音乐道具等，创造出美的艺术形象，因此杂技的表演有较多的艺术性。①

例如在北京奥运会期间，作为重点文化活动的大型情境杂技《一品三绝》于2008年2月14日至8月31日在北京保利剧院连续演出60天50多场。这是一台观赏性、艺术性兼备的情境杂技节目。“情境杂技”的概念融合了其他艺术门类，如戏曲、武术、芭蕾、声乐、器乐等都为杂技服务，辅之以现代化的舞台手段。演员的造型与舞美、灯光等叠加起来形成一个综合的、以杂技为艺术本体的艺术品。此次演出彻底颠覆了观众对杂技的传统印象，杂技的奇功绝技与多种艺术形式相融相衬，相映生辉，不再单纯地展示杂技技巧，使观众获得高品质的艺术享受。

(二)中央电视台的主要曲艺类栏目

1.《曲苑杂坛》

旨在“弘扬中华传统文化，尽显民族艺术瑰宝”，是中央电视台多年打造的

---

① 参见王向峰主编:《文艺美学辞典》，辽宁大学出版社1986年版。

一档精品栏目。该栏目主要以播出相声、小品、魔术、杂技、评书、笑话、马戏、说唱艺术为主,同时也介绍外国精彩的杂技、马戏和滑稽等曲艺形式。

2.《笑星大联盟》

一档娱乐节目。节目采用明星大腕配合新人演出的形式,集中展示青年演员表演的小品、相声、滑稽戏、笑话、喜剧片段等。

四、舞蹈类栏目

舞蹈是以侧重展示审美规范化的,有组织、有节奏的人体动作,表达人物思想感情的一门高雅艺术。舞蹈节目不仅能表现欢乐、喜庆,也有展示美的特点,它同音乐、歌曲结合成为歌舞节目。我国当代著名舞蹈家、舞蹈教育家、舞蹈理论研究学者吴晓邦先生对舞蹈有过这样的论述:舞蹈是人体造型上"动的艺术",它是借着人体"动的形象",通过自然或社会生活的"动的规律",去分析各种自然或社会的"动的现象",而表现出各种"形态化"了的运动,这种运动不论是表现了个人或者多数人的思想和感情,都称为舞蹈。①

舞蹈具有视觉艺术、时间艺术、空间艺术、造型艺术和综合性艺术的特点,人需要通过视觉来欣赏和审美。

舞蹈不用语言,主要依靠有节奏的动作构成舞蹈作品中最基本的"单字"、"词汇"和"语言",把舞蹈动作组合起来,就可以表现出人物的行为、思想、性格和喜怒哀乐的情绪变化及某种意境。

舞蹈艺术形式类别也相当繁多,从其创作形式的角度来看,有单人舞、双人舞、三人舞、群舞、组舞、系列舞、舞蹈诗、舞剧、音乐舞蹈史诗等。从舞种类别上,舞蹈又可分为芭蕾舞、民族舞、民间舞、古典舞、现代舞、中国传统戏曲舞蹈等。舞蹈动作经过规范化而形成程式,中国戏曲舞蹈和欧洲古典芭蕾都有程式,因而人们历来认为程式是舞蹈艺术的一个显著特征。然而,由美国女舞蹈家邓肯所创始的现代舞蹈诸流派则打破了程式,以自然的舞蹈动作,自由地表现思想和生活。从舞蹈的社会作用来看,则可分为两大类:一类是表演性的舞

---

① 参见吴晓邦著:《新舞蹈艺术概论》,中国戏剧出版社 1982 年版。

蹈，专为观众欣赏的舞台艺术作品；一类是自娱性的舞蹈。从舞蹈反映生活的内容上来看，舞蹈有抒情舞、情节舞两种。

中央电视台的《舞蹈世界》是一档舞蹈宣传推广类栏目，重点介绍和宣传不同风格的舞蹈经典作品。栏目主要采取互动的形式，每期节目邀请几位（组）舞蹈演员或舞蹈爱好者参加，选手以打擂的方式同场竞技，充分表现他们的舞蹈作品、舞蹈才能及其他艺术修养。

五、文学类栏目

电视文学是指具有较浓厚文学色彩的作品，经过电视化处理，形成电视小说、电视散文、电视诗歌、电视报告文学等。它们都是以介绍文学作品为主，通过电视的多种艺术处理手段来介绍文学作品，以提高文学作品的观赏性为目的的节目。电视文学节目的声音语言主要通过解说或旁白来完成，保持了鲜明的文学性，而画面语言则运用各种电视手法来完成。

早在20世纪50年代，前苏联就拍摄了电视小说"契诃夫人物系列"，由著名演员伊·伊里因斯基自己担任解说并扮演了全部角色。日本NHK电视台在建台之初就设立了"电视小说"专栏，曾在我国引起巨大轰动效应的电视连续剧《阿信》在日本就是以"清晨电视小说"的形式播出的。

电视文学这一文艺节目样式在20世纪80年代出现在中国电视屏幕上，中央电视台少儿部专门设立了《文学宝库》栏目，制作并播出了大量的中外文学名著，如安徒生的《卖火柴的小女孩》、格林兄弟的《白雪公主》，以及鲁迅的《故乡》、《孔乙己》等。江苏电视台于1984年编译制作了欧亨利的《最后一片叶子》、茨威格的《看不见的珍藏》（电视小说）、《零点归来》（诗体小说）、《生·爱·死》（诗体报告文学）、《街声》（电视散文）等一系列电视文学作品，在电视屏幕上掀起了电视文学的热潮。

文学类栏目的制作逐渐呈现出内容系列化、表现形式综合化、观众互动化的特征。以《电视诗歌散文》为例，该栏目近年来不断推出"印象·中国"系列、"二十四节气暨传统节日"系列、"城之眼——中国名湖"系列等，培养观众的连续收视习惯。继2009年的"印象·南京"、"印象·厦门"系列之后，栏目于2010

年推出了“印象·上海”系列。在表现形式上,栏目中不断加入动画、访谈等,节目形态更为多元,同时,学者、专家对文学作品的讲解也降低了文学类栏目的收视门槛,节目的网络互动打破了传播者与接收者之间的壁垒。

然而,时过境迁,在收视率和传媒自身利益的冲击下,电视文学节目风光不再,作为全国为数不多的文学类栏目,《电视诗歌散文》也于2010年9月停播。

第二节 综合型、杂志型、谈话型文艺栏目

一、综合型文艺栏目

电视文艺栏目除单一的专项型栏目外,还有综合型文艺栏目。这类栏目是把许多单项的文艺节目形式进行综合,包括两项的综合和多项的综合。以中央电视台为例,主要有以下综合型文艺栏目:

(一)《欢乐中国行》

《欢乐中国行》是中央电视台综艺频道推出的一档大型户外综艺栏目。栏目具有极强的互动性,观众可以与喜爱的明星同台互动、对抗,突出了观众的参与性和联欢性,开创了全新的综艺节目风格。栏目在展现城市魅力的同时,将观赏性与娱乐性发挥到极致,别具特色的外拍环节最直接地展示了祖国各地的别样风采。

(二)《向幸福出发》

《向幸福出发》通过新人竞赛的形式突出综艺特点,重视艺术性、娱乐性和文化性的有机结合,强调新人之间的合作与竞争。通过不同家庭的才艺展示、创意表现,将开心、默契、健康的家庭氛围展现在观众面前,展示家庭成员兼赋才艺与制造快乐的能力,鼓励人们快乐生活、勇于创新,使广大观众感受到“幸福”。

(三)《中国文艺》

《中国文艺》是中央电视台国际频道推出的一档综合型文艺栏目。栏目以弘扬民族传统艺术，播撒五千年古老文明，关注中国与世界的文艺现状为宗旨，集音乐舞蹈、影视戏剧、曲艺小品等多种艺术形式于一身，用精彩的电视文艺作品为海内外华人观众打开了一扇精神视窗。其基本形态是“主持人解说＋文艺节目欣赏”。制作的基本思路是：充分利用中央电视台的各种节目资源，以知识性、思想性、趣味性的解读和介绍，轻松明快的编辑形式，赏心悦目的视听语言，进行创造性的重组包装，力求体现国家主流媒体“文艺风向标”的作用。

(四)《中华情》

一档以音乐为主的综艺型文艺栏目，采用音乐的形式，将歌曲、才艺表演、游戏、互动等各个环节串联在一起，尤其讲求主持人与嘉宾及现场观众的互动。每期节目都会邀请香港、台湾以及海外的艺人参加。同时在选手的比赛环节，也会不定期地邀请一些留学生或在网络上发表过音乐作品的外国朋友参与。

(五)《非常6+1》

2003年10月28日开播，是一档平民选秀栏目。以反映百姓真实生活、帮助普通人圆梦舞台为主题。在90分钟的节目中，主持人分别带领三位平民选手踏上辉煌的梦想舞台，三位选手以全新的面貌彰显明星般的风采。最终，现场观众根据对选手的表演进行投票，选出最佳表演者，得票最多的选手将获得“非常明星”的荣誉。

(六)《星光大道》

中央电视台综艺频道推出的一档颇具影响力的大型综艺栏目。该栏目一改以往娱乐节目以明星表演为主的局面，本着“百姓自娱自乐”的宗旨，突出大众参与性、娱乐性，力求为全国各地、各行各业的普通劳动者提供一个放声歌唱、展现自我的舞台。

(七)《我要上春晚》

中央电视台综艺频道开办的一档综艺栏目,把热爱春晚的各类演艺明星,以及身怀特殊技能的普通百姓汇集到演播室,形式就像一场小型春晚。除了常见的唱歌、跳舞外,魔术、相声、小品、民间绝活等各种形式的节目都会在节目中出现。不仅如此,节目组还提出了"只秀不选"的理念,虽然台上会设立三位明星评委,但三位评委却并不做出点评,而只是现场说出自己观看节目的感受,并且他们还可以随时和演员进行互动,做一些即兴表演。

二、杂志型文艺栏目

杂志型的文艺栏目以小板块的方式集结,各个板块之间无需有逻辑上的关联,因而可以更加广泛地将各种各样的节目形式容纳于一期节目之中。《正大综艺》从开播至今一直是其所播出频道的品牌栏目,个性非常鲜明,分设数个子栏目,以杂志的方式组合。栏目拥有大量的片源,展示世界各地的风土人情。新版《正大综艺》栏目,除了保留原有的《世界真奇妙》、《信不信由你》等栏目板块,还增加了《吉尼斯世界纪录》、《X 行动》等新栏目。

三、谈话型文艺栏目

谈话型的文艺栏目其实也是谈话节目的一种,只是它所关注的题材、邀请的嘉宾均来自于文化艺术领域。例如,中央电视台的《艺术人生》追求"用艺术点亮生命,用情感温暖人心",以人文关怀的视角,与演艺明星共同分享人生故事与心路历程。

第三节 栏目策划与制作

关于策划,"哈佛企业管理"丛书中有这样的论述:"策划是一种程序,在本质上是一种运用脑力的理性行为。所有的策划基本上都是关于未来的事物，也就是说策划是针对未来要发生的事情做当前的决策。换言之，策划是找出事物因果关系，衡量未来可采取之途径，作为目前决策之依据。亦即策划是预先决定做什么，何时做，如何做，谁来做。策划如同一座桥，它连接着我们目前之地与未来我们要经过之处。"①

由此可以理解为策划是科学合理的"计划"，以及制定这个计划的过程。因为"策"字又有"计谋"的意思，"策划"也可解释为"筹划、谋划"。栏目策划包括节目设想、如何实施、必要的保障（设备、人员、经费）以及对未来的影响等内容。策划人能够指挥记者采访、制作和播出。

策划活动有季节性和阶段性的，如半年的、一周的和当日的。栏目策划一般由专门的人员或机构来制定。专门策划人员（或称策划人）应该具有娴熟的业务技巧，能够纵观全局，掌握信息，确定报道主题和角度，并根据市场变化出"点子"。

策划活动具有"先导拉动"作用，以观众的需求为主导，在观众的需求与节目生产之间寻找契合点。强调策划是电视节目制作走向成熟的标志。策划使决策更科学，实施更合理。以往凭感觉和想象的所谓"计划"已经不能适应节目市场的需要，如今不论是节目生产、新栏目的推出，还是频道调整，都需要有准确的观众收视调查，以及市场各种数据的定性分析，并通过有学识和思想的策划人或专业策划公司拿出"点子"。

新的策划概念摒弃了以往的粗放型运作模式，使高质量的前期策划与精美的后期制作形成一个完整的链条，重"设计"，同时重"实施"。只有在精心组织、有效实施后，才有可能给观众提供高水准的节目、栏目和频道。

前面我们所提到的电视文艺的专项型栏目、综合型栏目、杂志型栏目以及谈话型栏目，无论是哪种类型，在策划阶段一般来说都要考虑以下内容，即栏目的名称、栏目的宗旨、栏目的定位、栏目的风格、栏目的内容、栏目的结构、栏目的时间与时段等。

---

① 转引自谭天、王甫著：《电视策划学》，中国国际广播出版社2001年版，第265页。

一、栏目名称的重要性

任何事物都有名称，作为一档电视栏目也必须要有栏目名称。因为，最先与观众见面的和让观众记住的通常是栏目的名称。有一个引人注目的、恰当的名字是很重要的，一方面有利于观众对栏目整体的了解，另一方面也规范了栏目的内容，便于编导的操作。比如《曲苑杂坛》这个栏目名称，其内容一定是与曲艺类的节目有关；《舞蹈世界》所表现的必然是舞蹈艺术以及与舞蹈相关的内容。诸如此类，栏目的名称对栏目的内容就有了内在的约定。这样，有不同兴趣的观众对栏目的内容有了认定之后，就形成了固定的收视群体。因此说，设定栏目名称要经过反复推敲，同时栏目名称要醒目、准确、便于记忆。栏目名称也可以说是对节目内容的一种概括。总之，栏目的名称对栏目的生命至关重要。

二、确定栏目的宗旨

"宗旨"一词是指主要的目的和意图。确定栏目的宗旨，也就是说，设置一档栏目究竟是为什么？想达到的意图是什么？如果这两项都不明确，那么肯定是模糊不清、针对性不强的栏目，这种栏目的生命力不强。"策划一个栏目必须有明确、清晰、恰当的宗旨，因为它就是栏目的旗帜、方向和形象。"[①]因此，策划栏目首先要确定的就是栏目的宗旨。比如，中央电视台综艺频道的文艺栏目《激情广场》，它的栏目宗旨是："在音乐中满足每一个普通人对生活、情感和真、善、美的向往。"栏目以"一个人唱歌多寂寞，一群人唱歌多快乐"为出发点，以"将优秀的音乐作品唱透，达到真正地普及优秀的音乐作品"为目的，而这也正是设置该栏目的意图所在。再比如，《曲苑杂坛》这个栏目的设置目的是"弘扬中华传统文化，尽显民族艺术瑰宝"，通过相声、小品、魔术、杂技、评书、笑话、马戏、说唱等艺术形式来展现该栏目的设置意图。以上我们可以看出确定栏目宗旨的重要性。只有把栏目的宗旨确定了，才能使栏目进入一个正确轨道，使栏

---

① 引自谭天、王甫著：《电视策划学》，中国国际广播出版社 2001 年版，第 267 页。

目的内容清晰而不混乱。

三、栏目的定位

前面我们讲到电视文艺栏目有四种类型：专项型、综艺型、杂志型和谈话型。那么，我们在策划具体栏目时，首先应考虑的是栏目定位在哪种类型之中。定位准确，既便于栏目选材又便于实施操作。比如，《CCTV 音乐厅》的定位是专项型的，它主要是介绍一些以严肃音乐为主的中外经典音乐作品，为音乐爱好者提供了一个欣赏、了解严肃音乐的平台。《风华国乐》也是专项型栏目，该栏目的定位是以欣赏、介绍我国民族音乐为主，以继承和发扬中华民族的优秀音乐文化遗产、弘扬民族艺术为宗旨，向观众介绍我国经典的传统乐曲、各民族的音乐精品，展现民族音乐的丰硕成果和音乐家的艺术丰彩。此外，还有的栏目是以收视群体或栏目的性质定位的。

从以上例子我们可以看出，栏目的定位，主要是依据栏目的形态、性质和对象来考虑和确定的。

四、栏目的风格

栏目风格是栏目内容和形式方面的特色与个性的集中体现。栏目风格受栏目方针、受众对象、栏目内容和形式、编排技巧等因素的影响。比如，山西电视台《开心吧》的栏目风格是“轻松、快乐、活泼、动感”，《艺术人生》的栏目风格是“真、善、诚”。栏目风格往往是与栏目宗旨联系在一起的。栏目的风格虽然各有千秋，但都应注意其独特性、鲜明性和整体的一致性。

五、栏目的内容

栏目的风格明确了，我们就要考虑栏目的内容。依据栏目的类型划分，用什么样的内容体现栏目的宗旨和风格，才能使栏目内容相对统一？例如《舞蹈世界》这个栏目，它的宗旨是：繁荣舞蹈创作，推出舞蹈新人，展示舞蹈精品，普及舞蹈知识，开掘舞蹈文化，推进大众素质教育，满足电视观众的要求，为电视和舞蹈工作者提供一个跨门类的、广阔的艺术创作空间。该栏目必然是以舞蹈艺术为核心，以“电视舞蹈”为主打项目，所选择的内容应该都与舞蹈有关，而绝不能喧宾夺主，用其他艺术形式改变栏目的性质。

再比如，《魅力12》是一档综合型文艺栏目。因为是综合了各种艺术门类的不同艺术形式，因此它的内容也就十分多样化。它的定位是综艺类，有歌曲、舞蹈，还有外拍的专题以及现场嘉宾的追忆等，具体包括以下内容：

1. 原声再现：观众最熟知的演唱方式，请原唱者现场演唱。

2. 寻源：外拍调查，以寻找、发现的形式记录一部作品在民间最初的原始状态、最早的演唱者、最初的发现者等，具有真实性与悬念感。调查过程贯穿整个节目。

3. 非常发现：以外景调查与演播室当事人、嘉宾回忆相结合的方式，讲述歌曲的挖掘、整理、改编、再整理的过程以及由此产生的深远的影响力，挖掘在这个过程中鲜为人知的历史细节与真实故事，具有历史感与揭秘性。

4. 无限多样：该作品曾经有过的各种不同版本的现场演唱，以及现代乐队、著名歌星、海外艺人的全新演绎。同一首歌曲的不同形式演唱始终贯穿在节目进行过程当中。

5. 当事人回忆：包含当事人对逝去青春的美好留恋，对爱情、友情、亲情、民族之情的自然流露，节目也因此更具有内在情感与感染力。

6. 西部情调：与此相关的民族歌舞节目作为点缀，并尽可能多地融入民族风情、民间传说、民族服装等，凸显西部文化特色。

7. 推向辉煌：节目进行的过程，就是对一部作品的方方面面不断挖掘与展示的过程，使其不断释放魅力的过程。最后，以一个大型合唱或者交响乐的演出把这种展示推向高潮，节目在全场激情互动中结束。

六、栏目结构

做文章要考虑通篇结构，做一档电视文艺栏目也是如此。什么样的节目放在开头？什么样的节目放在结尾？中间的节目怎么穿插？如何安排才能出其不意？这些都需要编导通盘考虑。打破固有格式，追求多样化，巧妙地把所有节目衔接起来，赢得观众发自内心的喜欢，是每个编导都要费心考虑的事情。不同的栏目结构往往会产生不同的效果。栏目结构一般可分为两种：一种是线性结构；一种是板块结构。

（一）线性结构

所谓线性结构，就是栏目中的内容一个接着一个按照顺序进行编排。如《百年歌声》就是典型的线性结构。

（二）板块结构

其实板块的意思也就是指子栏目，由总的栏目派生出几个小栏目，这些小栏目被称为板块。各个小栏目板块有各自独立的内容，不存在相互的关联和逻辑上的连接。这类栏目将不同内容或形式的节目编排在一起，其最鲜明的特色就是综合性。板块结构的栏目可以有多个主题，各自独立，为观众提供多方位的服务。比如，湖南经视的《越策越开心》就是典型的板块结构栏目。

除了一期栏目有相对完整的结构，还有一种栏目是由多期子栏目组合而成的，即"有主题，成系列"，一周的节目共同构成一个大栏目，每天的节目其实就是一个板块。例如，《爱电影》是中央电视台电影频道推出的一档以电影为主题的日播综艺类栏目，包括六个不同形态的子栏目，从周一到周五分别为"爱说电影"、"爱拍电影"、"爱画电影"、"爱秀电影"、"爱猜电影"，周六和周日为"爱梦电影"，不同板块之间既相互关联又各有所侧重。这类栏目的核心内容统一，如定位、主持人、风格等，有利于品牌的推广；而独立的板块避免了彼此之间的牵制，兼容了多种主题的展现。

七、串联词写作

无论是线性结构还是板块结构，都需要将它们串联成一档完整的节目。串联词就起到了穿针引线的作用。串联词有两种：一种是主持人的串联词；一种是嘉宾的解说词。

串联词主要起到介绍栏目内容、连接上下文以及与观众进行交流等作用。具体形式为：开场白、中间的串联、结束语。

八、栏目制作方式与包装

栏目的制作方式是由栏目本身的内容和形式决定的。直播的节目，一般都在演播室内制作，个别的有在剧场或大会堂的舞台上进行，大型的节目也有在外景地进行的。录播制作的栏目，由于时间充裕，可以从容进行。首先分段录制节目素材，然后录制主持人的串联词，将节目素材、主持人的串联词进行整合编辑。如果需要外景地的采访或资料片等，也可以在整合的过程中穿插进去，形成一个整体。

每个栏目都有一个标志性的片头、分割段落或间隔板块的片花以及栏目的标识，这些在设定栏目时都制作好了，应根据栏目的结构适时地将片花或标识插入进去。有的还可以根据栏目内容需要制作宣传片，插播在节目中，这些都是对栏目进行包装的方法。

此外，栏目的设置还要遵循以下三个原则：1. 强调特色的原则；2. 不断完善的原则；3. 求新求变的原则。“喜新厌旧”恐怕是大众对栏目的普遍心态，观众总是希望在栏目里能看到一些新内容、新的表现形式以及新的主持人面孔。如果栏目不能及时适应这些变化，就会有被淘汰的危险。①

思考与训练

策划一档电视文艺栏目。

课外欣赏

观看中央电视台综艺频道的各档电视文艺栏目。

① 引自谭天、王甫著：《电视策划学》，中国国际广播出版社 2001 年版，第 268 页。

附录一

《龙船调》音乐电视拍摄导演阐述

一、拍摄背景

《龙船调》，又名灯调、花灯、种瓜调，长期在利川市柏杨、汪营等地流行，是群众逢年过节划采莲船对唱的一首民歌。1962 年 5 月，《龙船调》被收录《湖北省民歌集》，由中央人民广播电台制作成唱片发行；1979 年被收录《中国民歌集》。20 世纪 90 年代中期，《龙船调》被联合国教科文组织评选为“世界二十五首优秀民歌之一”。利川作为土家族和苗族的聚集地，作为《龙船调》的发源地，为了更好地展现它的民俗民风，有责任并很好地将这首经典民歌向世人传承。

二、导演阐述

《龙船调》作为一首脍炙人口的歌曲，多年来在音乐的表现形式上已有了一些版本。无论是当地人的传唱或是从众多艺术家对其的改编上来看，都已经不再是单纯地指当地人正月十五划旱船时所唱的曲目，它已成为当地男女随时随地传情达意的一种表现手段。因此当我们拍《龙船调》音乐电视的时候，已不再把它当做一首情歌演绎，而是将这首歌进一步升华来扩大其内涵。

利川作为歌曲《龙船调》的发祥地，从画面上表现当地的风土人情、自然风光是必需的元素之一。因此我们选取了利川当地那种雄伟中渗透着秀美的自然风光（腾龙洞、大河匾、西门清江等）以及人文风光（大水井、鱼木寨）作为拍摄背景，在表现形式上结合土家族的风俗“女儿会”中妹娃大胆追求爱情、敢于表达爱意心声的特点来作为拍摄主题。我们了解到当地的哭嫁极具民族特色，因此把“结婚”定为了这部音乐电视的主要场景和发展结构。具体来说就是把新娘出嫁的那一时刻，即从少女到少妇的过程定格放大，通过奔跑、眺望、跨门槛等细节，展现女孩的春心萌动、憧憬爱情以及待嫁、出嫁的不同心情。

(女)“妹娃要过河，哪个来推我嘛?”(男)“我就来推你嘛!”已不单纯以情歌对唱来体现，而是把这句特有的念白定位成“人生的摆渡”，即土家族女儿在结婚的这一刻，由少女到少妇的一个成长过程。我们弱化了艄公的形象，就是希望淡去这首歌的情歌成分，而是赋予它人生写意的大成分。在创作中，通过展示土家族特有的风俗“女儿会”，赋予这首歌新的内涵，传达土家族少女渴望成长的深刻含义，同时通过艄公江上行舟、“撑船”来表达一种人生摆渡的过程。因此，念白的第一段就反映出新娘的内心独白，第二段即为陪嫁妹的内心独白，第三段表达所有妹娃向往婚姻的心声等。

歌手汤灿在音乐电视中作为一个叙述者、旁观者和参与者，为所看到的、听到的和感受到的当地的风土人情而动情，有感而唱。整个音乐电视片把女孩渴望成长、向往婚姻的心情以及最终踏入婚姻殿堂，开始新的人生历程浓缩在短短四分多钟里。

音乐电视片中除了采用了水、陆风格的迎亲队伍和婚船，还借用了当地很多的民俗，最有特点的就是记录了新娘出嫁时向空中抛洒筷子的场面，其寓意取至谐音:“快乐”;还有过年过节时孩子们齐聚河边打“过河毽子”的情景，以及土家族特有的舞蹈表演——男女对跳“摆手舞”，表现男性阳刚之气的“肉莲响”等，以此来渲染土家族的民俗民风。土家族虽然没有自己的文字，但是在制作过程中，我们找到了一些象形的图文“福”，将其叠加在腾龙洞场景中的舞蹈场面里，以此增加历史的厚度和久远的神秘感，从而印证“越是民族的就越是世界的”真理。

音乐元素以远处缥缈的念白起，中间间奏部分融入“肉莲响”的打击声和土家族锣鼓的声音，结尾在欢快、饱满的气氛后导入原始的无伴奏“种瓜调”清唱一句结束。

《龙船调》的音乐以节奏明快、活泼而带有部分戏剧元素的形式展开。画面唯美、写意，利川当地的自然风光，土家族和苗族的人文风貌、民俗民风以及歌手独特的演唱风格被展现得淋漓尽致，给电视观众描绘出一幅浓郁的山水画卷。

三、画面定位

(一)色彩定位

1. 红色反映喜庆的结婚场面、(女儿会)情人节暖色的心情。

2. 绿色反映当地山美、水美的自然风光，艄公江上行舟悠然自得的情绪。

3. 红黑色反映当地的民俗民风，妹娃的生活状态。

4. 蓝色反映神秘的、云雾缭绕、山清水秀及空旷回音的气氛。

(二)角色人物定位

1. 歌手作为叙述者、旁观者和看到当地风土人情而为之动情者。

2. 妹娃为故事情节发展的主要人物，是“妹娃要过河，哪个来推我”的主要表演对象，以此来表现土家族少女大胆追求爱情并用对歌来抒发自己内心的感受。

3. 艄公作为当地的健康、热情、奔放的男性形象代言人。

4. 群众演员作为烘托气氛、反映当地民俗民风的主要元素。

(三)角色语言

强调他人结婚的大气氛场面，妹娃穿各种绣花鞋跨出门槛、在山路和石阶上奔跑的特写，以此来反映妹娃渴望出嫁、盼望成长的心情；艄公江上行舟，以此来表现人生摆渡的一个阶段性过程(寓意从待嫁到出嫁的过程)；男女摆手舞、男士击打身体的“肉莲响”舞蹈，反映土家族男女相互传情达意和表达爱情的方式。

(四)语言符号

“妹娃要过河，哪个来推我嘛?”表达女孩青春萌动，渴望成长、出嫁、自主婚姻的心情。

(张东辉)

附录二

《龙船调》音乐电视分镜头脚本

镜号	拍摄内容	音乐结构	摄法、景别及角度	色调及影调	美术道具	备注
1	江面拉起到山水相间的远景空镜	前奏	航拍逆江直行拉起	晨曦,饱和绿	干冰处理江面,也可后期贴画面	(禹江)
2	一滴水嘀嗒在绿叶上,红色的鱼在水中欢快地一跃		特写	同上		逆光(大河碥)
3	江边石堆上的两双脚(女绣花鞋、男草鞋)		特写		找到脚底石头和绣花鞋的反差	(大河碥)
4	江对面河堤上一个中年男子身背竹篁悠闲地走过		远景,关系镜头		服装与环境要大反差	(大河碥)
5	嘴里哼唱着什么……听到什么,转头望江对岸		中景			(大河碥)
6	直上石梯拉起到鱼木寨全景		航拍上梯直行拉起	晨曦、云雾缭绕	后期贴画面	(鱼木寨)
7	敲击大锣特写(大红绸抛向镜头)	进节奏过门	特写		红绸或锣	拍摄间隙
8	大水井门外,结婚场面,鱼木山间迎亲队伍,清江上花嫁船队		大全	红色为主,高饱和		大水井、鱼木寨、禹江或清江
9	少女在江岸上眺望远方,像是听到什么或看到了什么,花轿、鞭炮、乐器,人群的喜悦表情,一只脚踩水击起浪花		特写,近景为主		道具上加大红绸(鞭炮杆上)	唯美地忠实反映婚庆场面

（续表）

镜号	拍摄内容	音乐结构	摄法、景别及角度	色调及影调	美术道具	备注
10	一组导演符号镜头（远景少女在山间奔跑与各种不相干镜头快切）					
11	汤灿站在吊角楼上，大水井远景至汤灿近景，掠过汤灿所在位置	第一句歌词起	航拍大全景推至汤灿近景			带奔跑女孩关系
12	镜头穿过喜悦的人群，推向汤灿的近景	第一句歌词起，唱完第一句	移动			
13	带环境关系的汤灿中景，期间切一汤灿迈过门槛的脚部特写	第二句歌词				画面中汤灿周围做虚化
14	不同场景中的男女合唱副歌的表情	副歌	多景别			
15	新媳妇自己撩开花轿帘，七八个老太向她抛撒花瓣表示祝福	念白：妹娃要过河				
16	各种人听到这句话的不同表情，羞怯的、欢快的、调皮的、稀奇的	哪个来推我嘛				
17	江上一群艄公搭腔	我就来推你嘛				
18	汤灿唱的一组画面（江岸边边走边唱，或站在群山之巅高歌）	“艄公你把舵扳哪……”				
19	婚庆现场众人合唱（大水井，新郎背新娘，周围人们起哄；鱼木寨蜿蜒道路上颠轿；江上花船众人划桨）	哪个咿哟喂				
20	汤灿似乎看到以上场景，笑的镜头	将妹娃推过河				
21	一个或一群白鹭飞翔	过门				

（续表）

序号	拍摄内容	音乐结构	摄法、景别及角度	色调及影调	美术道具	备注
22	航拍江上泛舟，艄公用力划船	第二段 第一句				
23	江水击打船帮					
24	汤灿推窗望向外唱一句	第二句				
25	反打雨打芭蕉，屋檐滴水					
26	带门关系的绣花鞋迈出门镜头一组					
27	“女儿会”的各种镜头，追逐的、私语的、嬉戏的、对唱的					
28	仰拍汤灿推门，向下跑冲向镜头					
29	绣花鞋和布鞋水边		近景			
30	汤灿站在水井中间用水罐浇头	念白：妹娃要过河	俯拍			
31	汤灿甩头甩水					
32	一群少女笑的镜头	哪个来推我嘛				
33	跟拍鱼群游动					
34	一群艄公，有老有少，搭腔后大家的笑容	还是我来推你嘛				
35	航拍汤灿站在江中唱	艄公你把舵扳哪				
36		将妹娃推过河				
37	大水井，鱼木寨，江边，场面大全景	哪个喂呀崽，哪个喂呀崽				
38	汤灿唱歌周边虚特写	将妹娃推过河				
39	航拍禹江，中有艄公和船，山路上奔跑的绣花鞋，山寨中跨门槛的绣花鞋，江边蹚水的绣花鞋和自然风光的空镜头穿插，众人向溶洞汇聚					

（续表）

序号	拍摄内容	音乐结构	摄法、景别及角度	色调及影调	美术道具	备注
40	壮汉打镲，篝火映出溶洞					
41	“肉莲响”一组					
42	隔着火的鼓槌					
43	叠画出大水井山墙上的锣鼓队					
44	大水井寨门外的摆手舞，溶洞前的摆手舞					
45	奔跑的绣花鞋					
46	逆光夕阳中，老汉老妇在船头，老汉抽着烟袋，老妇脚泡在江中撩水					
47	溶洞前汤灿唱	五月里是端阳哎……				
48	大水井山墙上的锣鼓阵					
49	大水井门外墙边的摆手舞阵					
50	汤灿在溶洞前唱					
51	跳摆手舞的人群和汤灿唱在一起、跳在一起（溶洞前跳摆手舞的人群齐唱）	金哪银儿索，银哪银儿索				
52	汤灿在船头唱	阳雀叫来……				
53	鱼木寨大全空镜，山中云雾缭绕	念白：妹娃要过河，哪个来推我嘛				
54	各种人听见的反应镜头					
55	空的江面，无人的船	还是我来推你嘛				
56	汤灿以喊山的姿势在山顶唱		全景			
57	溶洞前的“肉莲响”一组	副歌				

（续表）

序号	拍摄内容	音乐结构	摄法、景别及角度	色调及影调	美术道具	备注
58	汤灿唱	将妹娃推过河				
59	男女声在江边、水井边齐唱	副歌				
61	欢快热烈的场景推向高潮					
62	航拍汤灿站在山巅喊山	妹娃要过河，哪个来推我嘛				尾声做多重回声处理
63	老太坐在江边树下轻声哼唱，悠然自得	正月里是新年哎……				

附录三

综艺栏目《我要上春晚》第一期录棚稿

SHOW TITLE:《我要上春晚》

NO.: 2010.0903(1)　　**CHANNEL/VERSION:**CCTV－3

VJ: 董卿　　**CW:**小兽

Jury: 韩红　蔡明　黄宏

TX DATE & TIME: 08/19/2010

REC DATE: 08/19/2010，WED @ 1400hrs

LOCATION OF SHOOT:studio

• WARNING

大片头 VCR

• INTRO

开场歌舞《印象春晚》3’表演:新锐舞团 爱民舞蹈团

• OPENING

(出场:开场舞尾声，董卿随舞蹈演员出，秀舞蹈，主舞台台中定位)

董卿:我要上春晚，你看行不行?大家好，欢迎来到CCTV－3全新打造的大型跨界互动综艺节目《我要上春晚》，我是董卿。看过刚才的开场演出您就明白了，我们的节目跟“春晚”肯定是紧密相连的，那么，《我要上春晚》这档节目究竟会呈现给大家什么样的精彩呢?一句话，那就是:为想要登上中央电视台春节联欢晚会的人提供展示才华的舞台!我们栏目的设置，就是为春晚寻找创新的节目形态。所以，无论您是成名已久的大腕明星，还是身怀绝技的普通百姓，只要您够创意、有绝活，就都有机会登上《我要上春晚》的舞台，向全国观众尽情展现你的风采。

(介绍评审团)

隆重介绍本期四位评审团成员,都是老春晚了!他们是黄宏、韩红、蔡明、张颐武!他们将用他们对于春晚舞台的丰富经验以及专业知识为登上《我要上春晚》舞台的选手们提供建议与点评!

(评审团向大家问好)

董卿:韩红参加春晚几届了?

(韩红回答)

董卿:蔡明参加春晚几届了?

(蔡明回答)

董卿:黄宏参加春晚几届了?

(黄宏回答)

董卿:本期节目中有哪些来自明星大腕的精彩演出和来自百姓的超级创意会让您眼前一亮呢?马上进入本期《我要上春晚》。

【节目一:魔术表演《魔幻扑克》 表演:周杰伦】

董卿:首位登上《我要上春晚》的明星,到底是谁呢?谜底马上揭开!(进小片)隆重请出拥有超高人气的演艺全才——周杰伦!

(周杰伦小舞台出,与观众互动示意,走向主舞台,与董卿访谈,聊小片内容:春晚记忆、最新动态等)

董卿:杰伦是春晚的熟客了,非常感谢你的到来。我知道你是多才多艺,做音乐、拍电影、当老板,唱歌对你来说没什么难度。《我要上春晚》是一个创新的舞台,你还有什么特别的演出献给观众吗?

周杰伦:春晚我上过几次了,所以没有新东西怎么敢来这个舞台呢?不知道为什么,一看到你我就特别想变魔术。

董卿:大家看出春晚的影响力了吧?春晚之后不仅刘谦火了,我也火了!为什么呢?因为都说我是刘谦的托儿。你要变魔术,和刘谦有什么不同?

周杰伦:他是专业著名魔术师,我是业余非著名魔术师。

董卿:那你需要我当托儿吗?

周杰伦:不用。

董卿:那太好了,大家看好了,我不是托儿啊。有请周杰伦,为大家带来魔术表演!

(表演结束,董卿引导嘉宾评审点评)

董卿:谢谢杰伦精彩的魔术表演!看来刘谦下次上春晚只能唱杰伦的歌了。几位评审有何感想?

评审方向:黄宏与蔡明形成观点对立,其他评审依自己真实的观看感受进行评判,喜欢还是不喜欢?

评审点:明星在另一种艺术门类中的探索,春晚就应多推出这类节目。明星反串,联欢性强,耳目一新。

(互动设置)

黄宏:周杰伦这个节目挺好,符合春晚联欢的特点。老是唱歌没意思,我认为这个节目完全可以上春晚!

蔡明:唱歌怎么没意思了?!我认为周杰伦在春晚上就应该唱歌。多少粉丝盼着这一刻呢!还是唱歌好!

黄宏:我就说变魔术好了!爱咋咋地!

董卿:二位别争了!在变魔术还是唱歌的这个问题上,不如咱们听听观众的。

(采访观众)

董卿:观众们都说出了自己的选择!如果让我说,我既不让他唱歌,也不让他变魔术,而是让他当春晚的主持人!我听说周杰伦有个当主持的愿望,据说他在影视圈里很多工作都做过,比如说歌手、演员、导演等等,就是没做过主持人,是吗?

周杰伦:没错!我确实有这个打算,也许会尝试一下主持。

董卿:那好,等你准备好,下次再登上《我要上春晚》的舞台,咱俩搭档一把!

周杰伦:好啊,一言为定!

董卿:好,谢谢周杰伦。春晚的舞台上周杰伦究竟是唱歌?是变魔术?还是主持呢?欢迎登录本节目在 CNTV 的互动专区,发表您的观点。再次感谢周杰伦。

【节目二:跑步机舞蹈　表演:程丹彤、王瑞芳等】

(董卿主舞台定位,同时主舞台上放置道具,演员小舞台出,至主舞台表演)

董卿:《我要上春晚》节目就是为超级创意提供舞台,同时也为春晚提供新鲜元素,响应"开门办春晚"的理念。所以您不仅能经常在我们的节目中看到明星大腕带来的高品质跨界表演,来自民间的创意演出更是我们的特色亮点。下面这个节目就非常有创意,我们先来认识一下他们。(进小片)

董卿:(表演前,董卿简短访问演员)有请! 哎? 几位健身教练来到我们节目,是来教健身操的吗? 那他们到底会有什么特别演出呢? 有请各位!

(表演结束,董卿引导评审点评,同时号召普通百姓将日常工作和生活中的创意搬上舞台)

评审方向:评审依自己真实的观看感受进行评判,喜欢还是不喜欢?

评审点:舞蹈与健身器械相结合,有艺术体操的感觉;能够将自己的工作融入艺术节目当中,打开了思路;一种创意的组合,春晚中应多推出创意类节目。

(评审交流)

黄宏:我觉得你们这个节目可以再完善一下,其实在跑步机上还可以组合出更多的花样,完全可以把艺术体操的元素融进来。另外,是不是还可以考虑一下把别的健身器械也融进去,艺术与运动相结合,没准还能上奥运会呢! 希望你们把节目完善之后,再来挑战!

(互动设置)

董卿:几位健身教练怎么会产生在跑步机上跳舞的创意呢?

健身教练:我们在工作的过程中,发现很多人在跑步机上的姿态都很有意思,就产生了把这些动作集合到一块的想法。后来又参考了国外相关视频中的一些元素,就在摸索中排出了这个节目。

董卿:丹彤已经是一岁半孩子的妈妈了。春晚曾有过健身表演,你们有信心登上春晚吗? 在跑步机上舞蹈可不是一般人能做到的,咱们请丹彤教大家一个简单的健身方式吧。

(观众互动体验)

董卿:谢谢各位,谢谢几位健身教练。

（介绍投票方式）

董卿：在这里要特别提示大家，《我要上春晚》在中国网络电视台 CNTV 的专区已经开通了。所有在《我要上春晚》舞台上亮相的节目都会在网络专区上设立有实时的人气投票窗口，接受所有中国网民的检阅，支持或反对，登录 CNTV，投上您的宝贵一票。我们每期都将公布上一周的累积人气排名，最终谁会登上春晚，年底的特别节目中将揭晓答案。同时，如果您有让人眼前一亮的超级创意或者技惊四座的独家绝活，那就赶快通过以下方式联系我们，也许下期节目中精彩亮相的就是您！

（上字幕条：报名热线、报名邮箱、在线报名）

【节目三：相声《教你模仿》　表演：刘颖、张浩楠】

（董卿主舞台定位，演员小舞台出，至主舞台表演）

董卿：虽然说我们的节目刚刚开播，但还是收到了来自各界朋友的关注。下面就有这么两位，特别想上春晚，听说我们的节目就叫《我要上春晚》，结果就慕名而来找到我了。我说你们能不能上春晚，这事儿我说了也不算啊，那只有通过我们节目的观众来评判。这不，他们来了，有请刘颖、张浩楠！

（表演前，董卿简短访问演员）

背景资料：刘颖是李金斗老师的徒弟，1992 年辞职到日本自费留学 7 年，考上日本相声学院，但因学费太高而放弃。她在日本年年租录像带看春晚，打工刷盘子时默背贯口“报菜名”。1999 年回国重操旧业，是源于对相声的爱。张浩楠出身京剧世家，少年时进入胖哈哈艺术团学习。两人现为铁路文工团正式成员。

（表演结束，董卿引导评审点评）

评审方向：评审依自己真实的观看感受进行评判，喜欢还是不喜欢？

评审点：互动相声，有新意。相声要更适应春晚的舞台。

（互动设置：刘颖教张浩楠模仿韩红）

董卿：韩红，别光顾着乐了，来评判一下吧！

韩红：模仿得挺好！比我这韩红还像韩红！

董卿：别说，这模仿得还真挺像！不过我有一点很怀疑，你这心理暗示模仿法到底好不好使呀？你们两个肯定都是沟通好了的！这样，为了验证一下你这个方法到底管不管用，我随便请一位观众上台，你现场教他模仿一位明星，好不好？哪位观众愿意上来？

（观众互动）

（相声演员教观众模仿）

董卿：这回咱们请观众朋友们评判一下，模仿得像不像？

（观众采访）

【节目四：超级创意《节拍》　表演：红樱束打击乐团、踢踏舞团】

（董卿主舞台定位，同时主舞台上道具，演员小舞台出，至主舞台表演）

董卿：谢谢两位，也感谢我们的这位观众朋友。有请下一组表演嘉宾，红樱束打击乐团，欢迎你们！

（表演前，董卿简短访问演员）

董卿："红樱束"的演出我们看过很多，对你们的打击乐表演非常熟悉了。那今天来到《我要上春晚》的舞台，有什么特别的准备吗？

红樱束：对不起，这是个秘密，现在还不能说，还是请大家来看吧。

董卿：那好，我们就一起来欣赏红樱束的神秘演出。

（表演结束，董卿揭秘演出形式和道具，与演员简短访谈，董卿引导评审点评）

评审方向：评审依自己真实的观看感受进行评判，喜欢还是不喜欢？

评审点：创意性很强，为节目创新提供了思路。配合十分默契，既好看又好听。混搭的表现方式，应多在春晚中推广。

（互动设置）

董卿：我一直都觉得跳踢踏舞的演员特别神奇，这腿是怎么长的呀？能跳这么快呀？这里边有弹簧吧？

踢踏舞演员：没有！这腿都是原装的，没经过改造！主要还是靠练！

董卿：练习踢踏舞一定特别费鞋吧？一年要踢坏多少双鞋？

（踢踏舞演员回答）

董卿：有没有计算过在练习过程中每天要踢多少步？

（踢踏舞演员回答）

董卿:从他们身上我想到了一句话,叫“千里之行,始于足下”,每天这么多步加起来就是一段相当长的路程。

(观众上台互动,踢踏舞演员教观众简单动作)

【节目五:杂技《命运的摇摆——双人晃管》　表演:王强、丛利宝、中国铁路文工团杂技团】

(董卿主舞台定位,演员小舞台出,至主舞台表演)

董卿:春晚真的是一个众口难调的事儿,因为要照顾全国观众的喜好。不过有一个表演形式,我想大家都喜欢看,那就是杂技。马上请出下一组表演嘉宾,来自中国铁路文工团杂技团的两位高手。(进小片)

(表演前,董卿简短访问演员)

背景资料:他们的节目大有来头,全世界仅此一份。曾获2008年第七届匈牙利布达佩斯国际马戏节比赛唯一金奖和2009年第十三届法国巴黎明日国际杂技节比赛金奖。王强22岁,从艺14年;丛利宝17岁,从艺10年。每天练功9小时。两人2004年开始搭档至今,今年年底要冲击蒙特卡罗金小丑大奖(杂技界的奥斯卡)。

董卿:有请他们。春晚年年看,年年盼(自己能上春晚)。

(表演结束,董卿引导评审点评)

董卿:谢谢两位,我要上春晚,你看行不行?马上来听各位评审的意见。

评审方向:蔡明与黄宏形成观点对立,其他评审依自己真实的观看感受进行评判,喜欢还是不喜欢?

评审点:杂技节目在春晚中的重要作用;杂技的训练难度。

(评审交流)

蔡明:这个节目表演得非常精彩,创意好、表演好、音乐好、道具好、服装好,总之哪哪都好,但是,我觉得不太适合上春晚!太惊险了,看了这节目我年夜饭都吃不下去了!

黄宏:要的就是惊险!这就好比拌菠菜放芥末,要的就是这刺激劲儿!我支持你们!

蔡明:芥末吃多了还呛得流眼泪呢!

黄宏:那也是幸福的泪水!

【节目六:歌曲《黄昏》 表演:云朵】

(董卿主舞台定位,演员小舞台出,至主舞台表演)

董卿:下面这位表演嘉宾名字非常有意境,叫做云朵,来自四川阿坝的一位羌族女孩。欢迎云朵。(进小片)

(表演前,董卿简短访问演员)

背景资料:云朵有着极具穿透性的高音唱腔,可以唱到 HI－D。母亲是寨子里有名的原生态歌唱者,云朵听着母亲在花椒地里边干农活边唱歌长大,在家乡时每天无时无刻不在唱歌。15 岁离开家乡到成都打工,当过餐厅服务员,后给餐厅客人和旅游者唱歌。2005 年起从师刀郎,曾参与刀郎多张专辑的和声录制。2008 年在刀郎翻唱专辑《红色经典》中,与刀郎共同翻唱《翻身农奴把歌唱》等作品;2009 年参与《成龙与他的朋友们》鸟巢演唱会;2010 年即将发行首张个人专辑《全宇宙》。云朵是一个思想非常单纯的女孩,喜欢一切音乐。赚钱后她给妈妈买了手机,以便随时可以打电话。云朵每年回一次家,陪家人一起看春晚。她是弟弟妹妹们的偶像。

(表演结束,董卿引导评审点评)

评审方向:评审依自己真实的观看感受进行评判,喜欢还是不喜欢?

评审点:极高的高音给人以强烈的震撼。

(互动设置)

董卿:云朵,给你伴奏的几位乐手你刚刚怎么没介绍啊?

云朵:太紧张了,忘了!我现在给大家介绍一下。

董卿:不用介绍了,我已经认出来了。这位键盘手大家看着眼熟吗?刀郎!

刀郎:大家好!我是刀郎!

董卿:我印象中刀郎好像也没登上过春晚的舞台,你就没想准备个节目冲击春晚吗?

刀郎:我们现在主要是想力推新人。我自己的节目正在准备,等我把节目做得完美了,我会再回到这个舞台的!请大家等着我!

董卿:好!一言为定!不过今天也不能放过你,把你最经典的歌曲唱上两句!

（刀郎唱几句）

董卿:说完刀郎咱们说云朵！我终于知道你为什么叫云朵了，这声音高得简直就是在天上呀！怎么练的发声呀？

（云朵展示自己的发声方法）

董卿:对于云朵的声音，我不得不用一句经典的电影台词来形容，“高，实在是高！”云朵上春晚，你看行不行？

董卿:现场和电视机前的观众朋友们，如果你们也喜欢云朵，希望她能圆梦春晚，那就登录 CNTV《我要上春晚》专区投上您的宝贵一票，再次感谢云朵！

【节目七:特殊技能《欢欢乐乐上春晚》 表演:欢欢、乐乐】

（董卿主舞台定位，训练员带狗熊小舞台出，至主舞台表演）

董卿:下一个节目名字叫做《欢欢乐乐上春晚》，有请表演嘉宾！（进小片）

（当两只动物出现后，董卿做惊讶状:这嘉宾太意外了，我怎么交流啊？简短访问训练员:谁是欢欢？谁是乐乐？表演什么节目？）

（表演结束后，董卿引导嘉宾评审点评）

评审方向:评审依自己真实的观看感受进行评判，喜欢还是不喜欢？

评审点:欢迎可爱的动物们也来报名。

（互动设置）

张颐武:这个节目我很喜欢，如果要是能上春晚，我印象中应该是第一次有如此大的动物登上春晚舞台！2009 年春晚上朱军和鹦鹉搭档过，但那都属于是小动物了！

蔡明:你别说，朱军和鹦鹉还挺像的！

黄宏:哪像？

蔡明:都挺能说的！

黄宏:要说第一个在春晚上和动物合作的演员，那就得说我了！我曾经有一个小品叫《家有老爹》，我的搭档就是一只小狗！

蔡明:我有个提议！既然您有和动物合作的经验，今天不如您和这两只可爱的大熊合作一把怎么样？您是愿意呀？是愿意呀？还是愿意呀？不用回答了，肯定愿意！

黄宏:也许我就从此找到新搭档了!

(黄宏与熊一起跳绳)

【节目八:小品《特殊病号》 表演:李文启、关凌、周伟】

(董卿主舞台定位,演员小舞台出,至主舞台表演)

董卿:关注春晚、尤其是喜欢小品的观众对这些名字一定不会陌生,有请李文启、关凌、周伟。

(表演开始前,董卿与各位演员简短访谈:每个演员参与春晚的经历,今天的小品有什么不同?)

(表演结束后,董卿引导嘉宾评审点评)

评审方向:评审依自己真实的观看感受进行评判,喜欢还是不喜欢?

评审点:春晚小品的处境以及创作过程。春晚小品创造了很多的经典语言。反映舟曲抗击泥石流灾害的故事,聚焦社会热点,时效性强。

(互动设置:模拟这个小品中反复出现的台词)

董卿:高壮壮!

周伟:到!

董卿:过来!

周伟:是。什么事?

董卿:没事!我就试试好不好使!如果这个节目真要是上了春晚,那么刚才这段台词一定会形成新的流行语!周伟也是老春晚了!你印象最深的小品流行语有哪些?

(周伟回答,边说边还原每个小品里的动作)

董卿:还真不少,但是还不全!观众朋友们印象最深刻的小品台词有哪些?

(观众互动)

董卿:如果您有让人眼前一亮的超级创意或者技惊四座的独家绝活,那就赶快通过以下方式联系我们,也许下期节目中精彩亮相的就是您!同时还要特别提示大家的是,《我要上春晚》在中国网络电视台 CNTV 的专区已经开通了。所有在《我要上春晚》舞台上亮相的节目都会在网络专区上设立有实时的人气投票窗口,接受所有中国网民的检阅,支持或反对,登录 CNTV,投上您的宝贵一票！我们每期都将公布上一周的累积人气排名，最终谁会登上春晚，年底的特别节目中将揭晓答案。

（上字幕条：报名热线、报名邮箱、在线报名）

【节目九：舞蹈《红舞鞋》 表演：南贤俊】

（董卿主舞台定位，演员小舞台出，至主舞台表演）

董卿：都说春晚是全球华人三十晚上的年夜饭。其实啊，过春节不止是我们中国人，我们的近邻韩国也有过春节的传统。可能是咱们春晚影响力太大了，有一位韩国明星也想上咱们的春晚，他是谁呢？（进小片）

董卿：有请亚洲舞王——南贤俊！（表演前，董卿简短访问）你的舞蹈名震亚洲，在中国也有众多粉丝，今天来到《我要上春晚》的舞台，会给中国观众带来什么特别演出？（南贤俊展示红舞鞋道具）好的，有请南贤俊。

（表演结束后，董卿引导评审点评）

评审方向：评审依自己真实的观看感受进行评判，喜欢还是不喜欢？

评审点：创意性强，将舞蹈与剧情相结合。在肢体控制上非常完美，给人的感觉不是肢体在带动鞋，而是鞋在带动肢体。

（互动设置）

蔡明：这段舞蹈出乎了我的意料！不愧是亚洲舞王，不知道别的舞跳得怎么样？

董卿：“亚洲舞王”这个称号不是白来的，没有他跳不了的舞！不信几位可以考他一下，随便点！

韩红：街舞！

（南贤俊跳一段街舞）

黄宏：古典舞！

（南贤俊跳一段古典舞）

蔡明：蔡小姐之舞！

南贤俊：这个，没有听说过！

蔡明：看看，有不会的了吧？这是我在2008年春晚《梦幻家园》里边跳的一段舞蹈！他就不会！

董卿:南贤俊还有个特点,那就是什么舞一学就会,咱们先看一下当年蔡明的那段舞蹈!

(播放蔡明《梦幻家园》中的舞蹈录像)

董卿:请蔡老师给南贤俊指导一下!

(南贤俊学蔡明舞蹈)

【节目十:魔术《闪电变人》 表演:丁建中】

(董卿主舞台定位,演员小舞台出,至主舞台表演)

董卿:下面要请出的是一位来自台湾的魔术达人——丁建中。丁建中来了之后对我们的舞台没提任何要求,也不需任何帮助。难道他的魔术真的无懈可击吗?有请丁建中。

(表演前,董卿简短访问演员)

背景资料:丁建中与刘谦从小一起长大,两人7岁就认识,后一起来内地发展。他擅长的是大型舞台魔术。

(表演有三番儿:舞台上董卿配合撕报纸表演;评审席前评审配合扑克表演;回到舞台闪电变人表演)

(表演结束后,董卿引导评审点评)

评审方向:评审依自己真实的观看感受进行评判,喜欢还是不喜欢?

评审点:道具简单,却展现出了十分神奇的效果。

(评审交流)

黄宏:我认为这个节目很好!解决了眼下春运难的问题。要去哪,咔咔一变就行!

蔡明:正说节目,你怎么又扯到春运上去了?我提议赶紧把黄宏老师变走吧,省着老在这捣乱!

黄宏:你要把我变哪去?

蔡明:月球!

黄宏:到那多孤单啊!

蔡明:不是还有嫦娥和玉兔陪着你呢吗?

黄宏:对!不但有嫦娥,还有拿着大斧子的吴刚呢!

董卿：好，谢谢各位的精彩建言，谢谢丁建中的精彩表演。

【节目十一：大型舞蹈诗剧《金面王朝》选段　领舞：杨倩、韩伟、表演：北京欢乐谷艺术团】

（董卿主舞台定位，演员小舞台出，至主舞台表演）

董卿：今天的节目就像一个盛装舞会，下面的表演者真的就像是来参加盛装舞会的，因为他们都身着华丽无比的服装。有请他们。

（表演前，董卿简短访问演员：来自北京欢乐谷舞蹈团的舞蹈演员，带来的舞蹈是什么？）

（表演结束，董卿引导评审点评）

评审方向：评审依自己真实的观看感受进行评判，喜欢还是不喜欢？

评审点：场面宏大、震撼。作为游乐园的剧场演出，常年面对观众，春晚应为这些常年为观众服务的节目提供展示平台。

（评审交流）

黄宏：给我最大的感受就是这服装太漂亮了！蔡明你要是穿这服装上春晚演小品，肯定火！

蔡明：你要雷死我呀？

【节目十二：歌曲《难忘今宵》　领唱：南贤俊】

（董卿主舞台定位）

董卿：今天我们的舞台上可以说是奇招尽出，精彩纷呈。关于春晚，我们有太多话题；关于春晚，我们有太多回忆；提起春晚，大家耳边一定会响起这样的一个旋律……（董卿哼唱一小段或起背景音乐）我们栏目组最终也选择了用这首春晚的结束曲《难忘今宵》作为《我要上春晚》栏目的结束曲，并且将在每期节目中邀请不同的嘉宾来演唱。今天是我们节目的首播第一期，有请领唱嘉宾——南贤俊，以及我们全场观众一起完成。（南贤俊领唱四句之后，董卿请四位评审上台一起合唱）

结束语：本期节目就到这里了，《我要上春晚》，等你来挑战！我是董卿。下周五晚同一时间，欢迎围观。

第三章
电视综艺节目

学习目标

- 了解电视综艺节目的起源。
- 了解电视综艺节目的构成特征及追求。
- 了解电视综艺节目的类型。

在电视文艺节目中，除了专题型、专项型的节目外，电视综艺节目也占据着相当大的比重。这一章我们将集中探讨电视综艺节目，首先来了解一下综艺节目的界定及构成。

第一节　电视综艺节目的界定及构成

电视综艺节目最初诞生于美国，是当时的电视工作人员借鉴了广播电台开办的综艺节目而创办的。早在1955年，美国NBC无线电部门为了对抗来势汹涌的电视媒体，以争取更多的听众，组织了一次相当规模的秘密策划会议。会上一位名叫罗伯特的著名专栏作家，提出了一个把各种类型的短小广播节目组合在一起的大胆设想，这个设想在会上引起了激烈的争论，最后只好以投票方式进行表决，结果是罗伯特的意见通过而被采纳。策划会后，NBC无线电部门便着手集中各方面人才及知名人士制作了一档空前的大型广播节目MONI-

TOR。这个节目打破了以往半小时为一个单元的惯例，从星期六早上8点开始，一直持续到星期天的午夜12点止。节目长达40个小时，内容包罗万象，如播放美国西海岸的爵士音乐，突然插播新闻“某某人已去了伦敦”，一段访问减刑罪犯的谈话，接着又是对影星玛丽莲·梦露的访谈，再接唱赞美诗，然后是泰勒大乐队演奏的爵士乐……这个节目从单个内容来看并不惊人，但当时的广播节目音乐、新闻等各自独立，突然来了一个大综合，使人顿时有新奇悦耳之感，广告收入也相当丰厚。NBC总裁曾说：“这个节目使广播步入新纪元，超越了一切节目。”

当时的广播界人士普遍认为广播已经战胜了电视，谁知广播电台推出的这一节目形态给电视提供了借鉴，一年以后，美国电视网陆续推出综艺类节目并逐渐占据上风，结果广播更加陷入困境。

20世纪60年代中后期，美国电视网的电视综艺节目发展迅速并渐成规模，开始向海外渗透。首先是在欧洲传开。当时美国有一档电视综艺节目叫《晚餐俱乐部》，邀请观众共进晚餐并欣赏节目，包括歌唱、舞蹈、新闻、猜谜等。其中，猜谜是累计奖金制，当积累到15000多美金仍无人问津时，主持人便翻电话簿，随机选择一个号码打电话，拨通后问对方是否在看《晚餐俱乐部》节目，如答没有看，就再播一个号码。如果看了，同时答对奖金数，主持人就会说：“这笔奖金归你了。”这类节目当时在一些发达国家和地区非常流行。日本算是最早接受并发展这种电视综艺节目的国家。他们称这种节目为“ハライュライー”。日本的一些电视专家认为，日本自从开辟了这种类型的节目后，其国民也变成会说话而有“表演精神”的人了，他们在访问节目以及客串节目中出现，多数都能毫不拘束地对答。

我国台湾和香港地区发展这类节目是在20世纪70年代中期，主要是从日本引进，台湾把日本的“ハライュライー”节目翻译成“综艺”，其后综艺节目在台湾岛上大行其道并一直延续至今。

我国内地最先推出的比较成熟的综艺节目是中央电视台在20世纪80年代末创办的《正大综艺》，这是我国电视观众第一次接触到“综艺”二字。从节目形式和内容上来说，《正大综艺》都是原汁原味的台湾版综艺类节目。之后，湖南电视台的《快乐大本营》创办，完全照搬港台地区的娱乐节目。风风火火的综艺类节目逐渐在各地方台普遍开花。

“综艺”一词最早被我国电视界认为是“综合文艺”的简称，应源于中国特色的电视文艺现象。换句话说是 20 世纪 80 年代初兴起并在以后不断繁荣的电视文艺晚会使人们认定“晚会”是“综合文艺”，因为那时还没有引进外来“综艺”一词。编导们为了活跃节目形式，把各种文艺节目组合在一起，形成一台晚会。为了区别于专题和专项型文艺节目，将其称为“综合文艺”。

那么，“综艺”与“综合文艺”是否有区别呢？其实，“综艺”的“艺”和“综合文艺”的“艺”所指涉的内容不一样。“综艺”的“艺”一般是泛指所有的艺术与技艺，凡与“艺”字有关的都可包容在“综艺”之内。如中央电视台综艺频道播出的节目就是一个例子，可以说明“综艺”所包括的内容。而“综合文艺”的“艺”是指具有欣赏性和审美性的艺术，多以传统艺术门类中的文学艺术为主。概括来说，“综艺”的“艺”是指文学艺术与技艺的综合，“综合文艺”的“艺”专指文学艺术门类中表演性艺术的综合，比如歌舞组合，戏曲、曲艺的组合，文学与音乐的组合等。

一、电视综艺节目的构成

(一)内容构成

1. 传统艺术

包括文学、诗词、音乐、舞蹈、戏曲、曲艺、戏剧小品等表演性的艺术品种，具有较高的艺术性和审美价值，达到“娱性”的目的。“娱性”即在审美的过程中，培养人们的“性灵”，如精神的、性情的、情感的、智慧的，等等，使之具有聪慧的智能和悟性。

2. 亚艺术类

以技艺和技能为主的杂技、魔术、驯兽、游戏、笑话、猜谜、武术、时装表演、艺术体操等艺术品种。审美价值虽不是很高，但却具有很强的娱乐性与竞技性。具有新颖、奇特、巧妙、惊险的特征；形式上简单、明快，美感性强，达到“娱情”的目的。

3. 非艺术类

既非传统艺术又非亚艺术的新闻纪实报道、采访、访谈、旅游风光、地域介绍、知识考证等。具有真实性、知识性、报道性、时效性，达到拓展视野和传播信息的目的。

（二）制作形式

如果就节目制作而言，电视综艺节目一方面对各姐妹艺术的特长广为吸收，兼容并蓄，另一方面又承袭了电影与舞台等艺术的特性和规律。

1. 舞台艺术

包括舞台美术、灯光设计、音响变化、服饰造型等，具有声色并茂、营造意境、烘托情绪、渲染气氛的作用，达到视听美感的目的。

2. 电视艺术

包括镜头运用、色彩选择、图文字幕、资料画面、影视剧片段、外景插入、特技组合、三维动画、非线编辑、虚拟演播室等，充分利用各种现代电子技术手段进行艺术创作，从而达到包容性强、构图新颖的电视化目的。

二、电视综艺节目的特征

电视综艺节目根据主题的需要，运用各种艺术手段，将多种不同艺术体裁的单个节目进行有机的结合。这些单个节目在电视综艺节目中产生内在的联系，发挥整体优势，具有系统效应。电视综艺节目的最重要的特性就是有机性。在内容上，电视综艺节目具有较强的兼容性，集欣赏、娱乐、知识、信息、审美于一体，但又不是各种单个节目在艺术审美特征上的机械性的相加，而是“整体大于局部之和”的节目形态。

三、电视综艺节目的艺术追求

(一)总体艺术追求

即欢乐性、审美欣赏性、联欢娱乐性、品种兼容性、信息知识性。要求主题鲜明、创意新颖、基调得当、构思完整、节目精彩,从而赢得观众的喜爱。

(二)具体艺术追求

在选材上,要寓教于乐,意在观众,对观众起到启迪、鼓舞的作用。在构思上,要主题鲜明、基调得当,独特、新颖、完整。在表现上,要先声夺人、赏心悦目,演员表演精彩,服装和现场灯光与演出相配。在审美上,要雅俗兼容,通过舞美、色彩、构图来追求整体的意境。在结构上,要定体则无、大体则有,“豹头、熊腰、凤尾”。

电视综艺节目的终极目的是将传统艺术、亚艺术类以及非艺术类的节目品种进行混合编排,变单一艺术形式的欣赏为全方位、多功能的综合艺术的荟萃,达到全新的视听综合欣赏效果,给电视观众以丰富多彩、空间广阔的艺术享受。

第二节　电视综艺晚会的类型

世界上的各个国家和民族都有本国和本民族的节庆和纪念性的日子,既有国际性的又有地域性的,此外还有各种电影节、艺术节、戏剧节、国际服装节、民歌节、杂技节、体育运动会的开幕式及闭幕式等。围绕这些节日举办的各类晚会,有的一年一次,有的则时间不固定。此外,各种颁奖活动的开幕式及闭幕式、大奖赛后也通常要以一台晚会作为结束曲。由此可见,电视综艺晚会在一年之中是非常重要的一项艺术活动。我们将电视综艺晚会归纳为三大类型:民族节庆综艺晚会、周年纪念晚会以及行业性综艺晚会。

一、民族节庆综艺晚会

(一)民族传统节日综艺晚会

中华民族最重要的传统节日就是春节。春节不仅渗透着中国人民对生活独有的情感、热望和追求,也集中地体现出中华民族的向心力、亲和力和凝聚力。每年春节,都是这种凝聚力的强化。而电视台举办春节联欢晚会,对于整个社会民众的心理、行为、文化意识以及生活方式都起到不可低估的潜移默化的影响。每年的电视春节联欢晚会已成为一项传统的不可缺少的重要内容,成为我国人民生活中的节日盛典。同时,它也是中国电视文艺引以为傲的一座丰碑。著名作家冯骥才撰文说:"这种以电视为传播手段的文艺晚会,不仅走入千家万户的节日之夜,而且将亿万家庭的节日生活连成一气,这是对传统文化(特别是年俗文化)多么伟大的创造!春节晚会这种新形式的年俗的形成,正是历届春节晚会的编导、演员与工作人员共同努力来实现的!"

近些年来,包括文化部、民政部、原广电部、总政治部、公安部及中央电视台等各部委及新闻单位都曾在每年春节前后举办大型的电视综艺晚会。各省市电视台纷纷举办春节电视文艺晚会,为欢度春节增添喜庆、欢乐的气氛,为人民送去美好的祝福。

晚会有的有标题,有的则不设标题。中央电视台每年都以"春节联欢晚会"作为一个特别节目出现。文化部前两年是以《春节晚会》为标题,1993 年以《中国潮》为标题,1994 年是《五彩路》,1995 年是《辉煌》,1996 年是《东方神韵》,1997 年是《七彩虹》,2002 年是《春晖》,2004 年是《春光这边独好》,2006 年是《和谐家园》,2008 年是《携春同行》,2009 年是《春天的祝福》,2010 年以《你好,春天》为题。

各省市电视台举办的春节晚会大都设有标题。比如,2010 年上海东方卫视主办的《春满东方》,北京卫视主办的《虎跃中华·花开盛事》,青海电视台主办的《春满三江源》,长春电视台主办的《致春天》,广东电视台主办的《虎年群星耀珠江》,黑龙江电视台录制的《回家过年》,吉林电视台录制的《虎啸关东》,天津卫视录制的《和谐盛世·福满天津》,安徽卫视录制的《虎跃江淮》等,都是带有标题的文艺晚会。

标题往往能明确晚会的主题立意并体现地域性的特色。全国各地方电视台推出的春节文艺晚会,颇有“大珠小珠落玉盘”的多彩景象。除了节目内容丰富多彩外,节目质量和制作水平较过去也有明显的提高。节目具有浓郁的地方特色,着力推出本地区的新人新作,表现形式多种多样,充分展现出各地区、各民族的精神风貌和传统节日期间的喜庆、祥和的气氛。

中央电视台著名导演郎昆经过多年的艺术实践,针对电视综艺晚会提出富有理论色彩的“三大规律”和“八个走向”。

“三大规律”指的是“民族化”、“综合化”、“喜剧化”。“在春节晚会中对民族化可以有广义的和具象的两种体现。从广义上,那就是13亿中国人民和6000万海外华人此时此刻民族愿望的集中体现。在亿万华人辞旧迎新、欢庆新春的除夕之夜,应充分考虑到如何展现中华民族的民风民俗,应自始至终贯穿着生生不息的民族精神。从具象上,那就是每个节目都应染上浓重的民族喜庆色彩,踏踏实实地植根于民族沃土之中,使之开放出绚丽的节目之花。”①至于“综合化”,除了“歌舞、小品、相声是晚会三大支柱的原理依然有效”外,其他形式的节目“也将依然是春节晚会的节目构成”。除此之外,“春节晚会在综合性上还体现出,它能容纳许多非文艺性的活动形式,使之演变成春节晚会的节目……春节晚会正是以它博大的包容量涵盖着中华民族的传统文化和现代文化”。②至于“喜剧化”,“春节民俗千古流传,在传统的形式中,积淀了丰富的民族美德和传统文化。而欢乐地过春节,正是这种美德和文化最好的承上启下的形式。乐,会忘疲;乐,会生新。在欢乐中,中华民族向往美好、向往未来的精神境界得到升华。众所周知,民俗的三大功能的第三个功能,就是娱乐功能。春节民俗不仅是人民群众的智慧结晶和创造,它同时供人民群众享受和利用。它带有极其浓厚的娱乐性质。春节民俗的娱乐功能在与人民的审美意识结合在一起之后,常常体现出积极、健康、向上的精神和情趣……20多年的春节晚会所产生的上百个喜剧性节目,无不以它精彩的、智慧的、幽默的特性传遍祖国的大江南北,每每想起忍俊不禁。因此我们说,喜剧化了的各类节目在春节联欢晚会当

---

①② 郎昆:《我对春节联欢晚会的一些粗浅的认识》,《中国电视》1994年第11期。

中都将起到栋梁的作用”。①

郎昆导演在总结了春节晚会的“三大规律”之后，又提出了春节晚会值得注意的八个走向：1. 走向庆典；2. 走向时代；3. 走向生活；4. 走向民间；5. 走向纵深；6. 走向纪实；7. 走向世界；8. 走向高科技。这八大走向，实质上是从八个侧面总结办好春节文艺晚会应该努力的方向。其中包括对晚会形式美的界定和认识；对春节晚会反映时代精神的掌握；在选材上要注重把握较深刻的思想性和较高的文化艺术品位，角度要新颖，构思要巧妙；导演手法上要以多变的时空、快速的节奏来表现最广泛的社会层面；发挥非文艺性的纪实节目的魅力和深邃的影响。“春节晚会是一台世界性的节目，它是给全世界的华人看的……21 世纪是太平洋世纪，是中国世纪。春节晚会正以它的节目档次，在世界华人圈里产生越来越大的影响。”②最后，郎昆谈到“走向高科技”，电视艺术的发展自始至终都离不开电视技术的发展，高科技给电视文艺插上神奇的翅膀，远距离的传送，大型转台的实施，返璞归真的现场演出，精心营造的有纵深、有高度、多层次的音响空间等都离不开高科技的发展。③郎昆总结出的“八大走向”无疑有着指导性意义。

我国是个多民族的国家，除了汉民族的节日外，还有其他少数民族的节日，一般当地的电视台都会为此举办专门的电视综艺晚会。

西藏电视台的藏历新年电视综艺晚会截至 2009 年已有 25 年历史。藏历除夕夜，全家人齐聚一堂收看“藏晚”已成为西藏乃至全国其他藏区民众过藏历新年的习俗。获得第 21 届“星光奖”提名荣誉奖的《雪域欢歌——2009 年藏历土牛新年电视晚会》具有浓郁的民族风情。晚会以喜迎藏历新年为主基调，反映西藏各族人民崭新的生活面貌，展示绚烂多彩的藏族文化艺术。晚会融合了原生态艺术与现代艺术形式，既反映出藏民族的悠久历史，也体现了藏族同胞的与时俱进。在节目形式上，既有藏戏、传统藏族舞蹈，也有现代舞、独唱、相声、情境音乐剧等。在舞美设计上，既有藏族的传统图案——吉祥八宝图，又有现代科技大屏幕；既有传统藏服，也有汉藏结合的中式藏装，还有藏西结合的西式藏服，等等。这一切无不体现了藏族文化所具有的悠久历史以及渗透其中的

---

①③　郎昆：《我对春节联欢晚会的一些粗浅的认识》，《中国电视》1994 年第 11 期。

②　摘自 1993 年 9 月 18 日春节剧组成立会上原广电部副部长杨伟光的讲话。

强烈的现代气息。

除了传统的春节外,比较重要的民俗性节日还有元宵节、中秋节等。特别是八月十五中秋节,是普通中国百姓举家团聚的日子。因此,为了庆祝中秋节而举办的文艺晚会,就不仅要带给观众欢乐、祥和的节日气氛,而且也寄托着海外游子对故乡的眷恋、渴望和深厚的思乡之情。

(二)国际国内节庆综艺晚会

在我国,“十一”国庆节、“七一”党的生日、“八一”建军节等都属于重大纪念性的节日,电视综艺晚会成为必不可少的节日庆典活动。

为了庆祝新中国成立 60 周年,中央电视台录制了《祖国万岁》文艺晚会。晚会以“鲜花的祝福”作为序曲,分为“热血春秋”、“辉煌大业”、“祖国万岁”三个篇章。在三个篇章中又推出两个重点音诗画节目,用于突出主题。一个是“热血”,表现无数英烈为新中国的建立而英勇献身;一个是“信念”,表达年轻人对革命先烈的崇敬之情。整台晚会以主持人的致辞作为串联,如致广场、致英雄、致国旗、致信念、致同胞等。

“七一”是中国共产党的生日。为庆祝建党 90 周年而创作的晚会《我们的旗帜》分为“序·历史的选择”、“人民的心事”、“难忘的岁月”、“民族的脊梁”、“我们的旗帜”五个部分。晚会由歌舞、诗朗诵、情景剧等 16 个节目组成,将中国革命和建设过程中各个历史时期的经典作品一起展示在舞台上,并把"旗帜"作为晚会精神的外化符号贯穿全场。

再比如,为了庆祝中国人民解放军建军 83 周年,中央电视台制作播出了一台名为《我是一个兵》的电视文艺晚会,来自全军 15 个单位的 516 名基层文艺骨干参加了晚会演出。整台晚会表演真挚,兵味浓郁,展示了生龙活虎、英姿飒爽的官兵形象和朝气蓬勃、昂扬向上的军营气息,从不同侧面展示了部队官兵丰富多彩的精神世界,抒发了当代军人从军报国、建功立业的豪情壮志。

除了这些国内的重大纪念日外,还有一些国际性的纪念日。比如,2010 年恰逢“三八”国际劳动妇女节 100 周年,中央电视台举办了纪念晚会《女性之光》,以中国妇女发展的百年历史进程为主线,以“新的曙光”、“新的时代”、“新的生活”、“新的梦想”、“新的使命”五个结构篇章浓缩历史进程,突出新中国成立60多年来特别是改革开放30多年来中国妇女的进步与发展，充分展现了在党的领导下，中国妇女事业发展取得的辉煌成就。整台晚会在形式上体现了专题表现节目化、文艺节目情景化、主持人角色化、视听手段全景化的特征，让各个不同历史时期的优秀妇女典型人物走上舞台，讲述各自的成长故事，与丰富多彩、动人心魄的歌舞表演交相呼应，营造出大气恢弘、温暖感人的热烈氛围。

再有如“五一”国际劳动节、“六一”国际儿童节等，电视台也会根据不同的主题推出专门的节庆晚会，而一些行业专属节日，如国际护士节、教师节等，有关单位也会与电视台联合举办综艺晚会，庆祝属于自己的节日。

二、周年纪念性的综艺晚会

这类电视综艺节目，多围绕名人、伟人的生卒纪念日或有重大影响事件的周年纪念活动展开，是周年纪念活动的一部分。

例如，为了纪念伟大领袖毛泽东主席诞辰100周年，文化部、总政治部、北京市人民政府、原广播电影电视部、中国文化艺术联合会五家单位联合举办了《纪念毛泽东同志诞辰100周年文艺晚会》。晚会分为“高山篇”和“大河篇”。其中，“高山篇”给人以大气磅礴的空间感，“大河篇”则具有一种意味深长的历史感。

国家民委、中央电视台联合录制了大型文艺晚会《各族人民心中的歌》，表达出全国各族人民对领袖的无比怀念。晚会分为“东方之星”、“走向光明”、“幸福时刻”、“新的奋进”、“共同的祝愿”五部分。节目中既有广为传唱的经久不衰的毛泽东颂歌，又有新创作的缅怀领袖的时代歌曲；既有老艺术家、革命前辈的歌舞联唱，又有全新演绎的新编大型歌舞表演；此外还穿插了老红军的缅怀与回顾，以及人物专访等。这台晚会注重运用电视内外景交替、时空转换的手法，穿插大量的珍贵历史镜头，突出一个“情”字，以情动人、以情感人，情景交融，再现了毛泽东当年的风采，表达了全国各族人民对领袖的崇敬和爱戴。

再有，关于领袖人物的重要讲话或题词的周年纪念，也是电视综艺晚会关注的主题。比如，为了纪念《毛泽东同志在延安文艺座谈会上的讲话》发表50周年，中央电视台举办了一台大型文艺晚会《丰收大地》。为了纪念毛泽东在延安题词“拥政爱民、拥军优属”50周年，总政治部、民政部和中央电视台联合举办纪念活动，录制了一台大型文艺晚会《正月里来唱新春》。这两台晚会都是以编年史的结构，反映“讲话”和“题词”在这50年中所产生的深远影响，在今天看来仍然有着积极的现实意义。

再比如，2009年，中国教育电视台联合上海东方卫视、中国农业大学共同主办了《青春之歌——纪念五四爱国主义运动90周年》主题晚会，弘扬时代青年人物，表达对五四运动的纪念和对“五四”精神的传承。晚会在《歌唱祖国》这首饱含激情的歌曲中拉开序幕，用《喀秋莎之歌》、《保卫黄河》、《在太行山上》等一首首耳熟能详的经典老歌串联起五四运动后不同历史时期的经典回忆，把在场的每一位观众的思绪带回曾经的那个年代。

1997年7月1日是香港回归祖国的日子。这一天，无论是对于全世界还是整个中国来说，都具有划时代的意义。由文化部、原广播电影电视部和解放军总政治部共同主办了一台以“揽百年风云，颂千秋伟业”为主题的大型文艺晚会《回归颂》，于7月2日晚由中央电视台在人民大会堂现场直播，把庆祝香港回归祖国的活动推向高潮。这台晚会以鲜明的主题、感人的场景、雄浑的交响、奔放的舞姿，艺术地展现了中华民族百年乐章中辉煌华彩的片段。晚会对于香港回归的歌颂，没有仅仅停留在突出欢庆的气氛上，而是引导人们对百年耻辱历史进行深刻反思，颂扬中国人民不屈不挠的斗争精神，抒发人们的爱国主义情怀，瞻望香港更加美好的明天、祖国更加辉煌的未来。

晚会以歌曲《归航》拉开序幕，分为“满江红——器乐与雕塑”、“我是中国人——戏曲演唱”、“为祖国干杯——歌曲组唱”、“爱我中华——民歌歌舞”、“春天的故事——音诗”、“我和我的祖国——歌舞组合”及尾声“明天更辉煌”六个板块。节目中既有歌舞、舞蹈、戏曲、武术、器乐演奏、朗诵，又有雕塑造型、服饰表演和说唱艺术，做到珠联璧合、相映生辉。这台晚会在表现手法上充分利用了舞台的空间，把单一场景拓展为三个层次，以增加舞台的立体感，多层次的表演区也丰富了晚会的表现力。尤为突出的是在音响调动上，将伟人毛泽东、邓小平的声音予以重现，使观众备感亲切。大海的涛声、海鸥的鸣叫声、枪炮的轰鸣声等，都很好地营造了气氛与意境。特别是大屏幕的运用，成为实现整个晚会主题不可缺少的有机组成部分，它不仅用于各个板块之间的衔接，配合舞台灯光渐暗转场，而且还起到了突出爱国主义主题的作用。这台庆祝香港回归晚会播出后受到社会各界人士的好评，成为一档精品节目。

三、行业性综艺晚会

所谓行业性综艺晚会，包含比较宽泛的内容，它往往具有某种行业上的特点。晚会要围绕着行业所规定的范围确定主题思想，创作者要在主题思想的统帅下撰写文学台本。其中包括宣传公益事业活动，文化、艺术、体育等方面的重大活动以及各种颁奖活动的电视综艺晚会等。

（一）宣传公益活动的综艺晚会

公益活动晚会大多具有宣传的性质和倡导的意义，用观众喜闻乐见的文艺节目形式，起到潜移默化的影响，唤起更多的人积极参与到社会公益活动中。

比如，由教育部和中央电视台联合推出的大型公益节目《开学第一课》于2008年首办，每年的9月1日在中央电视台黄金时间播出。2009年的“第一课”在长城脚下开讲，具有特殊的意义。《开学第一课》以“爱，让中国更美丽”为口号，融入演讲与互动，把传统的爱国主义教育课变成了一堂别开生面的主题班会。晚会共分为四个篇章：“爱是分享”、“爱是力量”、“爱是承担”、“爱是荣耀”。通过这四个篇章，启示少年儿童爱国要从身边的小事做起，爱同学、爱父母、爱家乡、爱祖国，只有付出、传递“小爱”，才能汇聚成荣耀祖国的“大爱”。2010年《开学第一课》的主题是“我的梦中国梦”，节目分为“我的梦”、“坚持梦想”、“探索梦想”、“中国梦”四个篇章，邀请了袁隆平院士、试飞英雄李中华、马云、李连杰、成龙等知名人士参与录制，一批少年英雄也纷纷登台亮相。节目还通过网络征集了全国中小学生的10万个梦想。《开学第一课》节目成为一个知名的品牌，收到了良好的社会效果，社会反响强烈。

为了配合第三届中部投资贸易博览会开幕，一台具有中部特色的主题性晚会——《潮涌中部》在武汉体育中心体育馆演出。晚会的主题为“合作、开放、发展”。围绕主题，晚会架构起“中部风情”、“中部风采”、“中部风流”三大核心内容板块。其中，“中部风情”以中部风土地貌为对象，实现长江与黄河的“对话”，尽情展示六省"汇流"的形象，突出合作的主题；"中部风采"以中部云蒸霞蔚的文化底蕴为诉求，充分展示中部历史与现代对话，突出"开放"主题；"中部风流"以时尚为切入点，牢牢抓住"发展"的主题，突出中部六省的新都市文化和迈向国际化的进程。三个篇章将六省独具魅力的省域节目横向编织，滚动串联，采用全新的包装方式，一气呵成，气势磅礴。节目在每个篇章前面都设计了章回曲，分别是《大江听风》、《长河问雅》、《山水和颂》，在器乐的运用方面彰显独到之处，做到了兼容古今、中西合璧、刚柔相济，展示了风、雅、颂的独特文化理念。除此之外，晚会还充分运用现代科技手段和综合舞台手段，整个舞台设计兼容了楚文化的凤图腾、大江河的水元素及中部各省的典型文化形象元素，以恢弘的大歌剧形态呈现出庄严的文化内涵。以圆为造型基础，打破常规平面舞台框架，进行立体结构，辅以 360 度环形彩幕 LED 和 12 路多媒体视窗，舞台和视频交相辉映，为每一个节目营造有生命、有灵性的场景，形成多层次、多空间、强效果的视觉冲击，彰显出整台晚会纵横大气、庄重典雅的一面。

(二)宣传文体活动的综艺晚会

这类节目集中反映艺术界和体育界的重大活动。

1. 国内和国际的艺术节活动

包括国际电视节、国际服装节、中国艺术节、中国电影节、中国戏剧节等，这类富有文化特色的艺术活动，其开幕式和闭幕式往往以综艺晚会的形式在电视台播出。

例如，由文化部主办、甘肃省人民政府和中国艺术节基金会承办的第四届中国艺术节，就是一次具有世界影响的高规格、高水平、大规模的国家级艺术盛会，象征着国力强盛、民族团结、文化繁荣。这届艺术节集中展现了近年来我国在继承和发扬民族文化优良传统以及借鉴和吸收外国优秀艺术成果方面所取得的成就，以期达到繁荣和发展我国社会主义文艺、弘扬民族优秀文化、扩大中外文化交流、振奋民族精神、促进两个文明建设的目的。这届艺术节的主题是"团结、改革、繁荣"。晚会的宗旨是"荟萃艺术精品，弘扬民族文化"。以"黄河潮"命名的艺术节开幕式，由数百名中央及甘肃文艺团体的演员演出了特色浓郁、构思新颖的大型歌舞《黄河潮》。《黄河潮》由序曲和"春潮"、"花潮"、"浪潮"

三章构成，以歌舞为主，着重表现中华民族意气风发的时代风貌和文艺百花园的繁荣景象。

我国从1992年开始在长春市举办中国电影节，首届电影节的开幕式文艺晚会被定名为《走向辉煌》。在具有浓郁关东味的开场舞蹈《相会在长春》之后，是歌曲《今夜银河》、《共同的旋律》、《奉献》、《回首之间》、《寻找年轻的梦》以及相声《突来的荣誉》、小品《摄影棚轶事》等一系列精彩的节目。近300名少年儿童表演的"童声电影歌曲联唱"和由歌星们演唱的"电影歌曲联唱"唤起了人们温馨的记忆。陶金的舞蹈《苦乐卓别林》节奏明快、轻松幽默，而舞蹈《笑在关东》则火爆热烈、喜庆欢快。李默然、谢芳合作表演的诗朗诵《青春无悔》，突出了"事业永恒、艺术永恒、青春永恒"这样一个庄严的主题。毛阿敏演唱的《走向辉煌》寓意着中国电影事业辉煌美好的未来。

2010年，长春电影节迎来了第十个开幕式晚会，晚会在来自中国武警文工团张芳的一曲《走向春天》中拉开帷幕，由吉林市歌舞团献上的盛大歌舞在一派祥和气氛中"点燃"了电影节10岁生日的"蜡烛"。在晚会的三大篇章"记忆之门"、"城市之门"、"电影之门"中，不仅有唤醒所有人童年回忆的童声合唱《让我们荡起双桨》，也有尽显电影魅力、亦真亦幻的沙画表演，更有由宋春丽、侯勇、田海蓉和刘小锋等历届影帝影后联袂表演的诗朗诵《永恒的记忆》。而由蔡国庆和毛阿敏分别演唱的《让我们在长春相遇》和《走向辉煌》，则让全场观众再度重温了长春电影节十多年的发展历程。整台晚会的每个节目都在"静"中体现温馨，在温馨中紧扣"回顾"的主题，感受电影的力量。

由以上可以看出，文艺界的综艺晚会具有一定的宣传和报道性，但同时又遵循文艺的特有规律，用艺术的形象加以表现，起到潜移默化的作用。

2. 宣传体育活动的综艺晚会

这类综艺晚会常常集中在有较大影响的体育活动上。

在中国最先用文艺晚会的形式宣传体育界的盛事，恐怕要数邓在军导演的《亚运前夜》了。这台晚会的演出场地，不在中央电视台的演播大厅，不在中国剧院，也不在首都体育馆，而是选择了第11届亚运会的主会场——容纳7.3万人的北京工人体育场。《亚运前夜》以新颖的形式开场：10辆装饰着鲜花的敞篷汽车缓缓驶进跑道，看台上涌起欢腾的热浪。港台和内地的歌星携手奉献，他们或乘车绕场唱歌，或在中心舞台昂首高歌。600 人的舞蹈队在草坪上翩翩起舞，为演唱锦上添花。晚会主要有两部分内容：一部分是传统歌曲和戏曲曲艺联唱。如《故乡是北京》、《北京的桥》这样的京腔京味歌曲，京剧高拨子、单弦、北京琴书的亲切旋律，寓意北京敞开宽广的怀抱，欢迎亚洲各国朋友的到来。另一部分是新创作的亚运歌曲。《请你换上运动装》弘扬了奥运宗旨：重要的是参与。《朋友，你没有失败》是对赛场失败者的勉励。高台上的男女声四重唱《当圣火点燃的时候》，掀起了又一个高潮，歌声、掌声此起彼伏，一起期盼着亚运盛会的到来。

这台文艺晚会的成功，有两点值得称道：一是通过文艺节目强化了亚运意识；二是为探索广场艺术积累了经验。中国的都市观赏性广场艺术，以一台《亚运前夜》大型文艺晚会的形式从室内走向广场。它标志着中国广场艺术向着多维时空迈进，为接下来转播第 11 届亚运会开幕式和闭幕式做了战前练兵，使亚运会开幕式和闭幕式电视转播都获得了极大的成功，受到各界好评。①

2008 年 8 月 8 日晚，举世瞩目的北京第 29 届奥林匹克运动会开幕式在国家体育场(鸟巢)隆重举行，具有两千多年历史的奥林匹克运动与五千多年传承的灿烂中华文化在此时交融。作为开幕式中重要的组成部分——开幕式文艺演出《美丽的奥林匹克》展现了中华文明的悠久历史和深厚底蕴。演出以文房四宝“笔、墨、纸、砚”，为序开场，将中华民族五千年的文明展现于笔端画卷。伴随着一幅 147 米长、27 米宽的巨大 LED 屏幕营造的巨大卷轴的展开，开启了上篇“灿烂文明”的演出。造纸术、活字印刷、指南针、京剧、昆曲、竹简……这些中华文化瑰宝在演员们仪式化的表演中，一一得到呈现。下篇“辉煌时代”展现的是现代文明，银白色钢琴弹奏出优美浪漫的旋律，LED 画卷在星光中延展，2008 名演员的太极表演，最新的高科技制作的直径 18 米、重 16 吨的液晶星球模型以及数千名演员搭建的鸟巢，凸显了古老民族焕发出的新活力。在晚会主题曲《我和你》的演唱中，体育场上方的投影屏上展现出 2008 张世界各地儿童的笑脸，形象生动地诠释了北京奥运会“同一个世界，同一个梦想”的主题。北京奥运会的开幕式文艺演出以史诗般的手法结合现代的特效，把中华民族五千

① 引自林强编：《邓在军电视艺术》，华文出版社 1993 年版。

年时光浓缩于在几个小时之中，以中国美学的写意精神展现东方文明的底蕴，用绚烂的色彩展示当代中国的勃勃生机，用富有创造性的当代艺术表现形式，赋予开幕式以现代性和国际性的风貌。

我们从这几台节目中可以看出，综艺晚会在宣传体育活动方面所具有的一些特点：(1)在选材上要有本行业的特点，整体构思要围绕着体育运动这一主题选择或创作各种样式的节目；(2)内外景结合，扩大晚会的内涵，增加晚会的信息量；(3)场面宏大，气势恢弘，造成一种宣传声势，使文艺与体育达到有机的结合，给观众留下深刻的印象。

(三)颁奖活动的综艺晚会

在我国，每年的评奖活动较多，既有文化界的，也有企业界的、科技界的。在一些大型评奖活动之后，往往要举办一台文艺演出，以示评奖活动告一段落。演出通常伴随着颁奖活动同时进行。比如，由中宣部举办的精神文明建设"五个一工程"颁奖晚会，电视剧"飞天奖"颁奖晚会，电影"金鸡奖"、"百花奖"、"华表奖"颁奖晚会，中国电视音乐颁奖晚会，民族歌舞颁奖晚会，青年歌手电视大赛颁奖晚会，"星光奖"、"铜牛奖"、"梅花奖"等颁奖晚会。

由中共中央宣传部组织的精神文明建设"五个一工程"评选活动，自1992年起每年进行一次，评选上一年度各省、自治区、直辖市和中央部分部委以及解放军总政治部等单位组织生产、推荐申报的精神产品中五个方面的精品佳作。这五个方面是：一部好的戏剧作品，一部好的电视剧(或电影)作品，一部好的图书(限社会科学方面)，一部好的理论文章(限社会科学方面)以及一首好歌。从1995年度起，将一首好歌和一部好的广播剧列入评选范围，"五个一工程"的名称不变。

"五个一工程"实施以来，对各地、各单位精神文明建设的发展与提高，产生了积极的促进作用，体现了中央提出的精神文明重在建设的方针，把"以科学的理论武装人、以正确的舆论引导人、以高尚的精神塑造人、以优秀的作品鼓舞人"的号召落实到实际工作中。"五个一工程"中文艺项目的评选，贯彻了"文艺为人民服务、为社会主义服务"的方向和"百花齐放、百家争鸣"的方针，弘扬主旋律，提倡多样化，对繁荣社会主义文艺创作，催促富有鲜明时代精神和浓郁生活气息、思想性与艺术性完美结合、为广大人民群众喜闻乐见的文艺精品的问世，起到了有力的推动作用。

2007 年，中央电视台受中宣部的委托，举办了《繁花似锦》第十届精神文明建设“五个一工程”颁奖晚会。这台弘扬主旋律的晚会于当年国庆期间播出。晚会突破了以往“生硬”、“刻板”的模式，突出热烈、庄重、欢快的气氛，融思想性、艺术性于一身。晚会现场外设立了长达百米的星光大道，近两百台等离子电视组成的背景屏幕展示出数百名表演者和获奖嘉宾的风采。晚会以交响乐诗《星光灿烂》开场，分八次开奖，由主持人罗京、李瑞英宣读颁奖词，中间穿插获奖作品的节目片段。这台晚会既展现了精神文明建设取得的重大成果，也打造了颁奖晚会的一种新模式。

由国家广播电影电视总局设立并委托中国电视艺术委员会等单位主办的中国电视“星光奖”，从 1987 年开始进行首届评奖活动。自此每年举办一届，从 1990 年第四届起正式被确定为国家级政府奖，后改为每两年一届。设置“星光奖”的宗旨在于繁荣电视文艺创作，提高电视文艺节目质量，办好电视文艺节目，丰富电视屏幕等。每一次评奖活动，也是为了检阅电视文艺创作取得的成果，总结经验，推动创作。自“星光奖”设置以来，我国的电视文艺创作进入了空前繁荣时期，以春节晚会为代表的大型电视综艺节目充分显示出电视艺术独特的魅力，文艺栏目推陈出新，新的节目形式层出不穷，先进的传播技术带来了新观念、新手法和新的艺术形式，为电视文艺注入了勃勃生机。第 21 届“星光奖”首次还同时设置了“星光电视文艺论文”的评选活动。评奖、研讨活动促进了电视文艺理论研究的不断深入，使电视文艺得到全方位的成熟发展。

这个奖项规模大、内容丰富，仅第 21 届“星光奖”就有“电视综艺节目”、“电视歌舞节目”、“电视音乐节目”、“电视戏曲节目”、“电视文艺专题片”、“电视纪录片”、“电视文学节目”、“少儿电视节目”、“电视动画片”、“电视科普节目”、“电视文艺栏目”十一个大类的 55 部作品获“星光”大奖，同时还特别设立了特等奖 1 部；另有 11 部作品获得特别奖，46 部作品获得提名荣誉奖。

二十多年来，电视文艺工作者在电视文艺这块园地上年复一年地辛勤耕耘，奉献出累累硕果。“星光奖”评选活动，不仅记录下他们攀登高峰的足迹，而且也指引着他们不断前进的步伐。“星光奖”最能肯定电视文艺工作者的辛勤劳动和艺术业绩，颁奖晚会也是电视文艺工作者的盛大庆祝活动。正如第十届颁奖晚会主题歌《今夜星光灿烂》中所唱：

看那明亮明亮的星辰，又汇成浩瀚的银河。星光呀星光，共有的星光。星光下我们曾艰难地跋涉，这颗是你，那颗是我，每一颗都在默默地闪烁。我们献出辛勤的汗水，繁星才这样光芒四射。

看那明亮明亮的星辰，又汇成浩瀚的银河。星光呀星光，永远的星光。星光下我们向新世纪开拓，你捧出一颗，我捧出一颗，每一颗都在辉映着生活。只要心中有这片星光，我们的事业就无限广阔。

在这一章中我们以纵向的分类对电视综艺节目作出归纳，虽不能全部包括，但基本上将主要的电视综艺节目类型囊括在内，而这也将有利于我们进行选材和构思。

思考与训练

1. 综艺型电视节目包括哪三类？
2. 电视综艺晚会主要有哪些类型？各自具有什么特点？

附 录

《中国画面》

第27届中国电视剧“飞天奖”颁奖盛典

（文学台本）

【片花30秒】

动画3D制作的“飞天奖”奖杯，“中国画面——第27届中国电视剧‘飞天奖’颁奖盛典”字幕，电视剧画面。

旁白：梦幻水立方，再现中国辉煌，第27届中国电视剧“飞天奖”颁奖盛典——中国画面。看中国电视剧，展现中国风采；看中国电视剧人，一份厚礼献给共和国六十华诞；看《中国画面——第27届中国电视剧“飞天奖”颁奖盛典》。

（各电视剧组成员在水立方走红地毯）

任鲁豫：各位现场还有电视机前的观众朋友们，大家晚上好！

向　真：晚上好！

任鲁豫：这里是第27届中国电视剧“飞天奖”颁奖盛典的现场，我们现在是在美丽的水立方。今天晚上，一个又一个优秀的电视剧创作团队，将会光临这晶莹的水世界，收获属于他们的那份喜悦。

向　真：是的，今天晚上，我们也非常创造性地借鉴了体育盛会开幕式的元素，每一个提名的作品都会以剧组为单位，以一家人的方式集体亮相。而且，我们会在红毯上为这一家人留下最幸福、最甜蜜的全家福。我们的专职摄影师已经严阵以待。

任鲁豫：这一张又一张幸福的全家福将会成为一个又一个第27届中国电视剧“飞天奖”难忘的瞬间。

（介绍各个走上红毯的电视剧组演职人员，包括《奋斗》、《井冈山》、《十万人家》、《战争目光》、《北风那个吹》、《春草》、《金婚》、《我是太阳》、《大工匠》、《国家行动》、《中国往事》、《特殊使命》、《美丽人生》、《静静的白桦林》、《喜耕田的故事》、《绝密押运》、《台湾1895》、《漂亮的事》、《周恩来在重庆》、《潜伏》等）

任鲁豫：今年是新中国成立60周年的大庆之年，接下来在第27届中国电视剧“飞天奖”的红地毯上，将会走来60位为中国电视剧事业作出了卓越贡献的、星光闪耀的、我们电视剧界的中坚力量，让我们掌声欢迎他们隆重登场！

（60位电视剧制作人走上红地毯）

任鲁豫：好，亲爱的朋友们，现在各位明星、各位主创团队都已经走过了红地毯，那么接下来，就让我们一起期待第27届中国电视剧“飞天奖”各个奖项揭晓的时刻。

向　真：是的，让我们来共享“飞天”的流光溢彩。

【片花10秒】

动画3D制作的“飞天奖”奖杯，“中国画面——第27届中国电视剧‘飞天奖’颁奖盛典”字幕，电视剧画面。

【开场歌舞《观飞天》】

空中舞蹈杂技表演、地面舞台舞蹈表演与水中花样舞蹈表演相结合，用灯光营造出月亮造型，大屏幕放映飞天画面，展现飞天意蕴。

【四位主持人出场】

董　卿：尊敬的各位领导、各位来宾，

李　咏：来自全国电视剧领域的同仁们、朋友们！

张泽群：欢迎大家走进梦幻的水立方，

春　妮：共同欢庆中国电视人的盛大节日！

董　卿：今晚的水立方碧波荡漾，星光灿烂。我们将在这里举行中国广播影视大奖第27届电视剧“飞天奖”的颁奖典礼。

李　咏:美丽晶莹的水立方,曾经放飞过太多、太多我们的光荣与梦想,今天在这里,又将见证中国电视剧发展的兴盛与辉煌。

张泽群:本届"飞天奖"由国家广播电影电视总局主办,由中国电视艺术委员会、中央电视台、北京市委宣传部共同承办。

春　妮:诞生于改革开放年代的"飞天奖",与时代同步、与祖国同行。它不断推动中国电视剧产业走向兴盛,它也代表了中国电视剧艺术的最高成就。

董　卿:今年的"飞天奖"也有着它特殊的意义。适逢新中国成立 60 周年大庆,所以我们也把它看做是所有的电视人为共和国六十华诞献上的一份厚礼。

李　咏:岁月如歌,江山如画。中国电视剧正是以一幅又一幅的画面展现了新中国发展史。

张泽群:"中国画面"是一个自豪的称呼,是一个生动的写照。

春　妮:在这里,让我们共同祝愿中国广播影视大奖第 27 届电视剧"飞天奖"为中国画面增添更多光彩夺目的新篇章。

董　卿:接下来,让我们一起来欣赏由各位影视表演艺术家为我们带来的诗歌朗诵《中国画面》。

【音画朗诵《中国画面》】

(钢琴伴奏,大屏幕播放"中国画面"宣传画)

唐国强:如果未来是一个问号,投向今天的中国,哪里是她最灿烂的荧屏坐标?

宋春丽:如果艺术是一个惊叹号,投向今天的生活,哪里活跃着她最耀眼的故事主角?

唐国强:今晚我们要在这水立方,向观众揭秘,她最绚丽的跨年度微笑。

宋春丽:今晚我们要用"中国画面",向母亲捧出她饱含激情的生日报告。

(大屏幕播放《潜伏》片段)

孙红雷:新中国解放大军中的一员,特殊年代的特殊使命成就了我。隐姓埋名至今不悔,终生自豪,我是余则成。

姚　晨：当年，他这样的英雄很多很多，也包括我演的翠平。他们的名字无人知道，但他们的事迹家喻户晓。

（大屏幕播放《金婚》片段）

张国立：佟志的爱情与新中国一起成长，有付出有回报，有快乐有烦恼，相濡以沫却又唠唠叨叨，不正是许多中国人一生婚姻的真实写照？

（大屏幕播放《北风那个吹》片段）

闫　妮：都说牛鲜花命硬，悲欢离合一根筋，我想无论生活在什么年代，做个好女人最重要的是主宰自己的命运，哪怕北风吹皱了大地，也不会让自己变老。

（大屏幕播放《闯关东》片段）

李幼斌：朱开山的故事，想必大家比我还熟悉。我只不过替他在电视里活了一回。当年闯关东的祖先多了去了，能成的有几个？不是咱老朱自夸，心里明细着哪。这小家要富就得国强，国不强就得遭欺负。正道邪道都是世道，只有人间正道才能越闯越踏实，越有大名堂。大家说对不对啊？

萨日娜：都说嫁给他这样的男人有风险，气粗胆大，容易撂挑子，可我觉得值。他心疼咱，真的把咱放在心尖尖上。他心地敞亮，是条汉子！

（大屏幕播放《喜耕田的故事》片段）

林永健：我从来没种过地，这回，实实在在地当了一会喜耕田。都说咱的命好，赶上了改革开放的好时代，种啥得啥，想啥有啥，这日子过得红红火火、热热闹闹。

（大屏幕播放《戈壁母亲》片段）

刘　佳：戈壁滩上有多少像刘月季这样的母亲，数也数不清。我曾经担心她被人们遗忘，没想到，观众对她的热情，就像她始终在我身边，从来没有离开过。

（大屏幕播放《交通警察》片段）

程　煜：我和他们都不一样，你们的交警朋友张立伟，人称“马路指挥家”。说小了管安全，说大了管人命，说大说小都和您的出行有关系。朋友，我还是那句话：多看电视剧，少喝酒，别拿生命开玩笑。

（大屏幕播放《奋斗》片段）

王珞丹：我是这个行列中的新人，流行概念里的 80 后。我喜欢挑战，我渴望奋斗，我积攒幸福，我崇拜时尚。有时候我特别想得到大家的认同，但更多的时候，我却想在认同中，保持青春的一份独立、一份思考。

（大屏幕播放“中国画面”宣传画）

唐国强：荧屏世界，精彩人生；

宋春丽：中国画面，时代聚焦。

唐国强：演绎着上下五千年的变迁，

宋春丽：激荡着纵横八万里的春潮。

孙红雷：如果余则成今天还活着，我想他一定会坐在电视机前，看着我们的节目。不是看他自己，而是看后来者一如既往的微笑。

姚　晨：再过几天，天安门广场又要大阅兵了。我相信在前进的队伍中，一定有一位叫许三多的士兵，正在突击新的人生高地、理想碉堡。

张国立：60年过去了，佟志最大的感慨是，幸福的道路还很长，金婚过后又开始了爱情的长跑。

闫　妮：60年后，我想和秋日做伴，再去拜访重庆红岩的周公馆，沿着一代元勋走向开国大典的足迹，体验从未有过的人生心跳。

李幼斌：百年中国，沧桑巨变。愿《闯关东》的故事，成为我们民族伟大复兴的一个精神坐标。

萨日娜：一方水土，造福十万人家。这是改革开放的现实，将载入伟大祖国复兴的历史。

林永健：我要把《喜耕田的故事》，永远地讲下去。这是耕耘者的期待，更是收获者的使命。

刘　佳：在这里，我想对天下所有的母亲说，爱，是我们共同的语言。哪怕在荒凉的沙漠，爱，也让我们珍藏美好。

程　煜：静静的白桦林，在金色的秋天，静静地像一首无言的诗，流淌着时光的旋律，咏叹着大地的和声。

王珞丹：年轻的朋友们，你们听见了吗？听见了吗？

唐国强：如果创作不再是省略号，哪里是她日新月异的注脚，点击着亿万观众期盼的心跳？

宋春丽：如果感动可以用破折号，哪里有她最忙碌的身影，情牵起神州大地万家灯火的怀抱?

唐国强:中国画面,江山如此多娇。

宋春丽:中国画面,数风流人物,

全　体:还看今朝!

董　卿:非常感谢!仿佛是人物的独白,却也道出了时代的心声。再次感谢各位。观众朋友,第27届电视剧"飞天奖"是对2007～2009年度中国电视剧创作的集中巡礼和检阅。

李　咏:角逐本届电视剧"飞天奖"的作品,无论是从选题的广泛度,还是从思想挖掘的深度,可以说达到了相当高的一个艺术水准。势必呢,竞争会非常激烈。

董　卿:从数量上来看,入围本届"飞天奖"的作品有187部,5129集;而从质量上来看,无论是《闯关东》、《士兵突击》、《金婚》、《潜伏》、《北风那个吹》等等,可以说几乎每一部都引发过街头巷尾的热议。

李　咏:所以说竞争非常激烈。好,抓紧时间。我们首先要颁出的是,中国广播影视大奖第27届电视剧"飞天奖"长篇电视剧奖。

董　卿:有请开奖嘉宾,著名影视表演艺术家于洋、蒋雯丽。

【长篇电视剧奖开奖】

(舞蹈演员伴随音乐上场围立在舞台上)

于　洋:雯丽啊,我拍了一辈子电影,但是电视剧拍得很少。我觉得,我是不是应该做一个电视剧的老观众,来开这个奖比较好。

蒋雯丽:于洋老师,您太谦虚了。您是新中国第一代电影艺术家,是我们德高望重的影视老前辈,今天能跟你一起,站在这里颁奖,是我莫大的荣幸。

于　洋:谢谢你。我是看着我们电视剧从起步发展到今天这样的繁荣,又看到你们这些个年轻的朋友们一步一步地成长,挑起了大腕。我觉得太好啦!你们是生正逢时啊!

蒋雯丽:谢谢于洋老师。应该说,电视剧艺术走到今天,跟老一辈无私的传、帮、带是分不开的。在这里,我也代表新一代的影视剧演员向您和老一辈的艺术家表示深深的感谢。谢谢您!

于　洋:谢谢。从"影视"这两个字变成了一个词之后,电影和电视就不分家了。我觉得,我们应当开这个奖,为我们共同的事业,来开奖吧!

蒋雯丽:好的!获得第27届电视"飞天奖"长篇电视剧一等奖的是——

于　洋:《闯关东》

蒋雯丽:《士兵突击》

于　洋:《戈壁母亲》

蒋雯丽:《金婚》

于　洋:《潜伏》

蒋雯丽:《静静的白桦林》

于　洋:《周恩来在重庆》

蒋雯丽:《十万人家》

于　洋:《喜耕田的故事》

于　洋
蒋雯丽:恭喜!

(大屏幕播放获奖电视剧剧照)

董　卿:好,感谢二位。那我们也有请我们的获奖代表,上场。

李　咏:有请!

(舞蹈演员引领获奖代表上台,颁奖模特将"飞天奖"奖杯颁予获奖者)

李　咏:请白岩松来宣读中国广播影视大奖第27届电视剧"飞天奖"长篇电视剧奖颁奖词。

(大屏幕播放各获奖电视剧片段)

白岩松:获得27届"飞天奖"一等奖的电视剧热烈讴歌时代精神,深情反映人民心声,从而显示出前所未有的创造性与感召力。《闯关东》以史诗般的气概再现了民族的历史记忆,彰显出自强不息的民族精神。《士兵突击》透过一个普通士兵砥砺人生的故事,给予我们关于青春、理想和信念一个独特而完美的诠释。《戈壁母亲》从小人物的视点看大时代的变迁,谱写了一曲母爱与创业精神交相辉映的悲壮赞歌。《金婚》以单纯的手法捕捉平凡生活中的诗意和浪漫,将平淡与深刻耐人寻味地结合起来。《潜伏》将智慧元素推向极致,在人物关系充满戏剧性的结构故事中,寄予了对于理想和信仰的执著追求。《静静的白桦林》

用富有诗意的形式讲述了两代人无私奉献的故事，喻示了一种崇高的人生境界。《周恩来在重庆》以科学的历史观把握历史发展走向，真实再现了一代伟人周恩来的高尚情怀和人格魅力。《十万人家》以家族兴衰折射出改革深化进程中人民的积极进取精神。《喜耕田的故事》讴歌了农民对土地的热爱，生动地展现了新时期农民创造美好生活的巨大热情和美好图景。

董 卿：谢谢岩松。接下来，让我们掌声有请八一电影制片厂厂长明振江少将，代表获奖者发表获奖感言。有请！

（钢琴伴奏）

明振江：今天，在喜迎新中国60年华诞的喜庆时刻，我们军队的和地方的影视文化工作者不仅为作品获奖而高兴，更为我国电视文艺的发展与繁荣而自豪。因为，在当今社会文化生活中，没有哪一项艺术会像电视剧这样，润物无声般走进千家万户，像春风化雨般滋润百姓心田，是人民和时代造就了电视的辉煌和成功。感谢人民，感谢时代，感谢生活，感谢观众。

李 咏：好，谢谢明振江将军。再一次用热烈掌声送给所有的获奖者！

张泽群：亲爱的朋友们，中国电视已经走过了51年的辉煌历程，特别是改革开放30年来我们的电视又取得了飞速的发展。今天，中国电视剧已经成为当代中国的主流艺术。

春 妮：是。所以我们看到涌现出了越来越多思想精深、艺术精湛、制作精良的优秀电视剧作品。所以接下来我们要继续开奖，我们要开启的是获得本届"飞天奖"二等奖和"三等奖"的长篇电视剧。

（大屏幕播放获奖电视剧剧照）

张泽群：获得本届"飞天奖"二等奖的长篇电视剧是《北风那个吹》、《战争目光》、《井冈山》、《漂亮的事》、《李小龙传奇》、《台湾1895》、《彭雪枫》、《国家行动》、《奋斗》。祝贺你们！

春 妮：获得三等奖的长篇电视剧是《我是太阳》、《中国往事》、《走西口》、《特殊使命》、《大工匠》、《春草》、《绝密押运》、《郭海的家事》、《东归英雄》、《美丽人生》。祝贺大家！

张泽群：我们都不会忘记不同寻常的2008年，这一年让所有中国人悲喜交加。在这一年我们中国电视艺术工作者也与祖国人民同呼吸、共命运，在第一时间创作了与时代同步的作品，显示了当代电视艺术工作者的使命感和责任感。

春　妮：有一部纪实系列片《震撼世界的七日》，它记录了震惊中外的汶川大地震；还有一部作品《奥运在我家》，它表现的是北京奥运会期间全民参与的热情。所以本届"飞天奖"也特别授予这两部作品特别奖。让我们用掌声向他们表示祝贺！

张泽群：也向他们表示我们崇高的敬意。

春　妮：接下来让我们要有请著名歌手毛阿敏，为我们带来电视剧《渴望》的主题曲《悠悠岁月》。

张泽群
春　妮：有请！

【歌曲《悠悠岁月》】

大屏幕播放改革开放30年中国电视剧"飞天奖"获奖精品。

【片花10秒】

动画3D制作的"飞天奖"奖杯，"中国画面——第27届中国电视剧'飞天奖'颁奖盛典"字幕，电视剧画面。

董　卿：悠扬的歌声仿佛一下子又把我们带回了1991年的那个冬天。

李　咏：《渴望》我看过，当时是万人空巷。

董　卿：的确是，《渴望》这部电视剧当时也被评论界称为是首部中国电视室内剧。你看，时间过去了将近20年，如今的电视剧的门类和艺术形式可以说是越来越多了。

李　咏：比如系列电视剧，一集讲一个故事，还有像中短篇电视剧，非常适合现在快节奏的生活。

董　卿：对呀，另外还有戏曲电视剧，也是让戏曲借助电视这种传媒优势，把传统文化推广到更多观众当中。

李　咏：还有少儿电视剧，不管说是戏曲电视剧啊、少儿电视剧啊、中短篇电视剧啊，还有系列电视剧，都有特定的收视群体。可以讲我们的电视剧工作者呀，为了满足广大观众的不同口味，真的是费老劲了。

董　卿：好，接下来我们将要为大家开启的就是第27届电视剧“飞天奖”中短篇电视剧、少儿电视剧、戏曲电视剧、系列电视剧和译制片奖。

（舞蹈演员伴随音乐上场围立在舞台上）

李　咏：有请开奖嘉宾，著名影视演员焦晃和陈小艺。

【中短篇电视剧、少儿电视剧、戏曲电视剧、系列电视剧、译制片奖开奖】

陈小艺：大家好！

焦　晃：小艺，我觉得真是非常荣幸。今天这样的盛会，让我们俩来发这样一个类别最多的奖项。

陈小艺：焦老师，我觉得今天让您颁这个奖项，是再合适不过了。这么多年，您不但在电视、电影当中塑造了非常非常多的精彩的形象，而且您在话剧舞台上也塑造了非常多的形象，可以说是我们话剧界的元老了。

焦　晃：你从90年代开始，就从事电视剧的拍摄了，而且获得了电视“飞天奖”的3次提名，你是最早参加电视剧的话剧演员的元老。我们现在开奖吧。

（大屏幕播放获奖电视剧剧照）

陈小艺：获得中短篇电视剧一等奖，空缺；少儿电视剧一等奖《名校》；戏曲电视剧一等奖《招贤记》；

焦　晃：系列电视剧一等奖《卫生队的故事》；优秀译制片《乱世佳人》。

董　卿：接下来也让我们用热烈的掌声欢迎获奖代表上场。

（舞蹈演员引领获奖代表上台，颁奖模特将“飞天奖”奖杯颁予获奖者）

李　咏：掌声送给获奖代表！以示祝贺。接下来请宣读中国广播影视大奖第27届电视剧“飞天奖”少儿电视剧、戏曲电视剧、系列电视剧、译制片一等奖的颁奖词。

（大屏幕播放获奖电视剧画面）

白岩松：获得第27届“飞天奖”的少儿电视剧关注未成年人成长中的精神世界；戏曲电视剧深入挖掘承载民族传统的文化元素；系列电视剧通过普通人的酸甜苦辣，展现多姿多彩的生活样态；译制片传播人类共同的精神财富。这些作品，让我们听到一个共同旋律的多种回响。少儿电视剧《名校》敏锐地捕捉当代热点，显示出对于教育问题睿智而独到的思考；戏曲电视剧《招贤记》将传统艺术形式与现代创作理念相结合，体现出别致的文化意趣；系列电视剧《卫生队的故事》以清新幽默的叙事风格展现了当代军人的生活风貌和生命内涵；译制片《乱世佳人》忠实把握原作的人物性格和语言风格，呈现了这一传世佳作的神韵。

李 咏：谢谢岩松。

董 卿：接下来，我们也有请青年演员殷桃代表获奖者发表感言。有请！

（钢琴伴奏）

殷 桃：我想，每一部电视剧对于演员来说都不仅仅是工作而是一次一次的缘分，让我们和越来越多的认识和不认识的人们成为朋友。而像《卫生队的故事》这样的系列电视剧，更是让我们有机会每天陪伴大家，一起去见证细水长流的生活。这对于我来说是一件备感幸福的事情。而今天在这里获奖的少儿电视剧、戏曲电视剧、译制片，（他们）用自己的努力、专注和敬业给电视荧屏带来了一片繁花似锦的天地，更承担着传承文化、播种未来的责任。我相信他们和我一样，为能从事这样一份事业而备感骄傲，谨代表他们向大家深表谢意。

张泽群：朋友们，接下来要颁发的是获得本届“飞天奖”的中短篇电视剧、少儿电视剧、戏曲电视剧和系列电视剧。

（大屏幕播放获奖电视剧剧照）

春 妮：获得二等奖的中短篇电视剧是《公安部长罗瑞卿的故事》；获得二等奖的少儿电视剧是《少儿星球（第三部）》和《六年级的夏天》；获得二等奖的戏曲电视剧是《成兆才》；获得二等奖的系列电视剧是《平安是福》。祝贺你们！

张泽群：获得本届“飞天奖”三等奖的中短篇电视剧是《贞姐》；获得三等奖的少儿电视剧是《快乐的同桌》和《AA 欢乐营（第一部）》；获得三等奖的戏曲电视剧是《凤氏彝兰》。祝贺你们！

春 妮：今晚的水立方，真的是美丽得如梦如幻，在这里，我们也和大家见证了一个个美丽故事的诞生。

张泽群：今天在这里，我们聆听岁月、品味人生。接下来请大家欣赏一个奇妙的节目组合，请欣赏小提琴和水上杂技《梁祝》。有请我们的小提琴演奏家吕思清和我们的杂技演员。有请！

【小提琴曲《梁祝》】

小提琴和民乐，空中杂技和水中芭蕾，共同演绎经典名曲《梁祝》，交相辉映，美轮美奂。

【片花 10 秒】

动画 3D 制作的飞天奖奖杯，“中国画面——第 27 届中国电视剧‘飞天奖’颁奖盛典”字幕，电视剧画面。

董 卿：朋友们，我们说到电视剧，常说“剧本、剧本，是一剧之本”。一个剧本的思想高度、生活厚度和它的艺术技巧的熟练度，可以说将决定着这部电视剧能否成功。

李 咏：所以我建议今天在座的各位应该以热烈的掌声向所有的编剧的辛勤劳动表示我们的敬意。

董 卿：感谢我们各位编剧的默默的奉献和付出，正是因为他们能深入生活，潜心创作，才有一个个鲜活的人物，一个个动人的故事。

李 咏：中国广播影视大奖第 27 届电视剧“飞天奖”有六部作品的编剧进入了候选提名，他们是：《闯关东》的编剧高满堂、孙建业；

董 卿：《士兵突击》的编剧兰小龙；

李 咏：《潜伏》的编剧姜伟；

董 卿：《周恩来在重庆》的编剧王朝柱；

李 咏：《战争目光》的编剧赵琪、张华峰；

董 卿：《戈壁母亲》的编剧韩天航。

李 咏：接下来，我们就要开启本届“飞天奖”优秀编剧奖。

（舞蹈演员伴随音乐上场围立在舞台上）

李 咏：有请开奖嘉宾，著名编剧陆天明和著名影视演员孙俪。

【优秀编剧奖开奖】

陆天明:孙俪,今天和你一起来给我们编剧开这个奖,我真是非常高兴。

孙　俪:我也很开心。

陆天明:你说起来很年轻,从艺的经历也不是很长,可是你能够和那么多的优秀编剧合作,又演了他们那么多好的剧本,真是很荣幸。

孙　俪:谢谢。其实从我演戏到今天,我能取得这么一点点小小的成绩,与我合作的这么多优秀的编剧是分不开的,比如海岩老师、在座的王宛平老师,还有林和平老师。就是因为有他们写的好的剧本,才会有好看的电视剧。

陆天明:我相信很多编剧都愿意和你合作。

孙　俪:那我会很幸福的!

陆天明:也愿意为你量身定做剧本,让你再次走上这个"飞天奖"的颁奖舞台。

孙　俪:是吗?谢谢陆老师的期许,也谢谢在座的各位编剧。希望大家会记住我,然后有机会跟大家合作。谢谢!那我现在宣布获得第27届电视剧"飞天奖"优秀编剧奖的是——

陆天明:《士兵突击》的编剧兰小龙;

孙　俪:《闯关东》的编剧高满堂、孙建业;

陆天明:《潜伏》的编剧姜伟。

董　卿:接下来就让我们用最热烈的掌声欢迎获奖者上场。

李　咏:有请!热烈的掌声送给获奖者。

(舞蹈演员引领获奖代表上台,颁奖模特将"飞天奖"奖杯颁予获奖者)

李　咏:接下来请宣读中国广播影视大奖第27届电视剧"飞天奖"优秀编剧奖颁奖词。

(大屏幕播放获奖电视剧画面)

白岩松:获得27届"飞天奖"的编剧在作品中显示出了宽广的视野、深邃的思想和丰富的意向,赋予作品以恒久的生命力。《士兵突击》的编剧兰小龙出色地描绘了普通人身上蕴含的精神力量和理想主义境界,显示了对于社会、对于人生新发现的思索。《闯关东》的编剧高满堂、孙建业以波澜壮阔、气韵雄浑的艺术语言，揭示了人性和民族性在特定历史条件下的真实状态，展示出真、善、美的永恒性。《潜伏》的编剧姜伟极为生动地叙述了特定环境下人的命运，充满张力，扣人心弦，体现出丰富的想象力和高超的戏剧技巧。

董　卿：谢谢岩松。接下来，我们首先有请《士兵突击》的编剧兰小龙发表感言。

（钢琴伴奏）

兰小龙：《士兵突击》被人叫做军事题材，但是我觉得和我身后的这几位老师都是一样的，我们写的东西，都写的是我们的故事，都是把小写成大，把家写成国，就是这样，谢谢大家。

李　咏：很难想象，兰小龙先生这样的体格能拍成那样铿锵的电视连续剧。谢谢兰小龙先生。请《闯关东》的编剧高满堂先生发表获奖感言。

高满堂：三百年前，我们山东人的祖先，迫于生计、迫于战乱，开始了漫漫的闯关东的路程。这三百年间，有两千万人到了神奇的东北大地，有五百万人死在路上，这是一首悲壮的史诗。我们后人，每每想起他们，就怦然心动。在这支队伍里，有我的爷爷、奶奶、父亲、母亲……我作为闯关东的后代，为他们树碑立传，这是我的责任和本分，也从某种意义上说，是尽一份孝。闯关东的经历，像一件浸透了风雪的老羊皮袄，穿着、走着有些沉重，但是当穿暖花开的时候，你把这件老羊皮袄晾晒一下，你会感动它伴随你走过多少个漫长的冬季，你还要感受到它在最寒冷的时候留给你的生命的温暖。谢谢！

董　卿：谢谢。接下来，让我们有请《潜伏》的编剧姜伟发表获奖感言。

姜　伟：我一直觉得获奖应该是看得非常淡定的一个事情，我想获奖与否，我都不会激动，也不会沮丧。但是我确实非常激动，我想这可能就是荣誉的魅力。它激励着大家，也激励着我。既然是编剧奖，我就要感谢《潜伏》小说的原著者龙一先生，感谢我的剧本策划谢晓路女士、林俊胜先生，还有周亦宁先生。感谢东阳清雨文化传播公司。我谢谢他们。今夜星光灿烂，我想今夜星空中有一颗星星，它代表了无数的无名英烈，它在看着我们。谢谢！

李　咏：谢谢姜伟先生。衷心地向你们四位表示感谢、祝贺！

董　卿：这证明了在我们这个好的时代，好剧不会潜伏，人才不会潜伏，机会不会潜伏。再次祝贺你们。好，接下来让我们一起来欣赏根据优秀电视剧《士兵突击》改编的情景舞蹈《士兵突击》。

【情景舞蹈《士兵突击》】

陈思成：列队集合！报告连长，队伍集合完毕，请您指示！

张国强：好！同志们，上级领导把这么重要的任务交给我们，大家有没有信心完成任务？

全体：有！

张国强：好！列兵许三多出列！

王宝强：是！

张国强：你是钢七连第多少名士兵？

王宝强：我是钢七连第 4956 名士兵！

张国强：当战斗到最后一人，你是否有勇气扛起这面连旗？

王宝强：我有勇气扛起这面连旗，更有勇气第一个战死！

张国强：成才！

陈思成：到！

张国强：你是否有勇气为你的战友去牺牲？

陈思成：我的战友就是我的兄弟，我愿意为我的兄弟而死！

张国强：好！还有最重要的我们要记住，我们钢七连永远不会倒，因为我们的精神是不抛弃、不放弃！

全体：不抛弃、不放弃！不抛弃、不放弃！不抛弃、不放弃！

张国强：出发！

（舞蹈表演，大屏幕播放战争画面）

段奕宏：许三多！

王宝强：到！

段奕宏：你知道我为什么把你留到老 A 吗？

王宝强：我，我不知道。

段奕宏：因为我看中你身上那六个字：不抛弃、不放弃！这种歌声被钢七连的歌声无数次地唱响，可你知道吗，会唱这首歌的前辈都已经牺牲，我希望你永远记住，从这五千个喉咙里吼出的歌声。

全体：　一声霹雳一把剑，一群猛虎钢七连；钢铁的意志钢铁汉，铁血卫国保家园。杀声吓破敌人胆，百战百胜美名传。攻必克，守必坚，踏敌尸骨唱凯旋。杀声吓破敌人胆，百战百胜美名传。攻必克，守必坚，踏敌尸骨唱凯旋。

【片花 30 秒】

动画 3D 制作的飞天奖奖杯，“中国画面——第 27 届中国电视剧‘飞天奖’颁奖盛典”字幕，电视剧画面。

旁白：梦幻水立方，再现中国辉煌，第 27 届中国电视剧“飞天奖”颁奖盛典——中国画面。看中国电视剧，展现中国风采；看中国电视剧人，一份厚礼献给共和国六十华诞；看《中国画面——第 27 届中国电视剧“飞天奖”颁奖盛典》。

董　卿：朋友们，我们“飞天奖”从 2005 年开始改为两年举办一届，正因为这样，可以说竞争就更激烈了。每年的国产电视剧就有一万多集，两年就有将近三万集。要在这么庞大的数目中脱颖而出，那说明这部电视剧是真正地禁受住了市场的考验，也禁受住了观众和专家挑剔的眼光。

李　咏：这其中尤其重要的就是导演。我们的导演在今天已经走向了日趋成熟，他们的艺术造诣已经是相当高。一个名导演就是一个品牌，他有着巨大的号召力还有凝聚力。

董　卿：说得没错，而一个好的导演不仅要能够讲好故事，还要能够讲出思想，讲出精神。看我们这次获奖的几部优秀电视剧，体现的有一百多年前闯关东拼搏的精神，60 年前戈壁母亲的奉献精神，21 世纪许三多不抛弃、不放弃的精神，其实这一切也是我们的民族精神在不同时代的展现，它们对我们的观众无疑也是一种激励。

李　咏：中国广播影视大奖第 27 届电视剧“飞天奖”有 7 部电视剧的 4 位导演获得了候选提名。他们是《士兵突击》的导演康洪雷，《金婚》、《春草》的导演郑小龙，《闯关东》的导演张新建，《北风那个吹》、《我是太阳》、《名校》的导演安建。

董　卿：优秀导演奖就要从他们中产生。接下来，我们就要开启第 27 届电视剧“飞天奖”优秀导演奖。

（舞蹈演员伴随音乐上场围立在舞台上）

董　卿:有请开奖嘉宾，著名影视导演王扶林、胡玫。

【优秀导演奖开奖】

王扶林:今天站在这个颁奖的舞台上，非常激动也非常高兴，看到出现了这么多优秀的电视剧剧目，涌现了这么多优秀的编导（演），祝贺他们。

胡　玫:真的很荣幸，今天能够和我心中敬慕的王导一起来颁这个重要的奖项。我们这些导演的今天，也离不开老一辈，像王导他们这样一些电视剧导演的开拓者。我们是在你们的肩膀上慢慢地成长起来的。

王扶林:你说得太客气了。我作为一个比较老一点的电视工作者，只不过是电视剧的一名奠基人，真正的辉煌还是今天，真正的优秀的电视剧，出现了那么多的优秀的电视剧，出现了那么多的人才，还得看今天。

胡　玫:让我们有更多的电视剧导演能够在今后的日子里，更加加倍地工作，再创辉煌。好了，我们就不多说了，大家也等得着急了。我们看一看这个重要的奖项，是由谁夺得。中国广播影视大奖第27届电视剧“飞天奖”优秀导演奖的获得者——

王扶林:《士兵突击》的导演康洪雷；

胡　玫:还有一位，《金婚》和《春草》的导演郑小龙。

董　卿:也有请我们的获奖导演上台！

李　咏:有请！

（舞蹈演员引领获奖代表上台，颁奖模特将“飞天奖”奖杯颁予获奖者）

李　咏:热烈的掌声送给获奖者，表示祝贺！接下来宣读中国广播影视大奖第27届电视剧“飞天奖”优秀导演奖颁奖词。

（大屏幕播放获奖电视剧画面）

白岩松:获得27届“飞天奖”的优秀导演，是电视剧艺术的同龄者、执行者，更是电视剧艺术最终的体现者，让我们感受到内心深处生命的跳跃。他们的作品承载着时代精神，体现着民族文化的深厚内涵。《士兵突击》的导演康洪雷以富有冲击力的视觉形象体现出生活背后丰富的意蕴，让我们从平凡中充实，从迷茫中惊醒，从疲惫中振奋。《金婚》、《春草》的导演郑小龙用朴素而优美的风格表现生活状态和质感，用简单的语言传递深刻的思想，让纷扰的世界充溢着人情的温暖，让平凡的生活闪烁着诗意的光辉。

董　卿：谢谢岩松。我们看到刚才两位才华横溢的导演走上台的时候，我们的姑娘们都倾倒啦，倒在了水池里，用朵朵浪花来迎接你们。看来我们21世纪的男性同样也有着沉鱼落雁的气势。

李　咏：你还阵阵尖叫呢！

董　卿：好，有请我们的《士兵突击》的导演康洪雷发表获奖感言。

（钢琴伴奏）

康洪雷：昨天来北京前，我家乡的一位长者送给我一首词，今天呢，我把一小段念给大家听。草原深处有一座毡房，装着我幸福童年美好时光，睡梦中那条弯弯的小河，载着我金色的梦幻，悄悄地流向远方。妈妈的容颜牵着我的心，声声嘱托永在我耳边回响，心灵深处的银色毡房，伴随我长大成人，实现梦想。养育我的大草原哪，给予我生命的银色毡房，我要把理想的彩虹献给你，让你变得更加灿烂、辉煌！

李　咏：谢谢大家的掌声。接下来，有请《金婚》、《春草》的导演郑小龙发表获奖感言。

郑小龙：我1982年大学毕业到北京电视艺术中心，在这个行业里，我也算一个老兵了。我记得那时候的电视剧"飞天奖"有一个特别特殊的奖项，叫"丰收奖"，也就是说，一个单位一年拍电视剧超过12集，你就能获得"丰收奖"。想想这么多年的变化，我们电视剧已经如此辉煌。今天看看这个颁奖典礼，就已经能看出电视剧变成什么模样。我非常感谢跟我合作的伙伴，一块儿拍了《金婚》这个片子；感谢演员的精彩表演；感谢投资方；我还要感谢我的爸爸妈妈，是他们的一次吵架，给了我创作这个片子的灵感。我妈妈去年去世了，我希望她老人家一路走好，我也希望我爸爸健康长寿。谢谢！谢谢评委，谢谢观众。谢谢！

董　卿
李　咏：谢谢！

董　卿：我们也再次祝贺两位导演获奖，也期待着你们能够拍出更多的好的作品。

李　咏:恭喜你们!

张泽群:亲爱的朋友们,这里是第27届"飞天奖"颁奖典礼的现场,接下来我们要颁发的是本届"飞天奖"的各个单项奖。

(大屏幕播放获奖电视剧画面)

春　妮:好,下面我们宣布获得本届"飞天奖"优秀摄像的是《闯关东》的摄像王滨;优秀照明——《中国往事》摄制组;优秀美术——《井冈山》摄制组;优秀音乐——《戈壁母亲》的作曲徐沛东;优秀音响——《战争目光》摄制组;优秀剪辑——《潜伏》摄制组;优秀特技——《台湾1895》摄制组。祝贺他们!

张泽群:祝贺他们!朋友们,让我们有请刚才这些单项奖的获奖者代表徐沛东上场致辞。

徐沛东:今天,作为单项奖的获奖者,可能你们还不认识、很陌生。但是他们的工作、他们的敬业、他们的艺术,每天都在和你见面。电视艺术从来不属于哪一个人,它属于那些孜孜不倦、永远奋斗的团队。今天,我们代表所有电视工作者站在这里,不是接受鲜花和赞美,而是感受电视工作者的那份幸福。电视工作者的幸福如果能换来观众的幸福,这将是对我们最高的褒奖。谢谢!

春　妮:谢谢徐沛东老师!

张泽群:朋友们,现在让我们有请电视剧《李小龙传奇》当中李小龙的扮演者,来自中国香港的著名演员陈国坤为我们演唱《少年强》。

【歌曲《少年强》与武术表演】

【片花10秒】

动画3D制作的飞天奖奖杯,"中国画面——第27届中国电视剧'飞天奖'颁奖盛典"字幕,电视剧画面。

董　卿:我想,我们要问一问今天在座各位电视剧领域的工作者,如何看待自己的职业。我相信很多人会说,这是一件既幸福又艰苦的事,你得能够忍受得住各种磨炼。

李　咏：没有人能够随随便便成功。那么，近两年，在电视银屏上出现了很多优秀的男演员，可以说，他们所塑造的人物，个性鲜明，让人过目不忘。用四个字来形容他们，那就是：自信、成熟。他们有他们的追求，他们有他们的功力。方才我们一直在讲，本届"飞天奖"竞争是非常激烈的，那这次入围本届"飞天奖"优秀男演员的人数多达十位。他们是：《潜伏》中的孙红雷；

董　卿：《金婚》中的张国立；

李　咏：《美丽人生》、《台湾1895》、《高纬度战栗》中的李雪健；

董　卿：《闯关东》中的李幼斌；

李　咏：《士兵突击》中的王宝强；

董　卿：《喜耕田的故事》中的林永健；

李　咏：《交通警察》中的程煜；

董　卿：《荣归》中的焦晃；

李　咏：《十万人家》、《高纬度战栗》中的王志飞；

董　卿：《士兵突击》中的段奕宏。一个个响亮的名字，到底最后谁能获奖？

李　咏：接下来，我们要开启的是本届电视剧"飞天奖"的优秀男演员奖。

（舞蹈演员伴随音乐上场围立在舞台上）

李　咏：有请开奖嘉宾，著名影视演员陈宝国和陈瑾。

【优秀男演员奖开奖】

陈宝国：陈瑾最近显得特别苗条，据说比我们俩一块拍戏合作的时候瘦了二十多斤。凡是恋爱中的女人都是瘦的。

陈　瑾：不过这么多年，你也没胖，是不是你也正在恋爱中啊？

陈宝国：凡是谈不上恋爱的男人都是瘦的。

陈　瑾：好了好了，我们接下来要发这么重要的奖，你尽在这里说这样的废话。（与陈宝国握手）太遗憾了，今天晚上的获奖名单上肯定是没你了，要不然你不会站在开奖台上。

陈宝国：合作过的啊，就是不一样啊！可以理解。我估计你今天也没什么戏。祝贺所有这次能在国庆60年获得"飞天奖"的提名者和获奖者。现在开奖。（打开获奖名单后合上）这小子，"潜伏"多年，今天在水立方浮出了水面；这小子艳福不浅，跟一个女人较了一辈子的劲，有滋有味地活了几十年。他们是——

陈　瑾：孙红雷！

陈宝国：张国立！

董　卿：谢谢，谢谢二位非常风趣地开奖。有请我们两位获奖者上台领奖。

李　咏：有请！

（舞蹈演员引领获奖代表上台，颁奖模特将“飞天奖”奖杯颁予获奖者）

李　咏：两个人还手拉着手啊！向你们表示衷心的祝贺。

董　卿：祝贺二位。刚才二位上台领奖之前分别拥抱了各自的媳妇，但是余则成你怎么抱人家张国立的媳妇抱了这么长时间呢？人家是“金婚”哪！

李　咏：恭喜！接下来宣读中国广播影视大奖第 27 届电视剧“飞天奖”优秀男演员奖颁奖词。

（大屏幕播放获奖电视剧画面）

白岩松：获得 27 届“飞天奖”的优秀男演员诠释了信心、忠诚、勇气和责任，向我们展示了男性心灵世界的每一道褶皱和印痕。孙红雷在《潜伏》中以细致入微的表演，准确地把握了人物思想情感的变化和角色最具魅力的特征，用真情与真挚让我们体味到信仰的力量。张国立在《金婚》中将个人的幽默和智慧倾注到人物形象中，挥洒自如地表现出丰富多彩的生存境遇和人生况味，用普通人的悲欢演绎出不普通的人生感悟。

董　卿：我们首先有请孙红雷发表获奖感言。

（钢琴伴奏）

孙红雷：起音乐了，这就……我是个演员，我今天见到了很多前辈，很多我的偶像，曾经教过我演戏，或者间接教过我演戏，我向各位老师鞠一躬。谢谢你们！不沉重，很高兴能够得这个奖，感谢“飞天奖”评委会能够看中余则成这个角色，谢谢你们对这个角色的认可。刚才董卿和李咏说，让我说一下获奖感言，不想耽误大家太多的时间，就谈谈我演的这个人物——余则成。陈宝国先生说浮出水面，有很多人说余则成是个英雄，我承认，但是我觉得不够尽然，我觉得余则成更是一个普通人。60 年前，千千万万个像余则成一样的普通人物，他们团结一致，缔造了这个伟大的国家——中华人民共和国，他们才是英雄，真正的英雄！我代表余则成谢谢大家。中国万岁！

李　咏：谢谢孙红雷，请张国立发表获奖感言。

张国立：我特别羡慕红雷，他“潜伏”的日子没我长，他就得了这个奖。我从第一年开始拍电视剧，现在已经29年了，这是我第一次获这个奖。首先要感谢这个伟大的时代，改革开放的时代。今天我们在水立方里，为一个电视剧的奖项颁奖，心中别有一番滋味。这个时代给了我们解放思想的动力，让我们这些电视人才有了今天的辉煌。刚才李咏说，每一名提名的男演员都是成熟的、自信的，我成熟是有，但自信不够。（对李咏）你不要指你，我说是我。但从今天开始，我会有一些自信了。谢谢这个时代，谢谢这个行当，谢谢《金婚》组，谢谢郑小龙，谢谢雯丽，谢谢我的家人，谢谢在座的所有观众和电视机前的观众。

李　咏：衷心地祝贺二位。来，掌声！恭喜！今天呢，我们的颁奖盛典是在水立方，一说到水立方，我们不由得想起2008年的奥运会，那精彩的瞬间，一幕、一幕、一幕，就在我们的脑海中闪现。水立方让我们的中国体育健儿圆梦，美梦成真。那今天，我们的中国花样游泳运动员也要为大家展示优美的舞姿，领队的就是双胞胎姐妹蒋文文和蒋婷婷。请欣赏！

【花样游泳《雀之灵》】

【片花10秒】

动画3D制作的飞天奖奖杯，“中国画面——第27届中国电视剧‘飞天奖’颁奖盛典”字幕，电视剧画面。

董　卿：真的感谢！我觉得这段表演也为我们今天的颁奖晚会增添了一份灵动的生命力。姑娘们在旋转的时候溅起的水花，仿佛也湿润了我们每一个人的心田。而对于我们每一位演员来说，也是在各自的艺术道路上不断地突破自我，去攀越新的艺术高峰。

李　咏：方才我说到了，我们入围“飞天奖”的优秀男演员的候选人是十位，同样，优秀女演员也可以说是梦之队，候选人依然也是十位。她们是：《闯关东》中的萨日娜；

董　卿:《北风那个吹》、《国家行动》中的闫妮;

李　咏:《潜伏》中的姚晨;

董　卿:《金婚》中的蒋雯丽;

李　咏:《静静的白桦林》、《井冈山》中的潘雨辰;

董　卿:《我是太阳》中的王雅捷;

李　咏:《戈壁母亲》中的刘佳;

董　卿:《大工匠》中的陈小艺;

李　咏:《奋斗》中的王珞丹;

董　卿:《春草》中的陶虹。到底最后谁能够获得殊荣?接下来,我们就要为您开启第 27 届电视剧"飞天奖"优秀女演员奖。

(舞蹈演员伴随音乐上场围立在舞台上)

董　卿:有请开奖嘉宾,著名影视演员陈道明、宁静。

【优秀女演员奖开奖】

陈道明:各位观众晚上好。

宁　静:晚上好。

陈道明:我们现在颁最佳女主角,这个由宁静小姐来宣读。

宁　静:那现在我们一起来看看这位幸运的人是谁?《北风那个吹》中牛鲜花的扮演者、《国家行动》中向云秀的扮演者——闫妮!

陈道明:《闯关东》中文他娘的扮演者——萨日娜!

宁　静:恭喜你们!

陈道明:恭喜!

董　卿:接下来,让我们用最热烈的掌声欢迎获奖者,上场!

(舞蹈演员引领获奖代表上台,颁奖模特将"飞天奖"奖杯颁予获奖者)

李　咏:衷心地祝贺二位!掌声,谢谢!接下来宣读中国广播影视大奖第 27 届电视剧"飞天奖"优秀女演员奖的颁奖词。

（大屏幕播放获奖电视剧画面）

白岩松：获得27届“飞天奖”的优秀女演员是充盈着灵感和韵致的诗篇。她们所扮演的角色最集中地体现了我们这个时代对于美的理解。闫妮在《北风那个吹》和《国家行动》中，凭借自己的独特天性和艺术直觉，塑造了色彩鲜明的人物，显示出清新的创造性风格。萨日娜在《闯关东》中以细腻和富于渗透力的表演，通过人世间最朴素、温馨的母爱情怀，给予“母亲”这两个字深沉而丰富的内涵。

董　卿：谢谢岩松。我们请闫妮发表获奖感言。

（钢琴伴奏）

闫　妮：我觉得我真的是太荣幸了。我能在这么多优秀的同行中突出重围，获此殊荣，我非常感谢“飞天奖”的评委。我非常看重这个奖项，因为这个奖项凝聚了很多人对我的爱和期望。我感谢高满堂老师、安建导演、“北风吹”里全体合作者，是你们帮助我完成了这个角色。我还想感谢栽培我的空政话剧团，还有对我有帮助和提携的导演尚敬。总之，我非常激动，在祖国母亲六十华诞之际，我想说，祖国，我爱你！谢谢你们！

李　咏：谢谢牛鲜花，谢谢闫妮。接下来请《闯关东》中的萨日娜发表获奖感言。

萨日娜：谢谢。我再一次站在“飞天奖”的领奖台上，已经是11年以后了。这11年，我一直在谨记老师对我的教诲，踏踏实实做人，认认真真演戏。然后就是《闯关东》中文他娘，让我再次有了机会能够站在这个领奖台上。所以我真的是感谢闯关东的先民们，他们开创了那段历史，让我们有了展示这段历史的可能，也让我有了机会去演绎文他娘这么伟大的一位母亲。我谢谢山东省委宣传部，谢谢《闯关东》所有剧组的兄弟姐妹们，我爱你们！我还有一句话，想跟我女儿说，因为我也是个母亲，我一直在跟她说，我因为工作不能时常陪伴在她身边，妈妈之所以这样，是因为妈妈要努力，努力成为你的骄傲。我想说，香香，妈妈今天成为你的骄傲了。谢谢！

董　卿
李　咏：谢谢！

董　卿：祝贺二位！

李　咏：衷心地祝贺二位！那接下来让我们舞起来，有请宋祖英。

【歌舞《让我们舞起来》】

【片花 10 秒】

动画 3D 制作的"飞天奖"奖杯,"中国画面——第 27 届中国电视剧'飞天奖'颁奖盛典"字幕,电视剧画面。

董　卿:今晚我们欢聚一堂,心中也是感慨万千。"飞天奖"走过了 28 年的历程,在这些年里,有多少艺术家为了铸就它的辉煌而默默奉献自己的心血,可以说是他们托起了中国电视剧"飞天"的翅膀。为此本届"飞天奖"特地要表彰 60 位获得三次以上"飞天奖"的艺术家,以此来向他们对中国电视剧作出的贡献表达我们的感谢和敬意。

李　咏:接下来就有请这 60 位"飞天奖"突出贡献者上台,让我们以热烈的掌声欢迎和祝贺他们。

(获奖者上场,字幕出名单)

获得飞天奖突出贡献表彰的编剧:李晓明、高满堂、王朝柱、周振天、张宏森、陆天明、张鲁、韩志君、韩志晨、冉平、马继红、黄允、张弘、程蔚东。

获得"飞天奖"突出贡献表彰的导演:潘小扬、黄蜀芹、胡玫、郑小龙、杨阳、陈家林、高希希、陈胜利、沈好放、金韬、张绍林、杨洁、王扶林、蔡晓晴、赵宝刚、韩刚、康洪雷、巴特尔。

获得"飞天奖"突出贡献表彰的摄像:王小列、卢学平。

获得"飞天奖"突出贡献表彰的作曲:徐沛东、赵季平。

获得"飞天奖"突出贡献表彰的演员:唐国强、李幼斌、宋春丽、陈道明、陈宝国、高明、李雪健、张丰毅、蒋雯丽、徐帆、李保田、奚美娟、张国立、濮存昕、程煜、杜雨露、侯勇、陶虹、萨日娜、孙俪、焦晃、刘佳、陈建斌、陈小艺、殷桃、陈瑾。

李　咏:在喜迎中华人民共和国六十华诞之际,我们隆重表彰这 60 位为中国电视剧作出过突出贡献的优秀代表。为此,我们还特地邀请了中国航天英雄为"飞天奖"突出贡献表彰者颁发纪念杯。

董　卿:让我们有请航天英雄翟志刚,英雄航天员刘伯明、景海鹏。

翟志刚:大家好,很高兴我们作为颁奖嘉宾,为各位艺术家颁奖。当我们在太空,第一眼看到我们美丽的地球,看到我国大好的河山,我们多想把一幅幅美丽的画面带回到地球,与祖国和人民共享。那么今天我想说的是,电视工作者的伟大之处,就是把最美好的故事和画面展现给我们祖国的亿万观众。“飞天”,这么美丽的名字,属于我们也属于你们。

李 咏:现在有请航天英雄们为我们突出贡献的优秀代表颁发纪念奖杯。在此,我们向航天英雄们表示我们的敬意,“神舟七号”航天英雄们让五星红旗飘扬在宇宙太空,圆了中华民族数千年的飞天梦;今天在这里,又和电视人圆了一个飞天梦!

董 卿:再次感谢我们三位航天英雄和英雄航天员。可以说强国之梦、艺术之梦在今晚交相辉映,在这里我们也要再次衷心祝福伟大祖国繁荣昌盛,祝愿中国电视文艺事业能够再创新的辉煌。谢谢!谢谢三位航天英雄。

李 咏:也要向我们60位艺术家再次表示祝贺!接下来,请宣读突出贡献奖表彰辞。

白岩松:他们是“飞天”舞台上的佼佼者,他们是电视剧艺术中的领跑者,他们是艺术家中的普通一员。他们中有功勋卓著的第一代电视人,有活跃在创作第一线的领军人物,有正在崛起的新生代艺术工作者。他们从宝贵的文化遗产中汲取养分,从高尚的人生理想中寻找动力,从鲜活的时代生活中探求源泉,以不同方式表达了大变革时代的生命体验。他们让“飞天奖”更加辉煌,让民族的精神家园更加繁茂,让共和国的星空更加灿烂。故事仍将延续,精神仍将传递,艺术永无止境,美的追求永无极限。他们将从这里继续前行,响应时代的呼唤,追寻心灵的光明!

董 卿:谢谢岩松。接下来我们要有请获得“飞天奖”表彰的代表李雪健,代表我们中国电视剧人发表“中国电视剧宣言”。有请!

(音乐起,钢琴伴奏)

李雪健:今天,我们济济一堂,共同见证中国电视剧的黄金时代。60年风风雨雨,我们的国家探索出一条民族复兴之路;30年波澜壮阔,我们中国电视剧打造了一艘中国电视文艺事业的旗舰。正是这样一个多彩的时代,让我们电视人从生活中采撷芬芳,从发展中获取力量。正是这样一个创造的时代,让我们电视人舒展翅膀，向着精神世界的彼岸翱翔。也许我们每个人的探索只是对这个时代、对生活暂短的一瞥，但这一瞥将可以成为永远的凝视。民族精神的火炬将由我们的手中传给后人，历史赋予我们的就是这样一份庄严的使命。我们要向世人证明，过去、现在、将来，中国电视剧工作者将无愧于这个伟大的时代，将无愧于我们伟大的祖国的人民；而我们也将怀着这样的信心和勇气，同十三亿人一同去拥抱生活、拥抱明天。这就是我们电视人的承诺！

李　咏：谢谢！

董　卿：说得太好了！再次感谢李雪健的精彩演讲。谢谢您！也让我们再次用掌声向我们获得"飞天奖"表彰的60位艺术家表示祝贺，祝贺你们！亲爱的观众朋友，接下来让我们有请著名歌唱家殷秀梅、阎维文和我们60位艺术家共同为大家演唱《我和我的祖国》。

【歌曲《我和我的祖国》】

李　咏：回顾中国电视剧走过的道路，我们油然而生的感受那就是无限的感动和骄傲。

张泽群：展望中国电视剧美好的前景，我们信心百倍，我们将超越梦想，让"飞天"与时代一起腾飞。

春　妮：新中国成立60周年的大庆的日子正一天天向我们走来，我们正满怀激情地期待那庄严而又神圣时刻的到来。

董　卿：理想在前方召唤，祖国在我们心中。

李　咏：由国家广播电影电视总局主办，中国电视艺术委员会、中央电视台、北京市委宣传部承办的中国广播影视大奖第27届电视剧"飞天奖"颁奖盛典到此结束。

张泽群：我们祝愿大家身体健康，工作顺利！

春　妮：祝新中国六十华诞幸福美满！

董　卿：祝伟大的祖国繁荣富强！朋友们，

全　体：再见！

【片尾字幕，背景音乐循环】

（王慧敏根据节目整理）

第四章
撰写综艺晚会文学台本

学习目标

- 了解电视综艺晚会的创作要求。
- 了解确定综艺晚会主题的重要性。
- 了解综艺晚会总体构思的要求与步骤。
- 了解综艺晚会的基调和设计节目的要求。
- 了解综艺晚会结构的几种类型。
- 了解综艺晚会文学台本的语言种类。
- 了解综艺晚会主持人串联词的写作形式和要求。

撰写综艺晚会文学台本是录制一台电视综艺晚会的第一步，它为未来的节目规划出文字蓝图，使节目创作有一个整体的依据。那么，撰写综艺晚会文学台本的总的指导思想是什么呢？1987 年 6 月 1 日，全国首届电视文艺研讨会在北京召开，会上提出："电视文艺应把社会效益放在首位，坚持有中国特色的社会主义方向。""为观众创造美的意境，提供美的享受，培养高尚的审美情趣。"针对如何办好电视文艺节目，会上提出了"内容好、形式好、点子新"的基本要求。

第一节　综艺晚会的主题及构思

撰写一台电视综艺晚会的文学台本，首先要经过策划的阶段。策划如同导航的灯塔，指明晚会的创作宗旨，又像是航行中的舵手，把握着晚会总的基调与格调。策划往往是按照党的宣传方针，结合当时的形势来确定一台晚会的创意。"创意"一词被用在很多方面，比如时装设计创意、广告创意、音乐电视创意等，但"创意"的概念究竟是什么，目前有许多说法。比如，陈汉元说："这些年来，我也参与过一些电视广告的创作，但我说不清楚'创意为何物'，很难用一句话给它下个定义。然而我强烈地意识到：创意涉及准确定位；创意涉及独树一帜；创意涉及耳目一新；创意涉及'深入浅出'这个起码的创作原则等等。"①因此，创意包容的范围比较宽泛。作为综艺晚会的创意，与其他形式的创意有所不同。著名电视文艺导演邓在军说："日本的'电视之父'正本松太郎认为，电视艺术必须为既定的目标服务，要突出中心思想。为此他提出了两个字的指导思想'创意'。"②

实质上，创意就是创作的立意，即想达到什么目的；创意就是创作的指导思想。比如，大型文艺晚会《纪念毛泽东同志诞辰100周年》的创作指导思想是：

纪念晚会以中共中央《关于毛泽东同志诞辰100周年纪念活动通知》作为总的指导思想。

晚会缅怀和歌颂毛泽东同志的丰功伟绩，颂扬他崇高的人格与博大的胸怀，继承和发扬毛泽东思想，在邓小平同志建设有中国特色的社会主义理论指引下，在以江泽民同志为核心的党中央领导下，去创造光辉美好的未来。

晚会的基调是歌颂的，同时，又被赋予今天的时代精神，具有新的思想高度和新的历史视角，让老一辈革命者和新一代年轻人一起站在历史新的起跑线上，回顾革命历史，缅怀革命先辈，从毛泽东同志领导我们党和人民半个多世纪以来所进行的胜利斗争的历史中汲取精神力量，更加满怀信心地投入改革开放的大潮中，去谱写历史的新篇章。

庆祝香港回归祖国大型文艺晚会《回归颂》的创作指导思想是：

---

① 《电视广告创意与制作》，科学技术文献出版社1992年版，第1页。
② 林强编：《邓在军电视艺术》，华文出版社1993年版，第149页。

此次庆祝香港回归祖国文艺晚会，拟突出表现中华民族洗雪百年耻辱的由衷喜悦之情和举国上下普天同庆的欢腾、热烈的气氛。通过感人的、艺术化的手法，表现香港百年沧桑和回归的来之不易，强调指出祖国的繁荣富强，是香港顺利回归的根本原因。与此同时，通过艺术形象，描绘香港同胞对香港繁荣所作出的巨大贡献，以及时刻心向祖国的浓浓的中华民族情结。

在这场晚会中，带有极浓厚感情色彩的一个内容，是对邓小平同志深情的缅怀与赞颂。晚会将调动各种艺术手段赞美小平同志的丰功伟绩，表现香港回归祖国是小平同志"一国两制"伟大构想的成功实践，是实现祖国统一大业的光辉里程碑。

晚会将热情讴歌中国人民推进祖国和平统一，促进祖国繁荣昌盛，昂首跨入新世纪的坚定信念，并满怀豪情地向世界宣告：香港的明天会更加繁荣，更加美好。

通过以上例子可以看出，电视综艺晚会的创意就是其创作的指导思想。它是一台晚会诞生前创作者的积极思考，与确定晚会的内容有着直接的关系。因此可以说，一台综艺晚会先有策划人与编导的创意，然后才会有整台晚会精彩的节目。创意是策划阶段的中心任务。

一、确定晚会主题

撰写综艺晚会的文学台本时，撰稿人在创意的要求下会为晚会确定一个明确的主题。在主题的统帅下，用富有艺术感染力的作品，编排成一台完整的晚会，从而达到打动观众，教育人、感染人、鼓舞人的目的。关于晚会的主题，在20世纪80年代之前电视文艺界人士曾有过不同的认识，有的主张要有主题，有的认为没有必要。经过多年的实践，多数人认识到晚会还是有主题比较好。原中央电视台副台长洪民生说："从1984年起，春节晚会开始注重制定明确的主题思想，一直沿袭至今。实践证明：凡是能充分体现主题的就成功，凡是跑了题的就失败，表现不充分的就显得平淡。主题就是晚会的基调和灵魂，它的确定不是个人随意为之，而是要广泛地听取观众和专家的意见，既要有浓烈的民族传统节日气氛，又要把晚会放在宏观的时代背景上去立意深化。”①

著名电视文艺导演邓在军也说过，“一台晚会的主题，直接关系着节目创作、演员选择、风格色彩各个方面。一台大型综合性文艺晚会，如果没有明确的主题，并贯穿于晚会的始终，就会显得东拼西凑、杂乱无章，即使有好的节目也给糟蹋了，或者只有个别节目给人留下印象，而整台晚会人们会很快淡忘。因此，在设计晚会的开始，必须把确定晚会主题作为首要课题，精心地考虑、研究。”②她对春节联欢晚会的主题有更明确的说法：“春节晚会的主题应是欢乐、团结、奋进。如果拿一部交响乐来比喻春节晚会，欢乐、团结、奋进就是贯穿于全曲始终的主旋律。”③

春节是我国的传统节日，电视春节联欢晚会要充分适应人们在春节期间团聚、欢乐、希望的心理需要。例如，1983 年中央电视台春节联欢晚会的主题是“举国除夕万家欢，共品春晚头道餐”；1984 年是“爱国、统一、团结”；1985 年是“团结、奋进、活泼、欢快”；1986 年是“团结、奋进、欢快、多彩”；1987 年是“团结、向上、喜庆、红火”；1988 年是“团结、奋进、欢快”；1989 年是“团结、欢乐、向上”；1990 年是“团结、和谐、欢快”；1991 年是“团结、欢快、多彩”；1992 年是“团结、欢乐、祥和”；1993 年是“欢乐、祥和、自豪、向上”；1994 年是“团聚、自尊、奋进、期盼”；1995 年是“欢乐、轻松、温馨、亲切”；1996 年是“欢乐、祥和、凝聚、振奋、辉煌”；1997 年是“团结、奋进、自豪的中国人”；1998 年是“中华民族春节大团圆，万众一心奔向新世纪”；1999 年是“欢歌笑语大团圆”；2000 年是“满怀豪情跨世纪，龙腾报春庆振兴”；2001 年是“喜庆、亲切、昂扬、展望”；2002 年是“祖国颂、社会主义颂、改革开放颂”；2003 年是“凝聚力、自信心”；2004 年是“祝福”；2005 年是“盛世大联欢”；2006 年是“天地人和万事兴”；2007 年是“欢乐和谐中国年”；2008 年是“盛世中国・和谐社会”；2009 年是“中华大联欢”；2010 年是“虎跃龙腾闹新春”；2011 年是“欢天喜地，创新美好生活；欢歌笑语，共享阖家幸福”；2012 年是“回家过大年”。由此可见，中央电视台春节联欢晚会的编导们充分考虑了在春节这个特定条件下受众的审美意识和心理需求，全方位、多角度

---

① 洪民生主编，中央电视台《追忆》编委会编：《追忆：中央电视台 1983～1989 春节联欢晚会》，中国国际广播出版社 1990 年版，第 6 页。

②③ 林强编：《邓在军电视艺术》，华文出版社 1993 年版，第 148 页。

地诠释了晚会主题。

而各级省市或行业机构在举办这样的大型晚会时确定的主题可以与中央电视台的春节联欢晚会有所不同，这样更容易突出自己的特色。比如，文化部举办的春节电视文艺晚会，在创意上非常明确，要以“弘扬主旋律，坚持多样化”作为晚会的根本任务，以高雅艺术为主导，并以高质量、高标准、高品位作为特色，以此体现出艺术的时代性标准。

因此，每一台晚会都会确定一个明确的主题。主题能够反映创作的指导思想，起到统帅节目编排创作、规划整体艺术构思以及决定舞台设计基调等方面的作用，为晚会的成功奠定了基础。

除了春节联欢晚会要求有明确的主题外，其他如周年纪念性综艺晚会和各行业综艺晚会同样也需要有一个明确的主题。比如，在中国共产党成立 70 周年之际，中央电视台举办的庆祝“七一”文艺晚会，定名为《拥抱太阳》。这台文艺晚会的创作宗旨是在庆祝党的诞辰 70 周年之际，回顾党的发展历程，缅怀英灵先烈，讴歌党的丰功伟绩；表达在当前国际共产主义运动遭受暂时的挫折的情况下，我国人民珍惜安定团结的大好形势，坚定地跟着共产党走，建设有中国特色的社会主义的共同愿望和信念。因此，这台电视综艺晚会的主题就是“没有共产党就没有新中国”。

再比如，1992 年，首届中国长春电影节开幕式文艺晚会，由电影明星们合作表演了诗朗诵《青春无悔》，诠释了“事业永恒，艺术永恒，青春永恒”这样一个庄严的主题。第二届开幕式文艺晚会被命名为《银河灿烂》，晚会确定的主题思想是：歌颂我国电影艺术的发展与成就，歌颂电影工作者的艰辛与奉献。

总之，在创作一台电视综艺晚会时，编导首先要考虑的是为这台晚会确定一个明确的主题。只有确定了主题，才能考虑整台节目的艺术构思。为什么要特别强调晚会的主题？这主要是因为“鲜明的主题可以把许多零散的节目贯穿起来，就像一根红线把珍珠连成一串那样，使每个节目处在恰当的位置，围绕着一个主题发挥出处于散乱状态时所不能起到的作用，使整个节目产生更强烈的艺术效果……一组好的电视文艺节目不仅需要有一个鲜明的主题，而且这个主题必须是正确、积极、健康、向上的”。①

二、电视综艺晚会的艺术构思

什么是电视综艺晚会的艺术构思？简单来说就是在电视综艺晚会的形成过程中，撰稿人围绕晚会主题进行艺术创作的一系列思维活动的总称。也就是撰稿人在构思电视综艺晚会时对整台节目内容和形式的统筹规划。其基本要求是必须做到“言之有物，言之有序”。“言之有物”是对节目内容的要求，围绕主题，在内容上力求充实，节目要有一定的广度、深度、新鲜度和整体力度。“言之有序”是对节目形式的要求，主要是指电视综艺晚会的框架结构，要在准确、具体、充分表达内容的基础上，力求做到形式多样、组合有致、松弛适度、自然和谐，合乎视听规律，有序地表达内容。

艺术构思贯穿于一台电视综艺晚会的始终，且处于支配地位。这就要求撰稿人制定出合理的节目构思方案。这个方案既是撰稿人思维活动的产物，同时也是晚会创作的依据。电视综艺晚会的艺术构思是一项复杂的创造性思维活动。但对于创作者来说，这一过程是痛并快乐的，因为创意的天空广阔，可以让思维自由翱翔。创作者完全可以依靠自己的知识积累和实践经验，充分发挥想象力，设计出在形式和内容方面都有所突破的构思方案。这实际上是构思主体（撰稿人）能动地驾驭客体（各种类型的节目），经过一系列的构思环节，达到最终目标（完成文学台本）的过程。

三、电视综艺晚会艺术构思的起点

电视综艺晚会艺术构思的起点也就是触发构思的因素和条件。一般来说有两方面，一种是实际的各种材料，一种是来自外界的各种“点子”，如上级下达的最新精神、意图和人们的某些想法、主意、观念等等。这两种因素或条件，只要符合节目创作的需要，并进入构思主体的认识范围，都可能触发构思，成为节

① 陈志昂：《电视文艺的生机与危机》，《中国电视》1995 年第 9 期。

目构思的出发点。

一般来说，电视综艺晚会的总体艺术构思是在创意的指导下进行的，着眼于所选用的主体形象和在艺术风格上的追求。比如，《纪念毛泽东同志诞辰100周年大型文艺晚会——山高水长》的艺术构思是这样的：

晚会在艺术表现上，是象征的、写意的，而不是口号式的图解和写实性的再现，是诗意的概括而不是编年史的排列。

在总的艺术风格的追求和把握上，我们着重注意以下几点：

1. 要有崇高的格调和境界

毛泽东是历史的巨人，用"高山"、"大河"这些天地间最为崇高的形象，作为整台纪念晚会的主体形象，将使之具有崇高的境界和大气磅礴的气势。

毛泽东同时又是人民的领袖，因此，我们总是将领袖和他所代表的人民群众结合在一起加以歌颂，这使晚会崇高的风格显得更加丰富、深厚和多姿多彩。因此，我们较多地采用那些民间的、地方风情很浓郁的作品，如毛泽东同志的故乡——湖南地区的民歌以及他长期战斗和生活的陕北地区的民间歌舞，等等。

2. 要有新意和时代感

为了增加晚会的纪念气氛，所选用的歌曲绝大部分都是广为流传的革命历史歌曲和革命民歌（包括若干首毛主席诗词歌曲），同时，加以富有新意的艺术处理，把今天的现实和革命的历史尽可能和谐地结合起来。

晚会总体上采用音乐舞蹈的形式（自始至终用音乐舞蹈来贯穿）。合唱队尤其是舞蹈队的演出，不仅将上、下篇的节目有机地结合起来，而且使整台晚会看起来像一幅多彩的长卷，不间断地展现在观众的面前。

舞蹈队所表现的不完全是舞蹈，它既可以是"高山"和"大河"的象征性的体现，又可以是舞台背景和历史气氛的某种陪衬、烘托或隔离，更多的则是每个节目所包含的内在意蕴和情感的抒发及展示。它或动或静，或开或合，营造一种现实和历史并存，从今天的时代回顾革命岁月的独特而浓厚的艺术氛围。

与此相适应，晚会舞美的风格也是写意的。舞台画面力求强烈地表现出“高山”和“大河”的意蕴和气势，富有动感和力度。为了在同一画面表现历史和现实的不同时空，舞台将设有不同的表演区。随着灯光（色调、明暗）的变化和转换，整个舞台将成为一幅流动的、富有新意的画卷。

3. 要富有浪漫气息

毛泽东同志既是一位叱咤风云的伟大革命家，同时又是一位富有浪漫诗情的大诗人。因此，富有想象力和浪漫手法，同样也被运用到每个具体节目的处理上。无论是历史的还是现实的，都是象征的诗意的表现，都是历史中的思绪和情感，如同行云流水般地流泻和舒展。尤其是若干首毛主席诗词的艺术处理，更力求调动一切艺术手段，将其固有的革命浪漫主义诗情尽可能充分地表现出来。

浪漫手法不仅要有想象力、要美，而且还要出情。无论是“高山篇”还是“大河篇”，我们都力求要有若干个动情点，尤其是“大河篇”，既要有“不尽长江滚滚来”的气势，又要有“江流曲似九回肠”的柔情。

再如，《纪念抗日战争和反法西斯战争胜利50周年大型文艺晚会——〈光明赞〉》的总体构思：

1. 晚会从表现世界和平民主力量和人类进步事业的高度，将中国抗日战争与世界反法西斯战争有机地结合起来，以大写意的笔触，反映中国抗日战争胜利和世界反法西斯战争胜利的伟大历史意义。

2. 晚会采用“音诗”形式，总标题为《光明赞》，总体结构为“记忆”、“血印”、“丰碑”、“光明”四个乐章。

3. 从表现主题思想的需要出发，晚会选用部分在群众中有广泛影响的抗日歌曲和当代创作的被列为“二十世纪的经典”的舞蹈，并选用世界反法西斯战争时期有代表意义的音乐作品为素材，进行加工、创作，以保证晚会的高品位、高水平，同时力求雅俗共赏。

4.为展示中国抗日战争的宏伟气势，增强纪念气氛，晚会争取了强大的演员阵容，充分调动音乐、舞蹈、杂技、武术、舞美、灯光、音响等艺术表现手段；同时，晚会邀请抗日战争时期的老战士、有代表性的老艺术家、三军仪仗队和百名少先队员联袂登台，并在关键场次的重要部位设置画外音串场和现场朗诵，以深入揭露日本帝国主义的侵略罪行，扩展主题思想的内涵，加强感染力。

针对以上两台综艺晚会的总体艺术构思，我们可以做如下归纳：(1)指明举办这台晚会的意义，这与指导思想相辅相成。(2)确定节目的内容和形式以及在艺术风格上的追求和把握。(3)对灯光、音乐、舞美和主持人的串联要求以及特殊的处理。(4)通过节目的构成、演出的气氛、演员的表演来体现晚会的基调和格调。

四、电视综艺晚会艺术构思的基本环节

电视综艺晚会的艺术构思必须包括以下三个基本环节：收集材料、提炼思想和结构布局。它们既相互渗透、密不可分，又有各自的主攻方向和重点。

节目构思的前两个环节——收集材料和提炼思想，要注意解决节目内容构成及如何提炼主题思想的问题。二者相互依存，彼此制约。这两个环节的完善，一般要反复经历“材料→思想→材料”或“具体→抽象→具体”的过程。即从现有的各种材料中提炼节目主题思想，然后根据表现主题思想的需要，选择、裁剪和安排材料。

收集材料是节目构思的基础环节，它包括三个要点：(1)搜索。这是由构思开始引发收集材料的思维活动，目的在于尽可能地发掘和占有各种有关材料。搜索要遵循一定的基本规律，即一方面尽可能多地占有材料，一方面要善于控制注意力，能够适时集中或中断注意。(2)再认。即对材料进行分析和鉴别，弄清楚材料的本质含义。再认与搜索是一个问题的两个方面，搜索包含再认，再认则不仅是剔除无价值的材料，也为搜索开拓新领域、新途径。只有经过再认的材料，才是构思主体真正想拥有的、能够得心应手运用的材料。(3)整合。即把经过再认的材料，按它们本身固有的联系，组织成有机的材料序列——节目

的具体内容。整合包括局部和整体整合。前者把材料组织成意义完整、具有相对独立性的局部，如一个板块；后者把各个局部组织成整体的晚会节目。它们都有明确的指向性，按照晚会的要求，从特定角度把相关材料组织起来，这是节目的内容丰富而不芜杂、中心突出而不单调的重要保证。经过整合，材料发生了由无序到有序的质变，成为便于视听、易于理解的晚会节目内容。“搜索→再认→整合”的收集材料过程，是一个由少到多，又由多到少，即在尽可能占有材料的基础上精心选取典型材料的过程。

艺术构思的过程看起来似乎非常简单，但要实现它，创作者就必须付出艰辛的劳动。前两个环节所强调的是收集、积累、了解情况的过程，而且这个过程持续时间较长，目的在于产生累计效应，否则很难进行第三步的构思工作。构思过程相对漫长且复杂，要考虑到方方面面，但真正进行创作是很短的，如同写文章，构思很长，落笔很快。为了便于理解，我们以《拥抱太阳——庆祝中国共产党诞辰70周年文艺晚会》为例进行剖析。

五、优秀作品分析

《拥抱太阳》这台文艺晚会的主题是“没有共产党就没有新中国”。主题往往是抽象的概念，要把这个概念性的内涵揭示出来，文艺节目不能用理论的阐述和论证，而需要用具体的形象来体现。一般来说，构思一台综艺晚会首要考虑的是晚会的开头和结尾的安排与设计。针对这台晚会，编导们在进行总体艺术构思时，在开头、中间和结尾分别安排了三个气势和规模较为宏大的节目。放在开头的是大合唱《妈妈教我一支歌》，以此点明主题，而且歌曲被处理成由老、中、青、幼四代人共同演唱，有近200人参加。他们当中既有戎马一生的将军、两鬓斑白的老同志，也有风华正茂的中青年和稚气未脱的孩子。编导这样构思，给节目营造了一种恢宏的气势，艺术地表现了老、中、青、幼四代人对党的赤诚和心意，形象地说明了党的事业英才辈出，后继有人。晚会的中间是由六架三角钢琴演奏的《祖国颂》，给人一种气势宏大、耳目一新的感觉。在乐曲声中，五位扮演领袖人物的演员健步出场，各自朗诵一首凸显人物性格而又寓意深长的诗词，从而进一步把整台晚会的气氛推向高潮。晚会的结尾是一首深情款款的女声独唱《我爱你，七月》，有二十多人参加伴舞。歌声中一面巨大的党旗从台口徐徐落下，充满画面，然后化成一组具有回顾历史、进行总结意味的外景。这样的构思设计都是为了用形象来突出主题，使整台晚会的结尾不仅有一定的气势，又意境深远、寓意无穷，让人浮想联翩。

为了加强观众的参与感，在晚会的中间部分，编导们别出心裁地安排了一段观众竞猜节目，请来几个当年曾在电影中饰演重要角色、如今已长大成人的小演员，让他们在《红星歌》的音乐演奏声中出场，请观众辨认。这种构思不仅调动起观众的兴趣和参与感，而且在竞猜环节中，重放革命电影中的经典画面，使观众潜移默化地受到革命传统的教育，达到寓教于乐的目的，也起到重温历史的作用。

《拥抱太阳》这台综艺晚会是为了纪念中国共产党诞辰70周年而举办的。编导们在进行艺术构思时，要把表现当代中国共产党员的精神风貌放在晚会的重要位置，否则，将会使晚会在内容上脱离现实。而如果是一台纯纪念性的晚会，又会使观众感到无味，流于一般化。为此，编导们组织创作了一组曲艺说唱《群英谱》和小品《母亲的心》等节目，生动地表现出当代优秀共产党员的精神风貌。同时，为了吸引观众的兴趣，编导们在构思时，安排演员们以反串的表演形式进行表演，增强了晚会的趣味性。选用曲艺说唱的表现形式，既有利于颂扬先进的共产党员形象，又能紧扣晚会的主题。

此外，为了突出晚会主题，颂扬党的优良传统和所取得的光辉成就，编导们在晚会中编排了几首专门组织创作的歌曲，于潜移默化中达到寓教于乐的目的。对每首歌的处理不局限于舞台表演，而是巧妙地运用电视手段，插入一些史料性质的画面，充分利用时空交错、虚实结合的手法，将晚会的宣传教育意义用镜头语言展现出来。这样的处理，既增强了歌曲自身的感染力，又扩大了它的深刻内涵，揭示出主题要表现的内容。

从电视综艺晚会的节目构成来看，舞蹈节目是其中不可或缺的。舞蹈不仅能为晚会增加总体的色彩变化，同时也能充分展示出舞蹈艺术美的意蕴。《拥抱太阳》这台晚会中安排了两个舞蹈，群舞《火》和舞剧《红色娘子军》选场。群舞《火》是舞蹈艺术家杨丽萍根据佤族舞蹈《高格龙勐》编创的，它的寓意是用舞蹈形象表现出从星星点点的火种到冉冉燃烧的火苗，直至熊熊燎原的大火的种种意象，艺术性较强。《红色娘子军》是人们比较熟悉的舞剧，晚会选择其中一场载歌载舞的《万泉河水》,配合电影演员祝希娟的解说以及原红色娘子军连老战士的真情告白等,紧扣了晚会的主题。

在构思过程中,编导对主持人的选择和解说词的撰写也应从主题的需要出发。比如,晚会中,田华、秦怡、谢芳、祝希娟、于蓝、孙道临、李雪健等分别在《党的女儿》、《青春之歌》、《红色娘子军》等革命影片中扮演重要角色的老演员亲身讲述了革命故事,打动了在场的每一位观众。这些都是从表现主题思想出发的独特构思。

《拥抱太阳》这台电视综艺晚会是综艺节目中的精品,可学习、借鉴的方面还有很多。这一部分我们只探讨综艺晚会文学台本的主题和围绕主题对素材的筛选与使用,即艺术构思方面的问题,其他方面我们将在后面的章节中进一步分析和研究。

六、小结

通过对《拥抱太阳》这台电视综艺晚会的分析,有两点内容值得注意:

1. 编导在进行电视综艺晚会的艺术构思时,要注意体现晚会整体形象的魅力和价值。构成晚会的节目必须符合双重标准:一是要把握有机整体性;二是要显示出节目独特的风采。所谓有机整体性,是指节目不但在风格和样式上要与整台晚会相协调,在内容上也要为塑造晚会的整体形象服务。所谓节目的独特风采,则是要求它的内容与形式相统一,并以其新鲜、活泼的特点确立自身的艺术价值。由此可以说,构成电视综艺晚会的每一个节目都应该是经过认真策划和筛选的,不但形式要新颖,节目内容更应该丰富多彩和别具风韵。而晚会的整体形象设计和独特的意蕴与开掘,则有赖于编导精心的策划和巧妙的构思。要时刻谨记紧扣整台晚会的主题。

2. 撰写电视综艺晚会的文学台本要注意以下几点:首先要写清楚创作这台综艺晚会的指导思想是什么;其次要写清楚晚会的艺术构思是什么,包括晚会的基调或格调、艺术风格及美学上的追求;再者要以概括、简明的文字撰写晚会所采用的结构形式和内容,这部分文字是电视综艺晚会文学台本的前言或者叫概说,起提纲挈领的作用。

第二节　确定晚会基调和设计节目

一、确定晚会基调的意义与原则

电视综艺晚会的基调是由整台节目的总体设计、布局、风格、环境气氛及节奏所决定的，它受到主题的制约。春节是中华民族一年一度团聚欢乐的日子。中央电视台的春节联欢晚会将“团结、欢乐、向上”作为基调，正是因为春节联欢晚会已不单单是一台艺术性晚会，而是集政治性、思想性、艺术性于一体的，面向全国、全世界的大型文艺晚会。它的总体设计要充分体现出“团结、欢乐、向上”的主题内涵。

文化部举办的春节晚会，定位不同于中央电视台的春节联欢晚会，而是为了“展现改革开放以来，我国文化战线百花齐放、异彩纷呈的繁荣景象和新秀辈出、人才济济的生动局面”。因此，晚会是在浓郁的节日气氛中以“生动活泼、赏心悦目、欢娱明快”作为基调，在格调上力求做到“雅俗共赏、多姿多彩”，在大年初一晚上的喜庆气氛中展示给观众，以此突出文化部春节电视晚会的风格与特色。

除了像春节联欢晚会这样的大型文艺晚会之外，其他类型的文艺晚会又该怎样确定基调呢？比如，7 月 1 日是党的生日，庆祝“七一”的文艺晚会，不可避免地会带有浓厚的政治色彩，那么晚会又该如何来确定基调呢？“一般地说，以政治为主题的文艺晚会，是不容易搞好的，在形式上容易落入旧套套，内容上容易搞成生硬的说教，使晚会严肃有余，活泼不足，很难引起观众的热烈反响。”① 而电视综艺晚会《拥抱太阳》却在观众中引起了强烈的反响，受到普遍的好评，这是很不容易的。除了编导和撰稿人在策划节目时采用立意新颖、构思巧妙的艺术技巧外，与晚会整体节目基调的确定有密不可分的联系。

---

① 周金华：《发挥电视优势 高唱党的颂歌——评〈拥抱太阳〉庆祝“七一”文艺晚会》，《中国广播电视学刊》1991 年第 5 期。

中央电视台文艺部在录制这台大型文艺晚会时是如何确定节目基调的呢?据说,中央电视台文艺部“七一”剧组成立之初面临的形势是非常严峻的。当时,总政治部和文化部在“七一”也将分别推出一台大型文艺晚会。他们筹备的时间不仅比中央电视台长,而且投入的资金雄厚,参加的创作人员众多,还拥有专业的文艺团体作为后盾。当时这两台晚会已基本形成总的框架和文学脚本,而且也将在中央电视台录像播出。这样无形之中给中央电视台文艺部带来了一定的挑战与竞争压力。面对这种情况,文艺部编导组进行反复的分析论证,得出了这样的结论:“我们这台晚会一定要突出电视文艺特点,发挥电视手段的优势。要掌握观众的心理,吸引观众,寓教于乐,将歌颂党这一严肃的主题尽可能用看似平淡无奇的老百姓关心的人和事、实际上蕴含着深刻思想内容的人和事串联起来。于平凡中见伟大,以真情打动人心。在全部节目的设置中渗透党的三大法宝,处处展示出党 70 年来走过的光辉历程,深入浅出地向观众阐明‘没有共产党就没有新中国’这一真理。为此给这台晚会确定了‘庄重、亲切、感人’的基调。”①

《拥抱太阳》这台大型文艺晚会之所以取得成功,是因为它拨动了观众的心弦,引起了他们情感上的共鸣,产生了强烈的反响。此外,这台文艺晚会的基调虽然有“庄严”的一面,但编导们采用了多种艺术手法,使整台晚会既气势恢宏而又格调高雅,特别强调了“亲切、感人”的一面,达到了“老幼咸宜、雅俗共赏,让不同年龄、不同文化水平、不同阶层的观众都喜欢看,受感动、得教益”的目的。这台文艺晚会的成功也说明,政治性强、基调庄严的晚会,虽然难搞,但编导们只要以强烈的责任感,全身心地投入艺术创作,充分把握观众的审美心理,选择准确的基调,就会得到广大观众的热情回报。

以上列举的都是中央级的电视综艺晚会的创作,那么,地方电视台举办的综艺晚会又该如何确定基调呢?地方电视台举办的电视综艺晚会所确定的基调应该带有地方的色彩,突出本地的特色,有地方风味。有一点是很重要的,剧组在研究晚会主题时,既要把晚会放到全国大环境上去立意深化,又要放到本地具有特色的背景上去开拓创新。确定电视综艺晚会基调总的要求是给人以

---

① 沈纪主编:《电视文艺论集》,人民出版社 1993 年版,第 223 页。

激励，用美的韵律去陶冶人们的情操。而基调的体现主要是通过整台节目的构成、现场气氛的渲染和演员们的表演来实现的，因此涉及晚会对节目以及演员的选择问题。

邓在军导演说："一台成功的晚会，离不开给予人们以深刻印象的过硬节目。如果我们把美好的晚会形容为一串珍珠项链，那么，晚会的每一个节目就应是一粒粒晶莹夺目的珍珠。近年来，人们反映晚会难办，主要是'明珠难觅'。但是'功夫不负苦心人'，关键还在于编导人员需有足够的时间调查研究，深入发掘，组织创作，尽量避免'临渴掘井'。千万不能凑合，凑合是出不了精品的……有了好节目，还要有好演员。晚会的质量，在很大程度上决定于演员的功底。这就要求编导在挑选演员上下工夫，不只是看到知名度高的'明星'，还要用慧眼发现人才，推出新秀。在选择演员的问题上，不能搞'关系学'，不能迁就照顾。"①

二、节目的类型

电视综艺晚会中有三种类型的节目：一类属于文艺范畴的节目；一类属于混合搭配型的节目；一类属于非文艺性的节目。这些节目经过编导们的巧妙安排，组成多姿多彩的电视综艺晚会。

(一)文艺类节目

音乐——歌曲、器乐曲、音乐电视等。

戏曲——京剧、评剧、越剧、豫剧、晋剧等。

曲艺——相声、快板、评弹、双簧等。

戏剧——小品、短剧、名剧片段等。

舞蹈——古典舞、芭蕾舞、民族舞、现代舞等。

文学——朗诵诗、散文、小说等。

魔术——古典戏法、魔术、木偶戏等。

---

① 林强编：《邓在军电视艺术》，华文出版社1993年版，第153页。

杂技——马戏、杂技等。

(二)混合搭配类节目

混合搭配简称为“混搭”。“‘混搭’一词原本属于网络专业用语(意思是:整合网络上多个资料来源或动能,以创造新服务的网络应用程式)。因其具备能够将不同风格、不同材质、不同身份的东西依据个人口味拼接在一起,从而混合搭配出完全个人化风格的功能,不仅频现于各种报刊、视媒,且逐渐被广泛地运用于各行各业。‘混搭’现象无疑是文化界的时尚,却并非新生事物。”[①]中央电视台早在上个世纪就有混搭类节目。

1. 同类的混搭组合

例如,戏曲节目中各个剧种(如评剧、京剧、豫剧、越剧、黄梅戏等)的组合,如戏曲小品《拷红》;流派的混搭,如由马派、高派、言派、余派四大名家演出的联唱选段《劝千岁》;不同剧种的人物组合,如由越剧人物“小白菜”、川剧人物凤姐、黄梅戏人物严凤英、京剧人物徐九经联袂演出的戏曲节目《庙会风光》等。

2. 非同类的混搭组合

比如,音乐舞蹈节目中有不同演奏乐器与不同舞蹈的组合。此外,歌曲联唱与武术、舞蹈组合,时装表演与舞蹈组合,歌曲、小提琴演奏、时装表演的组合,书法与戏曲绝活组合,书法与舞蹈组合等也属于此类。上个世纪末又出现了主持人与小品演员组合演出的节目(如《昨天、今天、明天》),开启了小品表演艺术的新领域。

(三)非文艺类节目

这类节目不属于文艺作品范畴,但能穿插在电视综艺晚会中使用,如武术、游戏、球赛、猜谜、气功、婚礼、速算、表演、时装表演、记忆表演、抽奖、采访等。选择这类节目一定要注意把握节目的独特性,即所谓的“绝活”,具有新奇的特色和可视性的表现,而不是一般化的内容。非文艺类节目往往能增加晚会的趣

---

① 《中国电视》2010年第4期,第6页。

味性，扩大观众欣赏的视野，传播一定的信息和知识。

三、节目的设计

以上仅仅是从类型上对节目进行划分，而对于一台电视综艺晚会来说，其内部节目如何选择和搭配还是大有学问的，应由晚会的主题决定，而不能随意拼凑、任意安排。

原中央电视台文艺中心主任邹友开在谈到春节联欢晚会的节目时曾说："如何在四个多小时的春节晚会中始终抓到情绪，增加观众的参与感、现场感，并使整台晚会充满节日的欢乐气氛是十分重要的课题。作为晚会编导应该深入研究节目构成及其特征，了解什么类型的节目受观众欢迎，什么节目符合晚会本身的规律。"①在设计节目时，他认为，"开头节目对春节晚会至关重要。这是整个晚会中的第一关。假如第一关没过好，抓不住观众，就像自行车上坡一样，要想站住，甚至再往上爬，就要花很大的气力。开头节目要具有点题、欢快、民族性和新鲜感的特点，它们是相互联系的。如果没有编导从音乐到画面、从内容到形式进行精心设计，开头节目就很难成为一个有机的整体"。②

电视综艺晚会的节目设计也要遵循写作文章的"豹头、熊腰、凤尾"的原则。焦菊隐先生说："写古文，写小说，写弹词和戏曲，都是这样。这是从我国传统文学作品中总结出来的一个总的写作规律；同时也说明，这个规律的形成，也是由于广大群众的欣赏习惯提出了这种要求。"③"豹有特殊的性格，它在野兽当中总是独来独往的，尤其喜欢单独埋伏在草丛里，出其不意地扑向目的物。豹头的花斑成彩很漂亮，瞳孔能随着光线收放，目光炯炯；猛一下子冲出来，确是很惊人的。豹的动作灵活，变化多端，用它来形容某人突然发迹就称之为'豹变'；六韬中的'豹韬'，讲的也是变化多端的战术。"④

这一原则同样也适用于电视综艺晚会节目开头的设计。这里我们提炼出以下几点：

①② 洪民生主编：《追忆》，中国国际广播出版社 1990 年版，第 18 页。

③④ 焦菊隐：《焦菊隐戏剧论文集》，上海文艺出版社 1979 年版，第 281 页。

1. 独特性

每台晚会的开头都要有独特性，绝不能雷同，使人感觉老节目重播。

2. 要漂亮

任何综艺晚会的开头都要设计得漂亮，只有漂亮才能产生悦目的美感，吸引观众收看，使之不忍离去。

3. 要惊人

所谓惊人，是指让观众意想不到，有惊人之笔。

4. 多变化

运用现代化的电视设备，把晚会的开头处理得变幻无穷。

以上这些手段都是为了吸引观众继续收看的兴趣。

晚会的开头节目对于整台晚会来说至关重要，同样，结尾也不可等闲视之。邹友开说："晚会结尾节目要有一定的深度，一定的气势，要给观众留下美好的回忆。"

结尾节目有如"凤尾"。凤尾是少数修长和漂亮的羽毛，把周身的斑彩衬托得更加美丽。晚会的收尾不能像豹尾那样，虽然有力但是下垂的，而要像凤尾那样挺拔、毫不吃力地扬起，与开头节目遥相呼应，形成高潮。结尾要求像"凤尾"，并不是为了花哨，而是意味着一个出人意料的独特手法的收尾。

开头、结尾节目设计好，其余就是中间的部分。这部分节目要扎实、丰富，饱满得像粗壮有力的熊腰一样，在节目安排上有如"连环套"一环套一环地往下进行。一台电视综艺晚会的节目设计，应从观众的喜好出发。选择晚会歌曲时，应涵盖范围广泛，要把握好健康、向上的基调，在保持民族风格的前提下，提倡风格的多样化；还要根据晚会的要求，多选择一些短小精悍、节奏明快、热烈火爆、旋律优美的歌曲。

舞蹈节目在晚会中也很重要。通常来说，舞蹈艺术具有以下功能：(1)认识功能。舞蹈艺术可以反映社会的心理特征、精神风貌以及社会的各个侧面。(2)审美功能。舞蹈的节奏、表现和构图能给观众带来美感，使人们获得身心愉悦。但是，舞蹈的审美功能并不是孤立的存在，而是结合着一种动机，或是一种情感去为某种目的服务。因此，舞蹈的审美功能，往往不是和娱乐功能结合在一起便是和教育功能结合在一起的。(3)教育功能。舞蹈的教育功能是舞蹈的意义所在。通过舞蹈的审美教育，在道德品质和思想情操上给人以影响。但它又不是通过某种抽象的道德原则进行说教，而是把道德准则通过审美功能体现出来，使人从情感上受到感染，发自内心地体验到这一原则的崇高性，把它变为自己内在的心理欲求。舞蹈的这三种功能，体现为真、善、美这三方面的作用。认知功能是真，教育功能是善，审美功能是美。但三者并不是孤立存在，而是互相联系、辩证统一。通常的情况下，舞蹈艺术总是作为真、善、美的统一整体来对人和社会发生作用。通对舞蹈节目，构成有美感的形象，供观众欣赏。[①]

在综艺晚会上演出的小品与相声往往能受到观众的热烈欢迎，激发观众的收视兴趣，调动起欢快的情绪，起到调节气氛、控制节奏的作用。因此，编导应对晚会中的相声、小品节目特别重视，花较大的力气组织创作。

在《电视文艺词典》中对小品的解释为“电视小品是具有鲜明艺术特征的电视剧艺术样式”。

首先，它贵在小上，以小取胜，在小而精致的基础上创造独特的审美意境。在内容上通过两三个人物和四五个场景，表现一种意念。构成短小隽永，又幽默风趣，且富有哲理性，以期引起观众对生活的回味和思考。

其次，题材非常广泛，它可以触及人类社会生活的各个角落，尤其适宜于迅速反映社会现实生活。在这个伟大变革的时代里，新人、新事、新风貌不断涌现，新矛盾、新困难、新问题也不断发生。因此，运用电视小品这种独特的艺术形式，充分发挥它题材广泛、制作迅速、短小精悍的艺术特征，能够和人们的现实生活发生紧密的联系。艺术创作本身就是一种发现，电视小品尤其需要艺术家以敏锐的目光发现社会问题，透过平凡的日常生活表现，揭示蕴含在其中的深刻哲理，开掘生活的真、善、美的底蕴，针砭时弊的假、恶、丑的本质，然后经过奇巧的艺术构思，熔铸成鲜明的艺术，借以形象地展现社会生活的主流方向。

再次，情节凝练，诗意盎然。因为电视小品的篇幅短小，所以不可能有充裕的时间构思曲折的故事、生动的情节、丰富的内容、丰满的形象，所以它要求情

---

① 参见王向峰主编:《文艺美学词典》,辽宁大学出版社1989年版。

节的高度凝练和集中，要求揭示生活中蕴含的优美和诗意。“电视小品正因为其短小精悍，更应从平凡的生活中努力完成艺术的发展和酿制，并创造出诗一样的意境和氛围，让观众在动情之中受到感染和教益。”①

电视综艺晚会中除了小品，我们在前面提到的还有相声节目。1983 年的中央电视台春节联欢晚会上演出的相声有《山村小景》、《木偶戏》、《说一不二》、《走错这一步》、《对口词》、《战士之歌》、《讲礼节》、《方言》、《猜谜语》、《串调》等 10 个之多。之后每年的春节联欢晚会都会有一定的相声比例。近几年来，相声创作很不景气，但仍是综艺晚会中不可或缺的保留节目，例如 2010 年的春节联欢晚会上演出了相声《大话捧逗》等，可见相声节目在综艺晚会中的重要地位。

除了上面提到的歌舞、小品、相声之外，还有戏曲、曲艺、杂技、诗朗诵、魔术等艺术形式，也是构成综艺晚会的重要部分，根据整台晚会的主题和基调进行设计和搭配，以达到吸引观众的目的。

根据晚会的主题需要，还应该选择一些非文艺性的内容或话题，以扩展晚会的信息量，满足观众的好奇感，如吉尼斯世界之最的“呼啦圈”表演、纪实节目《全家福》、采访海外游子等。非文艺性的节目要注意选择那些有一定新鲜感的题目融入晚会中，使观众能够获得知识。同样，具有一定社会意义的题材也是综艺晚会所需要的。比如，1995 年的中央电视台春节联欢晚会上有一个节目叫《看看母亲河》，这个节目是由 99 瓶黄河流域的水样排列在一起蜿蜒而下，主持人倪萍让来自黄河源头和入海口的两名黄河儿女紧握双手，又将一瓶黄河水样交给来自台湾的年轻人，请他带给宝岛上的同胞们。采集黄河水样的人与台湾青年学生之间的亲切对话，形成了一幅感人至深的画面。

以上不同类型、不同形式的节目，组合之后形成晚会的“熊腰”，每个节目都在不同程度地为晚会增加气氛，加上演员们的多姿多彩的表演，使晚会所确定的基调得到充分体现。

在撰写电视综艺晚会文学台本时有两点值得注意：

1. 重新加工或包装

晚会所选择的节目应根据电视的要求，重新进行加工或包装，要在不损害

① 《电视艺术词典》，学苑出版社 1993 年版。

原作的基础上，以新的面貌呈现在荧屏上。比如，俞丽拿演奏的小提琴曲《梁祝》早在上个世纪 60 年代就已广为流传广，令人百听不厌。80 年代，著名词作家阎肃又为这首小提琴曲填词，创作了歌曲《化蝶》，由彭丽媛演唱。这两个节目都是荧屏上展示过的节目。那么，创意人和编导是如何把它们进行重新包装和组合的呢？著名策划撰稿人韩伟说："中央电视台 35 周年台庆晚会上有一个节目，是由俞丽拿演奏的小提琴曲《梁祝》……邀请竖琴伴奏，又加上彭丽媛的独唱《化蝶》，这时场面仍然不够饱满，所以又加上了时装表演，而且不是一般的时装表演，是著名设计师刘洋专为这个节目设计的'蝴蝶系列'时装。这样，这个节目不再是简单地演奏一支名曲，而是充分渗透了编导意识之后一个崭新的电视文艺节目。"

乐曲演奏如果只有一个人在舞台上表演，画面肯定单薄。在 1995 年文化部春节文艺晚会上，有一个节目是青年二胡演奏家宋飞独奏的名曲《二泉映月》，编导根据这首曲子，组织创作了双人芭蕾舞。男女演员在皓月当空的背景下，伴随着二胡曲情真意切地舞蹈，传统的二胡曲与可视形象的舞蹈相结合，使画面的内涵更加饱满。这是编导对现成节目重新包装后形成的新节目。这种重新组合与包装不仅涉及传统戏曲、怀旧民歌、外国名曲等，包装的手段也不仅限于乐器的搭配或者舞蹈的阐释，也可以用服装、布景、插播资料等予以补充。其最主要的目的是对主题立意起补充和完善的作用。包装要巧妙，不要画蛇添足，使节目变得不伦不类。

2. 重视动情节目

动情节目一般是指在晚会中，根据主题的需要，能引起观众情感共鸣的节目。它往往以当今人们普遍关心的人或事作为切入点，内容一定要真实，要用真情打动观众或引起情感的共鸣，只有这样才能称得上是动情节目。

关于晚会的基调，除了节目的选择外，还有灯光的设计、舞美艺术的营造、摄像的处理、特技的运用等文学台本以外的内容。

第三节　电视综艺节目的结构类型

一台综艺晚会，有了主题思想这个坐标，确定了晚会的基调，编导们就要考虑如何把不同内容和形式的节目组合成一个完美的有机整体，也就是晚会的结构问题电视综艺节目的结构主要涉及以下几种类型。

一、串联结构

编导在构思综艺晚会内容时，选择好一个个较为理想的节目也就等于挑选到一颗颗珍珠，这些珍珠就其自身来说是个体的形态。把这些个体形态的珍珠联结在一起，必须用一条线把它们穿起来，这条线通常称为“串联”。经过串联之后，像珍珠一样光彩照人的个体节目，才能从无序状态到有序状态，此时，各个节目会产生质的飞跃和新的价值。节目如果串联得好，可以增强整台晚会的整体感、节奏感、思想性和趣味性。一般来说，串联主要有渲染主题、承上启下、活跃气氛等方面的作用。这种串联结构特别值得注意的是要设置悬念。富有悬念的串联结构，可以起到吸引和延续观众注意力的作用。

串联结构的晚会要不断地设置悬念，将观众感兴趣的节目、演员或其他元素进行组合，达到点题、衔接、活跃气氛等目的。这种串联结构的晚会常常用于现场直播，它能增强晚会的整体性效应，有一气呵成的感觉。

二、段落组合结构

段落组合结构是将一台电视综艺晚会分为几个段落，将这些段落按照晚会的主题思想进行划分、组合，共同用于突出晚会的主题。而且每个段落又都有自己的明确立意。

比如，1994 年文化部春节晚会《五彩路》就是采用段落组合的结构形式。这台晚会被分为“新春的祝福”、“欣慰的记忆”、“灿烂的星座”、“美好的展望”四个段落。“新春的祝福”这个段落像是交响乐的“序曲”、文章的第一段，以“明星大拜年”为由头，唱出春节来临，一年复始、万象更新的喜庆景象。之后紧接着引出点题的主题歌《五彩路》。这一段落紧扣主题，统领整台晚会的灵魂，短小精悍、开门见山，有“启”的用意。

点题之后，紧接着进入第二段落。主持人以幽默的串联词引出段落标题“欣慰的记忆”。这个段落有承上启下的作用，主要是回顾过去，重新包装再现，如传统优秀歌曲联唱、小提琴曲联奏、重新包装的小品《寻找白娘子》、不同剧种的《白蛇传》精彩唱段联唱、少数民族歌曲联唱《欢乐的神州》等等。这一段落以独唱歌曲《永恒的瞬间》作为结束。

紧接着推出第三段落“灿烂的星座”。这个段落有起承转合的意味，进一步展开立意所要表现的内容，展示文化艺术战线上艺术家们所取得的成就和明星们的风采。如在国际声乐大赛中获奖的演员（幺红、杜吉刚、郑咏、袁晨野、赵登丰等）、文化部“文华奖”获奖者（张智、袁晓红、梅兰芳等）、歌唱大赛中的获奖演员（白雪、梅华、崔京浩等），以及一些知名度很高的影视界、戏曲界、音乐界的名角儿，还有一些很有前途的新人等。老、中、青、少四代欢聚一堂，构成了欢歌笑语的喜人场面。这些演员分别演出了不同的文艺节目，以不同的面貌在观众面前亮相，渲染了晚会的主题。

第四段落“美好的展望”是整台晚会中的收尾部分，它着意于表现主题和立意。“五彩路”是改革开放的路，“路的开拓者是值得赞颂的”，因为“他把希望留给了后人”。在这个段落中，歌坛新秀吉玲洁从“五彩路”上走来，她引吭高歌一首《春讯》，歌颂邓小平同志南行重要讲话给祖国改革开放带来的艳阳春光。台湾著名词作家庄奴先生为本台晚会创作的歌曲《拥抱生命》，表达出海峡两岸同胞对伟大的祖国母亲共有的情感。小品《呼唤》和独唱《浮动的深情》则表达了山区儿童对教育的渴望。最后，独唱《希望的星》再度表达对改革开放总设计师邓小平的赞颂：“为的是富饶大地造福百姓，为的是富国强民繁荣昌盛，蘸心血绘出蓝图，用心灵耕耘播种。”段落随之结束。

尾声歌舞《如意在新春》与序曲《明星大拜年》相呼应，歌词中的“头一场东南风，刮来了又一春”是双关语，邓小平同志南行讲话，可以说改革开放的春风从祖国的东南沿海吹向神州大地，如今又迎来了一个新的春天。

三、篇章组合结构

篇章结构是由“章”或“篇”单独构成的，才有“积章成篇”的结构形式。何为乐章？“乐竟为章”，就是乐曲告一段落谓之一章。为了纪念抗日战争和世界反法西斯战争胜利 50 周年，由中宣部、文化部、原广播电影电视部、中国人民解放军总政治部和北京市人民政府联合举办了大型文艺晚会音诗《光明赞》。该晚会由“记忆”、“血印”、“丰碑”、“光明”四个乐章和一个“序幕”构成。晚会以弘扬爱国主义精神为主旋律，深刻地揭示出中国人民抗日战争的胜利是和平民主力量的胜利，是人类进步事业的胜利，充分揭露日本帝国主义的侵略罪行，展示中国抗日战争是世界反法西斯战争不可分割的重要组成部分，鼓舞人民群众为建设有中国特色的社会主义事业而奋斗，展现民族的凝聚力和振奋的民族精神。

除了以“章”的形式进行结构外，还有以“篇”的形式进行结构的。比如，由文化部、总政治部、北京市人民政府、原广电部、中国文联合作推出的纪念毛泽东同志诞辰 100 周年大型文艺晚会《山高水长》就是其中一例。整台晚会由“序”、“高山篇”、“大河篇”、“尾声”四部分组成，诗意地表现一代伟人从韶山诞生，开始他那波澜壮阔的一生。

由章和篇组成、“积章成篇”的晚会，当属 1995 年文化部春节文艺晚会《辉煌》最为突出。这台文艺晚会由“序”、“迎春篇”、“星光篇”、“华彩篇”、“祝愿篇”组成。每篇又包含若干章。比如，第一篇“迎春篇”中就有“迎春”、“庆春”、“颂春”三章，分别由舞蹈及女声独唱等节目形式组成。第二篇“星光篇”包括“文华荟萃(一)、(二)”两章，由“戏曲清唱”、“杂技集锦”、“歌剧之光”等组成；第三章“华彩篇”由“配乐朗诵”、“情系中华”、“希望的蓓蕾”组成。歌舞《木棉恋》作为晚会的尾声。

通过以上例子我们可以看出，篇章结构的特点是篇中包括章。而章是由相对独立的内容组成的，各篇之间不存在必然的逻辑关系。由章组成篇正是篇章结构的特点。

四、编年史诗结构

编年史诗结构，常用于大型周年纪念性活动的综艺晚会。比如，民政部和总政治部在1993年春节到来之前举办了一台《正月里来唱新春》的大型文艺晚会，目的是纪念延安开展"双拥"运动50周年。这台晚会采用的就是编年史诗结构。从1943年1月党中央倡导"拥军优属、拥政爱民"运动以来，到1993年，历经半个世纪的"双拥"运动中曾出现了许多动人的事迹。为了更好地突出主题，晚会的编导们选择以编年史诗结构，将晚会的节目分成"辞旧岁"和"迎新春"两个部分，做了整体性的安排。

这台晚会以舞蹈《咱们的大秧歌》和联唱《正月里来唱新歌》，叠入领导的祝贺词作为开场，拉开晚会的序幕。"辞旧岁"部分主要分为两个时期，第一个时期是从工农红军北上抗日到新中国成立前，第二个时期是从新中国成立到改革开放迎接新曙光结束。晚会按照时间顺序选择最有代表性的表现军民关系的歌舞和戏曲节目，如《送红军》、《纺车谣》、《军民鱼水情》和《大车轮》等。第二个时期主要以歌曲、舞蹈、小品、杂技等艺术形式，多角度、全方位地表现战士保卫祖国、参加和平时期建设的光辉事迹。既有描述军人与亲属情感的小品《小站》和歌曲《共同拥有》，又有表现军人为地方建设贡献力量的舞蹈，最后以歌舞《风帆·太阳》结束，展示出时代在召唤和对未来充满希望的军人情怀。

"迎新春"部分也是按照时间顺序，将不同历史时期的拥军歌曲串联演唱，起到点题的作用。如电影《红色娘子军》中的《拥军歌》、《采茶歌》、《红星歌》等土地革命时期的歌曲，《二月里来》、《军队和老百姓》、《大红枣》等抗日时期的歌曲，《解放军你停一停》、《心中的歌儿献给解放军》、《骏马奔驰保边疆》、《边疆泉水清又清》等新中国成立后流行的拥军歌曲。所选择的歌曲考虑到民族性，特别是边疆少数民族的拥军歌曲更有代表性。

整台晚会的终曲是军旅歌手彭丽媛演唱的《父老乡亲》。

五、多元综合结构

多元综合结构是指整台综艺晚会是由多种结构形式综合在一起的。它要比其他结构形式复杂得多，涉及各个方面。大型文艺晚会《拥抱太阳》采用的就是这种结构形式。

(一)从整台晚会的结构上看有两种表现形式

1. 整台晚会由四个板块组成。在节目开头、中间和结尾反复出现一幅象征性的画面：一大群少年儿童手牵着五彩气球，在蓝天白云的映衬下，欢呼着奔跑而来，金色太阳冉冉升起，叠印在画面上，营造万众欢呼、走向未来、奔向光明的景象。伴随这幅画面的反复出现，大屏幕上依次打出“拥抱太阳”，“只为人民谋幸福”，“没有共产党就没有新中国”，“英特纳雄奈尔就一定要实现”的标题，用这四个不同的标题间隔出不同的内容段落。

2. 在四个板块中分别展开时间线性叙述。具体表现在两个方面：一是担任主持人的老一辈和年青一代的艺术家(包括田华、李秀明、郭兰英、谢芳、祝希娟、秦怡、李羚、李雪健等)，各自结合自己的人生感悟和艺术实践，讲述在党的培养教育下成长的历史；二是晚会中表演的文艺节目也是按照历史发展进程编排的。编导们选择了经典影片中的片段、戏剧小品、歌曲、舞蹈、评弹、京韵大鼓、群口快板、山东快书、歌曲联唱、钢琴演奏等观众喜闻乐见的艺术形式，表现各个历史时期英雄人物的事迹。

(二)从单个的具体节目来看又表现出两种形式

1. 主持人的叙述和演员表演节目的过程中融入多时空的镜头资料，构成了一种“套层”结构。比如，当电影演员孙道临介绍著名科学家钱学森毅然举家归国，为我国的火箭导弹技术、航天事业和系统工程理论作出卓越的贡献时，屏幕上出现了故事片《李四光》的镜头。当著名歌唱家彭丽媛深情地演唱《父老乡亲》这首歌的时候，屏幕上出现了毛泽东、周恩来、朱德、刘少奇等老一辈革命家同人民群众一起劳动，一起唠家常的生动画面。而在尾声歌曲《我爱你，七月》中，编导们又将一组与歌曲相匹配的镜头画面融入歌曲之中。当唱到“共和国的丰碑上刻着昨天的壮烈”这句歌词时，荧屏上出现了母亲给孩子讲述纪念碑上浮雕的故事、威武雄壮的天安门国旗班行进队列的画面；当唱到“啊！丰硕的七月，几代人为你挥洒汗血”时，屏幕上又出现了一系列党的历史上有代表性的镜头画面。歌曲是对整台晚会的总结，而镜头画面则是一部浓缩的党的历史。歌曲与画面相互补充，相得益彰。

2. 在节目内进行画面叠加。与“套层”结构的不同之处是，它的出现并不是为了烘托歌词内涵、增强节目的厚度和深度，而是直接用于表现画面内容。比如，晚会中，电影演员祝希娟亲身讲述了拍摄电影《红色娘子军》的感受，接着她又介绍了影片主人公吴琼花的原型人物王实湘，引出两个人的对话场面，不同时空的画面相叠加，却并不感到突兀，反而让观众觉得节目亲切、耐看、感人。

由此可见，大型文艺晚会《拥抱太阳》是由块状、线形、套层、画面叠加等结构融合在一起，形成了一种新的多元综合结构。

六、散点式结构

这种结构多用于标题性的电视综艺节目。所谓散点，是指节目不集中在同一个舞台或演播室内演出。节目安排从主题的需要出发，选择不同的演出场所。比较典型的是欢庆中华人民共和国成立 40 周年大型电视文艺节目《我爱你，中国》。

这台节目共分为四个部分。第一部分是序，以童声领唱、合唱《国歌》开篇。第二部分以天安门广场上表演的“威风锣鼓”开始，营造一种恢宏的气势和欢庆的气氛。第二个节目《蝶恋花——我失骄杨君失柳》，在革命烈士纪念碑前演唱，以此缅怀革命先烈。第三个节目《重整河山待后生》，在圆明园的遗址断壁残垣前演唱，警醒世人勿忘国耻。第四个节目《走过，我们一同走过》，在天安门广场南侧的大型立体雕塑前演唱，揭示要继续革命、建设、开拓。第五个节目《想起了周总理纺线线》，在天安门城楼的一侧演唱，颂扬周总理艰苦奋斗的革命精神。第六个节目京剧舞蹈《群英谱》，在劳动人民文化宫太庙前的广场上表演，借以回顾历史上的英雄人物。第二部分也到此结束。第三部分的第一个节目是女声独唱《今天是你的生日，我的中国》，在天安门城楼上演唱。第二个节目大型交响乐演奏《黄河狂想曲》，在天坛祈年殿前演奏。第三个节目吉他弹唱《风雨同舟》，在颐和园石舫上演唱。第四个节目现代舞《我们走在大路上》，在新建的立交桥上表演。第五个节目童声合唱《听妈妈讲那过去的事情》和第六个节目《春之声圆舞曲》都在"灰姑娘"城堡前表演。第四部分中的第一个节目女声独唱《海》,在古天文台上表演。第二个节目合唱《中国人》,在人民大会堂前广场上表演。第三个节目女声小合唱《枫叶红,菊花黄》,在香山植物园表演。第四个节目舞蹈《烛光舞》,在天坛公园寰丘上表演。第五个节目散文诗朗诵《我心中的中国》,在天安门观礼台一角上演。第六个节目大合唱《我爱你,中国》,在天安门前广场上表演。

全部节目共有19个。这些节目并不是随意编排的,而是始终贯穿着一条主线,那就是《我爱你,中国》的主题思想。在结构上,整台节目很像一篇散文,然而形散而神不散,每个节目都是为了突出主题服务的。演出地点也各不相同。这种散点式结构的突出优点是能展示出广阔的空间,而且节目内容与场景相融合,达到情景交融的艺术效果。

七、平行并进结构

这种结构形式主要适用于设立主会场和分会场演出的晚会,观众可以同时看到不同演区的演出情况。那么,在文学台本的结构安排上就要有设计,哪些内容放在主会场,哪些内容放在分会场,主会场与分会场之间用什么样的方式进行连接,这些都需要认真考虑。这种同时表现两个或两个以上会场演出的情况,在文学台本中以平行并进的结构为好。而这种平行并进的晚会结构形式,与电影艺术中的平行蒙太奇非常相似。

有的晚会设立分会场,采用的是先录制的方法,在播出时插入主会场演出中间;有的则是主会场、分会场演出同时进行。这种结构形式的优点是能使观众在屏幕上观赏到不同演出现场的精彩节目。中央电视台及各省级电视台都曾有过这种节目结构设计。"80年代的第一春,邓在军又与黄一鹤、杨洁等同志,在上海、杭州、广州、黑龙江等地分别编导、录制合成一台春节联欢晚会,得到人们的一致好评,并逐渐发展、演变为今天春节晚会这样茶座式的基本格局。"[①]1995年,北京电视台在春节期间制作了一台晚会,采用的是演播室与农

① 林强编:《邓在军电视艺术》,华文出版社1993年版,第39页。

家四合院同时进行演出的形式。编导们将演播室称为“大舞台”，把农家四合院称为“小天地”。“大舞台”与“小天地”各有一套节目和两位主持人，各演各自的节目，主持人都夸赞自己的节目好，形成了一种打擂台的架势。晚会在喜庆祥和的气氛中被推向高潮。

八、篇章板块结构

1997 年的文化部春节晚会《七彩虹》由“梅——春满九州”、“兰——群芳竞妍”、“竹——华夏风采”和“松——叶茂根深”四个大篇章构成，而在每个篇章中又有不同数量的板块内容。这种篇章板块，使段落更加分明、章法更为严谨，更容易突出晚会的主题思想。比如，在第一篇“梅——春满九州”中，除点题的歌舞乐《梅颂》外，还运用板块的形式组合成民歌联唱节目《东南西北处处春》，表达了全国各族人民对家乡、对祖国、对春天的热爱，继而引出了新创作的独唱歌曲《走进春天》。在这个篇章结束时，推出歌剧《江姐》的主题歌《红梅赞》，与《梅颂》相互照应，完成这一篇章的立意，使整台晚会升华到更高的艺术思想境界。第一篇章由四个小板块组成，由梅到春、由点及面、层层递进地表现出改革开放给祖国各地带来的大好春光。

采用大篇章和篇内小板块有机结合的结构方式，能够突破以往晚会结构的单一模式，显示出别致、独特、新颖的一面，是晚会结构形式的创新之举。

以上从宏观角度归纳了大型电视综艺晚会的几种主要的结构类型。任何结构都是外在的形式，要服务于整台节目的主题。随着电视文艺的发展，一定会有更为新颖的结构形式出现，而编导也应该有创新的精神，创作出符合内容要求的新的结构形式。

第四节　电视综艺节目文学台本的语言

前面我们提到的电视综艺节目的主题、构思、基调、节目设计、结构类型等，基本都是为撰写文学台本所做的铺垫。而具体到文学台本的语言，则大体包括撰稿人说明性的语言、主持人的串联语言、荧屏字幕的文字运用等几个方面。这些又都与节目的衔接有关。

一、说明性的语言

电视综艺节目文学台本中的第一类语言是撰稿人的说明性文字，包括两种：

(一)片头设计的说明

片头设计对于一台电视综艺晚会来说非常重要。通常来说，片头设计可以采用多种形式，熔文学、音乐、美术、书法、电影、戏剧于一炉，使它具有多元的艺术接受性。但是，不管采用哪种手法开头，都应该达到简洁、精练，引人入胜、风格统一的效果。“电视节目的片头要短小精悍，在很短的时间里让观众明白将要播出的内容是什么。在这里没有解说词，只有镜头画面的不同组接，音乐、音响的配合，构成样式各异的电视片头。”那么，撰稿人应该用什么样的文字语言阐述所设计的片头呢?

具体来说，应从视觉角度出发，用描绘性的语言对导演的艺术处理提出一些要求，包括对画面的要求、对特技的要求、对音乐的要求、对字幕的要求、对上场演员的服饰和动作的要求、对整台晚会节目的要求，等等。撰稿人在撰写文学台本的片头设计时，除了要注意语言简洁精练、风格统一外，还应用形象化的描述语言进行说明，为导演进行二度创作提供文字依据。

例如，1994 年的文化部春节晚会《五彩路》的文学台本中，片头设计的说明性文字是这样的：

> 【浓郁节日气氛的三维特技】
>
> 【在片头音乐的伴奏声中，运用中录现有的设备，创意力求表现具有鲜明时代特色并与晚会主体形象“五彩路”相适应的动画特技，要求立意深邃、画面清新、构图别致、色彩斑斓，以期达到先声夺人的效果】
>
> 【在象征“五彩路”的恢弘画面上定格，推出五彩缤纷的“五彩路”

三个大字，随即推出片头字幕“文化部九四春节晚会”，字幕衬底为保利剧场外景】

这个片头设计的文字很短、精练，在时间上也只有约45秒的长度。

现场直播的文艺晚会，同样需要有片头设计。因此，在文学台本中也应用文字语言把片头设计的构想表述出来。

例如，纪念抗日战争和反法西斯战争胜利50周年大型文艺晚会《光明赞》的片头文字语言是这样的：

【片头(供电视直播用)】

【以动律感很强的不规则节奏的音乐为衬底，运用三维特技推出片头字幕：“音诗《光明赞》——纪念抗日战争和反法西斯战争胜利50周年大型文艺晚会”】

【人民大会堂】

【工作灯下，可见舞台上一道展示全民抗日形象的雕塑幕。在显著位置上，可见镂空的“光明赞”三个大字】

【钟声三响】

【场灯压暗。一束追光投向指挥】

【随着指挥手势，《义勇军进行曲》前奏声中，舞台两侧千名合唱队员爆发出激奋人心的“啊”声合唱，揭开《光明赞》序幕】

【从雕塑幕后射出的电脑灯光束，透过镂空的“光明赞”三个大字直射观众，给人以强烈的立体感】

从这两台综艺晚会的片头设计上，我们可以看出对文学台本的片头设计语言的要求。当然，综艺晚会的片头设计是多种多样的，每个片头都应该是新鲜的，符合节目本身的风格要求。因此，撰稿人应该有不断创新的意识，使片头设计具有独特的个性。

(二)艺术处理的说明

作者在撰写文学台本时，脑海里的想象应该是极为丰富的，想象如何才能使每个节目更具有艺术性、视觉性和美感，把想象中的构思用文字表述出来提供给导演作参考。

比如在《光明赞》中，作者对“序幕”的艺术处理是这样的：

【小军鼓声骤起】

【150名着节日盛装的三军仪仗队从两侧边幕列队上场】

【仪仗队定位后，队形突然“人”字展开，在振奋的军鼓和辉煌的军号声中，由两组移动站台推出60名抗日时期老战士。他们白发苍苍、神采奕奕，在灯光映照下，胸前的军功章发出熠熠光芒】

【在爆发的欢声中，60名少先队员手捧花束，从两侧太平门登上舞台。祖国的花朵们向抗日英雄献花，表达对他们的敬慕之情】

【移动站台突然向左右两侧分开，从中走出一个手执小型五星红旗的小男孩，以稚嫩的童声演唱《义勇军进行曲》】

【三军仪仗队与60名抗日英雄肃立敬礼】

【雕塑幕升起】

【天幕前，一组移动站台上，由60名老干部、老战士组成的合唱队在歌声中展现。在站台推向台前与另两组移动站台合成半月形时，人们可以看清站在前排的王昆、田华、于蓝、赵子岳、陈强、李炎、寇家伦、苏盛兰、孟于、孟贵斌、李默然等老艺术家。他们肃立，敬礼，引吭高歌】

【《义勇军进行曲》在振奋人心的高潮中结束】

【鸽哨声突起】

【鸽哨声大作】

【一块蓝天白云大幕在舞台前区落下，直降至台面，成为两米高的一道屏蔽，遮住老战士、仪仗队等队伍】

【透过蓝天白云大幕上方，一个新奇的表演区尽收眼底：天幕前搭起的多层架子上，扮成和平鸽形象、浑身缀满铃铛的演员，挥舞着翅膀组成各种图案】

【蓝天白云大幕的最上方空间，有杂技演员扮演的“飞天”，以空中高难动作腾身飞舞】

【一个高科技遥控的和平鸽模型，由剧场二楼飞向舞台】

【蓝天白云大幕升起】

【在一片晴朗、明亮的和平景象中，展开了和谐、安详的“和平鸽舞”】

【领舞为沈培艺】

【舞到酣畅时，音乐突转。在不规则的定音鼓、军鼓、小军鼓等打击乐的敲击声中，画外朗诵进入】

从这段文字中，我们可以看出作者几乎调动了所有的艺术手段（如音乐、音响、演员、布景、服饰、色彩、造型等），用文字进行描写、表述，提供给导演作为二度创作的文字依据。导演根据文学台本的要求，组织实施方案，使节目产生立体的效应。

在大型电视综艺晚会中，有的节目需要叠插外景画面，作者要把这种插播的画面用文字说明对导演进行提示。

比如，《拥抱太阳》这台晚会的结尾歌曲是《我爱你，七月》，作者设计拍摄这样一些画面：

舞台大幕徐徐下落成巨幅党旗；

年轻母亲给年幼的孩子讲述纪念碑上浮雕的故事；

威武雄壮的天安门国旗班行进的队列；

武警战士训练有素的持枪动作；

徐徐上升的五星红旗；

一组组伫立凝望国旗升起的人物群像；

嘉兴南湖船附近老人打起了舒缓的太极拳；

两只小手推动小纸船向南湖船漂去；

一群可爱的孩子跑过上海“一大”会址；

大渡河铁索桥上来往的人们；

遵义会议旧址前老人给红领巾讲革命传统；

延安宝塔山下，头缠羊白肚毛巾的陕西汉子驾着拖拉机喜送公粮；

雨花台前，几名天真的儿童把晶莹剔透的雨花石放在烈士塑像前；

天安门广场上高高飘扬的五星红旗。

作者为了揭示歌曲的内涵，充分发挥电视艺术的特点，展示多时空的视觉画面内容，在撰写文学台本时，运用提示性的语言向导演提出要求，便于导演进行二度创作。

此外，作者的提示性语言还包括对参加演出的演员提出要求，如参加演出的演员必须是在国际上获过奖的演员，等等。

二、屏幕文字语言

电视综艺节目文学台本中的第二类语言是屏幕文字，一般称为电视字幕。“电视字幕就其性质和作用来说，大致可以分为四类：节目预告字幕、片头字幕、演职员字幕和唱词字幕。”[①]这是从节目制作角度来谈电视字幕的。那么，作为文学台本的创作，已不仅仅包括上面提到的四类字幕。具体来说，电视综艺节目的字幕还有如下几方面的作用：

（一）揭示节目内涵

这类字幕一般来说多用于舞蹈节目。比如，大型文艺晚会《拥抱太阳》中有一个节目《火》，是由著名舞蹈家杨丽萍领舞、中国铁路文工团歌舞团表演的佤族舞蹈。这个舞蹈的象征意味很强，演员用头前后甩摆如泻的长发，抛起抛落，似火焰熊熊燃烧，从而表现星星之火可以燎原的寓意。由于这个节目在音乐和舞蹈词汇的运用上具有某种现代派和抽象的意味，容易引起不同的理解，编导们为了使节目的内容有更明确的指向性，使观众不会感到这个舞蹈游离于晚会的主题之外，经过考虑配上一段富有诗意的字幕：

是谁燃起代代相传的火种？

是谁绘就星火燎原的画卷？

---

① 郭荣春：《电视字幕和书写的一般规律》，《电视字幕·特技与动画》1994 年第 1 期。

长夜中呼唤你，呼唤光明、希望、温暖，

征途上高举你，高举理想、追求、信念。

这段富有诗意的屏幕文字，点出舞蹈所蕴含的具象性含义，补充了舞蹈和音乐语言的不确定性，便于观众更好地理解晚会的主题。

(二)介绍人物和有关背景

比如，在《拥抱太阳》这台晚会中，第一首歌曲是《妈妈教我一支歌》。伴随着歌声响起，屏幕上出现了下列文字："参加合唱的有老红军、新四军、八路军的老战士，有身经百战的老将军，有全国劳模、三八红旗手，有工人、农民、学生的优秀代表。年龄最大的 87 岁，最小的 3 岁。"通过这段屏幕文字，观众了解了这支合唱队的人员构成，非一般的演职人员，同时也暗示出，党的儿女齐聚一堂、其乐融融的节日氛围。

除了介绍节目背景，有的屏幕文字还用于介绍画面中的人物身份以及所取得的成就等内容。

(三)节目内容的补充

在一台晚会中，对于一些主持人直接用语言不好表现而又需要予以强调的内容，往往用屏幕文字来进行补充。屏幕文字要力求精练，不能画蛇添足。

比如，《为了腾飞》是一台宣传交通安全、歌颂交通民警的行业性综艺晚会，编导在晚会的第一个歌曲节目《伴我同行》的间奏中叠加字幕："交通运输是国民经济的先行官。贯彻交通法规不仅关系到每个人的生命、财产的安全，而且也关系着国民经济的腾飞。"宋祖英演唱的歌曲《莫忘我的话》中也叠加了字幕："我国每年因交通事故造成的损失高达 30 个亿，若加上间接损失高达 180 个亿。"整台节目最后以"发达的交通，严明的法规，才能保证经济的腾飞"的屏幕文字结束。所有的字幕都是与节目一起为主题服务。

(四)串联节目

屏幕文字可以代替节目主持人，将节目与节目串联起来，特别是一些富有哲理性的串联词，能够启迪观众认真思考。

综上所述，作者在撰写电视综艺节目的文学台本时，所使用的屏幕文字要力求简洁、醒目，能够增加画面的信息量，给观众留下深刻的印象。

三、主持人的语言

电视综艺节目文学台本中的第三类语言是主持人的串联词。串联词的写作要从节目的内容出发，起到承上启下的作用。在此基础上兼顾观众的收视兴趣，力求语言生动活泼、简明扼要，又富于吸引力和启发性。在众多的串联词中包含如下几种形式：

(一)介绍形式的串联词

这种形式的串联词涵盖的范围比较广泛，包括人物介绍、民俗介绍、环境介绍、知识的介绍等。

在大型电视文艺晚会《拥抱太阳》中，有几位节目主持人的串联词就是以介绍的形式出现的。比如，晚会节目中安排有中央音乐学院附中学生用七台三角钢琴演奏由丁小里编曲的《祖国颂》。演奏开始前，主持人白杨介绍说：

> 我来过北京好多次了，最让我难以忘怀的是1949年我跟第一届中国人民政治协商会议的代表荣幸地登上天安门城楼参加开国大典。记得在政协会上，我们讨论国旗设计方案的时候，面对许多的设计图，给我们大家充分的讨论，真是各式各样、五颜六色的，眼睛都看花了。记得其中有一种方案，旗上面是一颗大星，中间一条黄道代表黄河，对此，张治中先生提出，这容易使人想起划江而治。后来又经过反复的讨论，才确定了五星红旗的设计图，左上方一颗大星代表中国共产党，四颗小星代表全国各族人民的大团结，这就是我们伟大的社会主义祖国。

随后，钢琴曲《祖国颂》响起，从后台走出扮演毛泽东、刘少奇、周恩来、朱德、陈毅等领导人的几位特型演员，他们每人朗诵了一首诗。白杨的介绍将钢琴曲《祖国颂》与建国元勋扮演者的朗诵串联在一起。

(二)描述形式的串联词

在串联词中有一部分是以描述的形式出现的,为了表现节目内容和抒发主持人的情感,撰稿人在写串联词时常采用描述的形式,以达到以情动人的目的。比如在《拥抱太阳》中,编导根据"没有共产党,就没有新中国"这一主题要求,选择了歌剧《江姐》中的选曲《红梅赞》,并由上个世纪60年代、70年代和80年代三位扮演江姐的歌剧演员同台演唱。这是个很有新意的策划。此外,编导又邀请了曾在电影《烈火中永生》扮演江姐的于蓝担任节目主持人,她的串联词就是采用描述的形式:

> 每当听到这熟悉的旋律,我们就会想到江姐和千千万万革命烈士为劳苦大众的解放,为了人民共和国的诞生,江姐和她的战友们在胜利即将到来的前夕,从容地走上了刑场。临终前江姐在给亲戚的信中为年幼的儿子彭云写下这样的话(画面插播江姐亲手写的血书),"盼教以踏着父母之足迹,以建设新中国为志,为共产主义革命事业奋斗到底,孩子们决不要娇养,粗服淡饭足矣"。此刻,当你坐在电视机前,合家欢聚观看节目的时候,可曾想到,今天的幸福生活是多么来之不易啊!

在电视连续剧《宋氏三姐妹》中扮演宋庆龄的演员李羚主持节目时,她的串联词也是采用描述的形式。由这段串联词引出歌曲《信念》,歌颂民主党派与共产党长期合作、风雨同舟的情感。

> 宋庆龄同志曾是我们国家的名誉主席,是我们党多年的老朋友。有一次周恩来同志到她家中去做客,看到一束麦穗,他便问她为什么用这样一束普普通通的麦穗做家庭的装饰品呢?她回答说是为了不忘记养育自己的人民。周恩来同志听了之后,非常受感动。后来,在选定国徽的方案时,周总理讲了这个故事,并提议在国徽上要有麦穗,要把人民放在重要的位置上。

在大型文艺晚会《我爱你,中国》中,李默然在天坛祈年殿前朗诵的一段串联词，也是采用描述的形式，并由这段情感浓烈的串联词引出了《大型交响乐演奏——黄河狂想曲》这个节目。

我们的国家是一个伟大的国家，她牵动着海外千千万万中华儿女的心。我听说过这样一个故事：有这样老哥俩，海外漂泊多年，如今都已是六七十岁的人了。他们万里迢迢，风尘仆仆，回来寻根。几十年风风雨雨，岁月变迁，已经找不到故乡的踪迹。但他们不到黄河心不甘，往返跋涉，费尽辛苦，终于在黄河故道，找到了他们的生身家园——黄河边上的一个小村！老哥俩高兴地流着眼泪，捧着黄土，跪在黄河边上。他们在黄土地里打滚儿啊，他们喊着：我们是黄河的子孙，我们有着和黄河一样奔腾澎湃的心啊！

（三）引导形式的串联词

在串联词中大部分是引导的形式，有的是一人引导，更多的是两个人或多人的引导，主持人通过串联词抒发某种情感或传递某种信息，自然而然地将节目引出。引导形式的串联词有借题发挥或承上启下的作用。

在《拥抱太阳》中，谢芳和秦怡两个人的串联词也是采用引导的形式：

谢芳：人生最值得回味和珍藏的岁月就是青春。此刻正在观看节目的许多老同志，他们的青春之歌是唱在了硝烟弥漫的战场，唱在了游击队的青纱帐。

秦怡：他们的青春之歌是唱在了艰辛卓绝的雪山草地，唱在了敌人的铁窗地牢里。

谢芳和秦怡是电影《青春之歌》的主要演员，她们以《青春之歌》为题，抒发情感，引出联唱《难忘的歌》。

在文艺晚会《五彩路》中，引导形式的串联词也随处可见：

刘威：徐帆，咱们文化部 1994 年春节晚会“五彩路”，这名字起得好！

徐帆：是啊，每个人脚下都有一条路。正像鲁迅先生说的：“其实地上本没有路，走的人多了，也便成了路。”

刘威：我觉得每一位开路的先驱都是值得我们尊敬的，路的开拓者是值得我们赞颂的。

徐帆：是啊，开拓者他是勇士，开拓者他是伟人，他把希望留给了后人。

两位主持人紧扣“五彩路”的主题抒发感悟，并借题发挥，将“路”引到开拓者身上，自然而然地引出歌曲《希望的星》，歌颂改革开放总设计师邓小平的开拓精神。

(四)交流形式的串联词

一般来说，一台综艺晚会的节目主持人最少有两位。除了上面提到的介绍、描述、引导形式的串联词外，还有交流形式的串联词。交流有两种：一种是主持人与观众交流，拉近与观众的情感，营造一种亲切的氛围。这种交流又多用于一个段落的开始。一种是主持人之间的相互交流。为了活跃气氛，主持人的串联词中常会穿插一些民俗介绍、信息传播及富有趣味性的话题。这些话题可以扩展晚会的思想性、可视性和连续性。

(五)朗诵形式的串联词

在一些大型史诗性的电视综艺晚会或专题文艺晚会中，主持人的串联词也会采用朗诵散文诗的形式。为了突出晚会庄严、宏伟的气势，比如《光明赞》，在晚会的序幕与第一乐章“记忆”的连接处，著名播音员方明、雅坤朗诵了这样的串联词：

朋友，谁没有幸福的憧憬？谁不珍重生活的美好与祖国的安宁？今天，我们聚会在一起，为着回顾抗日战争和反法西斯战争的伟大胜利，给中国与世界赢得和平。50年过去了。生在和平环境的人们，没有经历过那腥风血雨的岁月。半个世纪前的那一代年轻人，现在已是两鬓风霜。他们会用自己的亲身体验告诉后来人：什么是亡国的奇耻大辱？什么是民族的深仇大恨？什么是侵略者的惨无人道？什么是法西斯的灭绝人性？

这段朗诵词把观众带回到50年前，唤起人们的深刻记忆。

在第三乐章与第四乐章的连接处，朗诵词是这样写的：

50年过去了。世界反法西斯战争的胜利，是和平民主力量的胜利，是人类进步事业的胜利！抗日战争的胜利，增强了我们的民族自尊心、自信心和自豪感。久经战争磨炼的中国人民永远铭记：民族的独立、自尊和生存的权利是最最宝贵的！落后就要挨打的！我们的国家一定要振兴起来、强盛起来！今天，全国各族人民紧密地团结在以江泽民同志为核心的党中央周围，沿着邓小平同志指引的有中国特色的社会主义道路开拓前进！我们的前程灿烂辉煌！

这段朗诵词引出第四乐章"光明"，起到承上启下的作用，同时揭示出纪念抗日战争和反法西斯战争胜利50周年的伟大意义。

又比如，庆祝香港回归大型文艺晚会《回归颂》，主持人的串联词也采用的是朗诵形式。整台晚会的串联词共有七段，将八个板块进行了串联。在"满江红——音乐与雕塑"这个板块前，表演艺术家李默然和田华朗诵了这样的串联词：

李默然：站在虎门炮台之上，回首沧桑百年！

田　华：我仿佛看到三元里103万民众，抗击侵略者的旗帜在招展！

李默然：我仿佛看见林则徐面对帝国主义的坚船利炮，毅然下令焚毁230多万斤罪恶的鸦片，点燃起虎门销烟的烈焰！

田　华：我仿佛看见关天培老将军，剪下一缕白发与家中亲人诀别，激战中留下"誓与炮台共存亡"的壮语豪言……

李默然：一百年以来，中国人民曾经有过屈辱，但却从未屈服。

田　华：我们用正义的抗争书写历史，

李默然
田　华：我们用生命和热血捍卫着中华民族的尊严！

在"春天的故事——音诗"这个板块前，主持人赵忠祥朗诵了这样的串联词：

滔滔的大海碧波翻滚，用无限的深情，拥抱着一位时代的巨人。汹涌的海潮声声激荡，用响彻长天的涛声，呼唤着一个伟人的名字。敬爱的小平同志，您就是浩瀚的大海！您以海一样的气魄掀动起改革开放的中国潮；您用海一样的智慧提出了“一国两制”的伟大构想，促进了祖国统一的伟业。敬爱的小平同志，我们将永远记着您的谆谆教导，永远记住您给中国留下的春天的故事……

在尾声“明天更辉煌”之前，全体主持人上场，作了总结性的朗诵：

今夜无限美好，今夜欢声如潮。我们圆了一个百年的相思梦，香港回到了祖国的怀抱，成功地实践了“一国两制”的伟大构想，为祖国的统一开辟了光明大道。1997年，掀开了中华民族发展史上光辉的一页，香港同胞将把香港建设得更加璀璨，美丽的东方之珠将会变得更加妖娆！1997年，中国共产党将召开第十五次全国代表大会。以江泽民同志为核心的党中央，将强有力地带领我们去实现社会主义现代化的宏伟目标。中华民族迎来了最自豪的时刻，祖国的明天将会更加辉煌、更加美好！

像这样以大写意的笔触，用散文诗的笔法撰写的串联词，能给晚会营造一种历史的厚重感，使晚会气氛庄严、宏伟。此外，以诗体或散文诗体撰写的串联词还有《丰收的大地》、《祖国万岁》等晚会，这几台晚会也都是周年纪念性的晚会，串联词多采用的是颂扬式的语言。

在晚会中究竟该采用什么形式的串联词，既没有硬性的规定，也不存在固定的模式，而是“量体裁衣”、“看菜吃饭”。更何况“由于主持人的文化素养、学识水平不同，对串联词的依靠程度也各异。有的主持人根据编导意图可以自己完成串联任务，有的可以根据撰稿人的文学台本大意即兴发挥，灵活多变，有的则基本依照文学台本规定的内容体现于荧屏……”[①]因此，撰稿人在创作过程中，应尽量依照主持人的语言特点、主持风格来设计台词，多与主持人进行交流，在充分尊重主持人语言习惯的同时，严格把握文字语言使用的规范和准确

① 胡迎节：《浅谈撰稿人在电视文艺节目中的作用》，《中国电视》1994年第1期。

性。这里需要强调的是，“电视的图像是让人看的，而主持人的语言却是让人听的。所以，复杂拗口的书面语言必须避免，应该使用简明扼要、琅琅上口、生动活泼的口头语言”。[①] 有人说主持人是表演者与观众之间的“桥”，这座“桥”搭得好，表演者与观众之间的情感被拉近了，整台晚会就会显得格外出色。

关于晚会的串联方式，除了上面提到的几种外，还有字幕报题、主持人采访串联节目、演员说明进行串联、电视导播切换串联等手段。总之，串联节目要流畅，以通顺为宗旨。

思考与训练

1. 电视综艺晚会的创意是指什么？
2. 为什么要强调确立电视综艺晚会的主题？
3. 电视综艺晚会的构思有哪些要求？
4. 电视综艺晚会的结构类型有哪几种？
5. 电视综艺晚会文学台本的语言有哪几种，具体的表现形式是什么？
6. 以“庆祝元旦”为主题，撰写一台电视综艺晚会的文学台本。

阅读导航

1. 洪民生主编：《追忆》，中国国际广播出版社 1990 年版。
2. 林强编：《邓在军电视艺术》，华文出版社 1993 年版。
3. 陈念祖：《节庆晚会编导手册》，上海音乐出版社 2006 年版。
4. 李庆山、李敬编著：《中央电视台 24 届春节联欢晚会台前幕后》，中共党史出版社 2007 年版。

① 胡迎节：《浅谈撰稿人在电视文艺节目中的作用》，《中国电视》1994 年第 1 期。

附录一

撰写电视综艺晚会文学台本的基本规律

（撰写电视综艺晚会节目大纲）

一、晚会名称

二、晚会的前言或概述

（一）综艺晚会的指导思想

（二）艺术构思：通过什么类型的节目体现主题、基调、风格

（三）总体框架：采用什么样的结构形式

三、晚会的内容

（一）片头设计要求

（二）序幕：要求新颖、漂亮、点题，达到先声夺人的目的

（三）中间部分

1. 撰写主持人上场的串场词：报题，与观众交流，引出节目。

2. 演出节目的编排要巧妙，品种搭配要合理，艺术处理要出新（如老节目的新包装、影视资料的插播等），动情节目要感人，纪实节目要真实，整体要有品位。

3. 主持人的串联词要承上启下，贯通节目，凸显主题，上下呼应，语言平实，朴素亲切，生动活泼。

（四）尾声

内容要与序幕相呼应，耐人寻味，给人以启迪或鼓舞；形式上要有一定的气势，形成晚会的高潮。

四、演职人员字幕和衬底画面内容

（一）策划人名单

（二）撰稿人名单

（三）导演：总导演、副导演、助理导演等

（四）摄像人员名单

（五）舞美设计人员名单

（六）灯光人员名单

（七）服装设计人员名单

（八）化妆人员名单

（九）制片人名单

（十）监制人名单

（十一）录制单位或台名

五、三点说明

第一，晚会的前言或概述是为领导审查晚会文学台本时撰写的说明性文字。

第二，片头和序幕、中间部分、尾声，要把握“豹头、熊腰、凤尾”的原则。

第三，不同结构形式主要体现在晚会的中间部分，而结构又有整体结构、局部结构和节目内部结构之分。整体结构是指整台晚会的构成方式；局部结构包括一组或单个节目的组合形式；节目内部结构是指构成单个节目的各种元素组合及运用影视语言对节目内容的表现。

附录二

《拥抱太阳》

庆祝中国共产党70周年文艺节目

撰稿 韩伟

【片头画面】一大群象征未来的少年儿童，手牵着五彩气球，在奔涌着朵朵白云的广阔蓝天的映衬下，欢呼着奔跑而来。一轮硕大的金色太阳冉冉升起，叠印在蓝天和儿童的画面上布满屏幕。（出字幕）

一、拥抱太阳（字幕）

歌曲：《妈妈教我一支歌》

作词：杨涌
作曲：刘虹
编曲：孟卫东

（合唱）妈妈教我一支歌，
没有共产党就没有新中国，
这支歌从妈妈心头飞出，
这支歌伴随她走遍祖国山河。
（男领）我唱妈妈教的歌，
没有共产党就没有新中国，
这支歌从我的心头飞起，
这支歌带给我幸福和快乐。
（女领）我教儿女一支歌，
没有共产党就没有新中国，

这支歌飞进幼小心田，

这支歌世世代代永不落。

【在歌声中出以下字幕:参加合唱的有老红军、新四军、八路军的老战士，有身经百战的老将军，有全国劳模、三八红旗手，有工人、农民、学生的优秀代表，年龄最大的 87 岁，最小的 3 岁】

【歌声唱完出节目主持人】

田　华:今天是中国共产党 70 周年诞辰，是妈妈的生日。我作为党的一名文艺战士、党的女儿，和全国 50 多万党员以及全国各族人民在一起，向母亲致以深深的敬意。

李秀明:今天，我们作为年青一代，望着祖国的蓝天、大地，望着飘扬的党旗，久久地思索、思索着……该献上什么样的礼物，向妈妈祝贺生日，使妈妈欣慰，让她放心。

乐曲演奏《红星歌》

作曲:傅庚辰

编曲:李小平

表演:中国少年儿童活动中心电子琴班

北京东城区朝阳门小学鼓乐队

空军蓝天幼儿园

李秀明:这些小朋友们生活在充满温馨、充满爱的阳光下是多么幸福！可是在战争年代，像他们这么大的孩子，已经是扛着红缨枪，踏着红军歌的节奏，在战火中度过他们的童年。我们有一批表现小红军、小八路的影片，给观众朋友们留下了非常深刻难忘的印象。那些小演员们现在都已经长大成人了，如果再见到他们，我不知朋友们是否能够认得出来。这一位大家能够认出来吗?

观众们:潘冬子——祝新运。

李秀明:对，大家的眼力都非常好，他就是祝新运。

祝新运:自从拍了电影《闪闪的红星》之后,我就留在八一电影制片厂演员剧团工作。前不久我在四川电视台刚刚拍摄完16集的连续剧《明天不是梦》。

李秀明:接下来我请大家猜一猜,他在哪部影片中担任什么角色。看来我得提醒大家一下,他曾经主演过一部送信的故事。

观众们:《鸡毛信》。

李秀明:对,他就是电影《鸡毛信》中海娃的扮演者——蔡元元。(对蔡)当年,你把那封鸡毛信藏在老绵羊的尾巴底下,也真够机灵的。

蔡元元:其实不是我机灵,是那个小海娃机灵,而且不仅是小海娃,当年很多儿童团员都很机灵,也很勇敢。

李秀明:下面我要请大家猜猜这位女同志,怎么样,能猜出来吗? 俗话说"女大十八变"。看来呀,确实是有一定的难度。那么这样吧,我先请朋友们看一张照片。

【大屏幕显示毛主席和细妹子的合影】

观众们:《红孩子》!

宁　和:感谢这么多观众还记得《红孩子》。三十三年过去了,我已经变得叫大家不认识了,可是好多人还记得《红孩子》的主题歌《时刻准备着》。好多人也许没看过《红孩子》这部电影,可是记得那张毛主席当年视察"长影"接见我们的照片。

李秀明:当时毛主席接见你们时是不是向你们提了什么问题?

宁　和:这一直是我遗憾的事。那时好多人都跟我说,你真机灵,一直紧紧地跟着毛主席叫得那么甜! 其实呀,我当时见了毛主席,激动得什么都忘了,脑子里是空空的,连毛主席问什么话,我回答的话,我还是后来看报纸才知道的。

李秀明:最后这位同志我要请大家认一认,他在哪部影片当中,担任什么角色。

【观众们七嘴八舌】

吴克勤:不对,不对! 他是小兵张嘎的扮演者——安然同志。我还和他摔过跤哪!

【电影《小兵张嘎》片段】

安　然:(叫喊)小胖墩!

观众们:嘎子!胖墩!嘎子!胖墩!(鼓掌)

秦　怡:我和谢芳同志是老朋友了,也可以说是患难之交,我们俩曾经在一起有过一段铁窗生活。

谢　芳:那是在三十二年前,我和秦怡老师合作拍摄了电影《青春之歌》。

秦　怡:谢芳同志在影片中扮演一位追求进步的女青年林道静,我演的是党的地下工作者林红。

【电影《青春之歌》片段】

林道静:为党、为人类最崇高的事业献出我的生命,我看这个日子是到了,我什么也不想,就准备着最后的时刻去死。

林　红:一个共产党员,只有当他闭上眼睛以后,才有权利停止斗争。一个共产党员和革命者,永远不会死!

谢　芳:人生最值得回味和珍藏的岁月就是青春。此刻正在观看节目的许多老同志,他们的青春之歌是唱在了硝烟弥漫的战场,唱在了游击队的青纱帐。

秦　怡:他们的青春之歌是唱在了艰苦卓绝的雪山草地,唱在了敌人的铁窗地牢里。

歌曲联唱《难忘的歌》

王昆演唱《农友歌》片段;

李谷一演唱《想延安》片段;

才旦卓玛演唱《唱支山歌给党听》;

马玉涛演唱《淮海战役组歌》选曲;

童祥苓演唱京剧选段《共产党员》;

杨春霞演唱京剧选段《党指挥枪》;

胡松华演唱《军民大生产》。

郭兰英：今天是党的生日，那么多的老艺术家聚集在一起。他们虽然声音、形象都不如以前了，但是他们从心灵上来歌唱我们的党。作为我个人，是党把我从一个苦孩子培养成文艺工作者，培养成一位党员，我的一切都是党给的。我要把我毕生的精力献给党，献给我们的祖国。

歌曲联唱

李双江演唱《红星照我去战斗》；

王静演唱《党啊，亲爱的妈妈》；

李光羲演唱《最美的赞歌献给党》；

郁钧剑演唱《革命人永远是年轻》（观众一起同唱这首歌）。

小品《母亲的心》

作者：石林

表演：赵丽蓉、巩汉林

内容：母亲去看当经理的儿子，讲述家乡的变化，希望儿子不要忘记父老乡亲对他的关怀，支援家乡办学，捐资改变乡村小学的面貌。

京韵大鼓《群英谱》

作者：韩伟、康建春、黄宏

编曲：士心

表演：肖晓琳、鞠萍、宁辛、孙晓梅、杨澜、方卉

姐妹们喜上台，鼓乐齐鸣，
一曲歌、一片情，唱给母亲。
有人说入党是为了获取私利，
有人讲有党证官运亨通。
看神州，好党员千千万万，
为人民谋幸福一腔赤诚。

山东快书《赞书记》

表演:黄宏、彭丽媛

内容:用夸赞"俺书记"的方式,介绍各行各业优秀的党务工作者,颂扬默默奉献的无名英雄。

评弹合唱《歌唱县委书记——郭新吉》

表演:李玲玉、苏红、蔡宏虹

淮河边凤台县,十年九涝重灾区,
洪水淹良田,百姓苦凄凄。
那一年春三月,来了郭书记,
草棚茅屋访万家,遍查灾情走千里。
带乡亲挖穷根,灭水患兴水利,
五谷不收的洼涝地,长满了丰收的金稻米。
郭书记不吃席、不收礼,
苦干落下一身病,只为大家谋福利。

群口快板

表演:李金斗、高英培、常贵田、李国盛、陈涌泉、孟繁贵

内容:介绍劳动模范采煤队长刘进忠、志愿军英雄李玉安、带领群众致富的好书记仉震亮、藏族高级编辑戴贤等党员先进人物。

二、只为人民谋幸福(字幕)

佤族舞蹈《火》(舞蹈进行中加字幕)

编舞:杨丽萍

领舞:杨丽萍

表演:中国铁路文工团歌舞团

是谁燃起代代相传的火种？
是谁绘就星火燎原的画卷？
长夜中呼唤你，
呼唤光明、希望、温暖；
征途上高举你，
高举理想、追求、信念。

女声独唱《运行者之歌》

作词：乔　羽
作曲：徐沛东
演唱：毛阿敏

当年我们从这里启程，
迎着暴风雨，夹着万钧雷霆；
当年我们从这里启程，
一声声呼唤，千人万人同行。
路啊，总会有人行走；
山啊，总会有人攀登。
酷夏严冬，血雨腥风，
多少好伙伴倒在路途中。
这是信念的搏斗，
这是意志的抗衡。
红旗在手，真理在胸，
挥一把汗水，我们又向前行。
路啊，总会有人行走；
山啊，总会有人攀登，攀登。

李雪健：观众朋友们，请允许我为大家介绍三位特邀来宾。这位是焦裕禄同志的夫人徐俊雅同志，这两位是焦裕禄同志的大女儿焦守凤、儿子焦国庆。

徐俊雅：雪健同志，谢谢你，你把俺老焦演活啦。

李雪健：那是焦书记的事迹感人，全国人民都怀念他。

焦国庆：雪健同志，记得第一次见面时，你比我父亲的形象胖一些。为了拍好这部片子，很多天你没吃过一顿饱饭，瘦掉了一块。这部片子在我们兰考放映以后，影响很好。

徐俊雅：二十多年，兰考人民一直怀念焦裕禄同志。每到丰收的时候，乡亲们总是把地里的麦穗、玉米、花生、水果等等摆在老焦的坟前，然后点上烟，倒上酒。乡亲们说，那几年我们焦书记太苦了，太累了，没过上好日子；现在日子好了，也让我们的焦书记和我们一块乐呵乐呵。

焦守凤：今年年初，江泽民总书记来兰考视察时亲自去祭扫了爸爸的墓，并献了花圈。江泽民总书记说，我们的干部要像焦裕禄一样，为官一任就要造福一方。

【李雪健演唱电影《焦裕禄》主题歌】

墙上画虎不咬人，
砂锅和面顶不了盆，
侄儿顶不上亲生子，
共产党是咱的贴心人。
天上下雨地上流，
瞎子点灯白费油，
千金难买老来瘦，
共产党是咱的好领头。

【演奏音乐《祖国颂》】

编曲：丁小里

表演：中央音乐学院附中

白　杨：我来过北京好多次了。最让我难以忘怀的是，1949 年我跟第一届中国人民政治协商会议的代表，荣幸地登上天安门城楼参加开国大典。记得在政协会上，我们讨论国旗设计方案的时候，面对许多设计图，给我们大家充分的讨论，真是各式各样、五颜六色的，眼睛都看花了。记得其中有一种方案，旗上面是一颗大星，中间一条黄道代表黄河。对此，张治中先生提出，这容易使人想起划江而治，后来又经过反反复复的讨论，才确定了五星红旗的设计图：左上方一颗大星代表中国共产党，四颗小星代表全国各族人民的大团结。这就是我们伟大的社会主义祖国。

【七台钢琴演奏《祖国颂》继续进行，从后台走出扮演毛泽东、刘少奇、周恩来、朱德、陈毅的演员】

毛泽东：为有牺牲多壮志，
敢教日月换新天。
喜看稻菽千重浪，
遍地英雄下夕烟。

周恩来：大江歌罢掉头东，
邃密群科济世穷。
面壁十年图破壁，
难酬蹈海亦英雄。

刘少奇：创造世界一切的，惟我劳工；
被人侮辱压迫的，惟我劳工。
世界兮，我们当创造；
压迫兮，我们须解除。
造世界兮，除压迫，团结我劳工。

朱　德：从俭入奢易，从奢入俭难。
勤俭建国家，永久是真言。

陈　毅：大雪压青松，青松挺且直。
要知松高洁，待到雪化时。

三、没有共产党，就没有新中国（字幕）

【《红梅赞》乐曲】

于　蓝：每当听到这熟悉的旋律，我们就会想到江姐和千千万万革命烈士为劳苦大众的解放，为了人民共和国的诞生，江姐和她的战友们在胜利即将到来的前夕，从容地走上了刑场。临终前江姐在给亲戚的信中为年幼的儿子彭云写下这样的话，"盼教以踏着父母之足迹，以建设新中国为志，为共产主义革命事业奋斗到底。孩子们决不要骄养，粗服淡饭足矣……"此刻，当你坐在电视机前，合家欢聚观看节目的时候，可曾想到，今天的幸福生活是多么来之不易呀！

歌剧《江姐》选曲《红梅赞》

作词：阎肃

作曲：羊鸣、姜春阳、金砂

演唱：万馥香、杨维忠、金曼

字幕：她们是分别在60年代、70年代、80年代扮演江姐的歌剧演员

祝希娟：我参加过许多电影的拍摄。在我所扮演的角色中，使我最为难忘的就是电影《红色娘子军》的吴琼花。

【大屏幕放映电影《红色娘子军》片段，画面出现吴琼花的原型——王实湘】

祝希娟：这位是红崖纵队女子特务连第一任政治指导员王实湘同志，她今年已经八十多岁了。电影《红色娘子军》就是根据王实湘同志，还有女子特务连连长冯根敏同志以及女子特务连的动人事迹拍摄的。

祝希娟：王老，您好？

王实湘：好，好，今天是党的生日，我们这些红军老战士非常高兴。

祝希娟：王老，至今还健在的红色娘子军连的老战士还有多少？请您代我向她们问好吧？

王实湘：还有二三十人吧，她们都七八十岁了。我代表她们向电视观众问声好。

祝希娟:这几位老人是至今还健在的女子特务连的老战士,李少英同志、王实湘同志、王玉梅同志。当年千千万万个琼花就跟她们一样,在党的指引下成长为无产阶级革命战士。

【大屏幕放映电影芭蕾舞《红色娘子军》片段】

孙道临:我也给大家讲个故事。中华人民共和国诞生之后,许多在海外的留学生和科学家都纷纷放弃优越的生活条件,回来报效祖国。在朝鲜战争爆发之后,我国著名科学家钱学森在海外遭到了软禁,不能启程。但他一直争取着,他所订的租房合同,从来不超过一年,在他家里还放着几只轻便的小提箱,准备随时上路。1955 年,钱学森历尽磨难终于回到了祖国。这些海外的学子,他们目睹过旧中国的黑暗,他们深信只有共产党才能救中国,只有我们国家安定团结了,他们才能安定下来从事他们的事业,我们的祖国也才能繁荣富强。

李　羚:宋庆龄同志曾是我们国家的名誉主席,是我们党多年的老朋友。有一次周恩来同志到她家中去做客,看到一束麦穗,他便问她为什么用这样一束普普通通的麦穗做家庭的装饰品呢?她回答说是为了不忘记养育自己的人民。周恩来同志听了之后非常受感动。后来在选定国徽方案时,周总理讲了这个故事,并提议在国徽上要有麦穗,要把人民放在重要的位置上。

歌曲《信念》

作词:韩伟
作曲:雷蕾
演唱:刘维维

你了解长夜里,我苦苦地寻觅,
可知道相遇时,我难言的欣喜。
你了解征途上,有不息的信念,
可知道求索中,我闯过的荆棘。
你挽着我,我挽着你,

风雨同舟在一起。
你挽着我,我挽着你,
我的心就是你点燃的火炬。
你了解沉落中我渴望的崛起,
可知道腾飞时我几多的疑虑。
你了解荣辱中我不变的情感,
可知道离别后我绵绵的思绪。
你挽着我,我挽着你,
痛苦欢乐在一起。
你挽着我,我挽着你,
我的心恋着你——飘扬的红旗。

短剧《二号首长》

作者:焦乃积

导演:赵克明

表演:郭达、卢奇、闪增宏、周宗印

内容:炊事班长向小警卫员介绍他是如何管住二号首长只顾打仗、不顾自己休息的故事。九号首长前来请示二号首长前方打仗的部署事宜,可二号首长在炮声隆隆之中出场之后,下达了三条为群众着想的命令:1. 给群众挖厕所;2. 给国民党俘虏送衣、药;3. 对于支前的群众“不要打白条子”。这三条命令展示了二号首长时刻不忘人民、实事求是的思想作风。这是不断取得胜利的保证。

四、英特纳雄耐尔就一定要实现(字幕)

张瑞芳:在我们党的领导人当中,我和周总理曾见过多次,我想讲一讲他的一件小事。有一天周总理乘车路过府右街,看见电线杆子前有一群人,围着一张纸条在看。他回到中南海之后就放心不下,是群众有什么困难?是有人要申冤告状?他派人去了解。等知道是一张换房启示之后,他才放下心来。周总理就是这样把人民的冷暖放在自己的心上。

赵忠祥：我记得最后一次为周总理播音是向周总理遗体告别，在周总理的追悼会上。周总理安卧在鲜花丛中，他的面容那么消瘦，为人民操劳了一生。在他那俭朴的衣服上，胸前别着一枚“为人民服务”的纪念章，枕头旁边放着一本《为人民服务》的小册子。周总理以他自己的一生，实践了我们共产党人的一个宗旨——为人民谋幸福。

歌曲《父老乡亲》

作词：石顺义
作曲：王锡仁
演唱：彭丽媛

我生在一个小山村，
那里有我的父老乡亲，
胡子里长满故事，
憨笑中埋着乡音。
一声声喊我乳名，
一声声喊我乳名，
多少亲昵，多少疼爱，多少开心。
啊，父老乡亲，
啊，父老乡亲，
我勤劳善良的父老乡亲，
树高千尺也忘不了根。
我住过不少小山村，
到处有我的父老乡亲，
小米饭把我养大，
风雨中教我做人。
临别时送我上路，
临别时送我上路，
几多叮咛，几多期待，几多情深。

啊，父老乡亲，

啊，父老乡亲，

我勤劳善良的父老乡亲，

树高千尺也忘不了根，

我同甘共苦的父老乡亲。

【画面插入我党三代领导人毛泽东、刘少奇、周恩来、朱德、邓小平、江泽民、杨尚昆、李鹏等深入工厂、农村、部队、工地、少数民族地区和灾区视察时的动人情景】

【歌曲《我爱你，七月》(字幕)，主持人诗朗诵】

田　华：我爱你，七月，绚丽的七月，
披着阳光，走进花的季节，
我们从历史的七月走来，
共和国的丰碑上刻着昨天的壮烈。

李秀明：我爱你，七月，辉煌的七月，
追着太阳，走进成熟的季节，
我们向未来的七月走去，
阵雨和风云挡不住青春的队列。

田　华：来吧，让我们张开臂膀，拥抱未来，拥抱希望。

李秀明：来吧，让我们张开臂膀，拥抱母亲，拥抱太阳。

歌曲《我爱你，七月》

作者：韩静霆

作曲：伍嘉冀

舞蹈：中国铁路文工团歌舞团

我爱你啊，七月，你这绚丽的七月，

披着金色的阳光，走进花的季节。

我爱你啊，七月，
我们从历史的七月走来，
在共和国的丰碑上，
刻着昨天的壮烈。
啊，芬芳的七月，
一路走来经历多少风雪，
我爱你啊，七月，
花的山啊，花的原野。
我爱你啊，七月，你这辉煌的七月，
追着金色的太阳，走进成熟的季节。
我爱你啊，七月，
我们向未来的七月走去，
那阵雨和风云，挡不住青春的队列。
啊！丰硕的七月，
几代人为你挥洒汗血，
我爱你，七月，
从花的季节走向花的季节。

【伴随着《我爱你，七月》的演唱，大屏幕播放这样一些画面】
舞台大幕徐徐下落成巨幅党旗；
年轻母亲给年幼的孩子讲述纪念碑上浮雕的故事；
威武雄壮的天安门国旗班行进的队列；
武警战士训练有素的持枪动作；
徐徐上升的五星红旗；
一组组伫立凝望国旗升起的人物群像；
嘉兴南湖船附近老人打起了舒缓的太极拳；
两只小手推动小纸船向南湖船漂去；
一群可爱的孩子跑过上海“一大”会址；
大渡河铁索桥上来来往往的人群；

遵义会议旧址前老人给红领巾讲革命传统；

延安宝塔山下，头缠白羊肚毛巾的陕北汉子驾着拖拉机喜送公粮；

雨花台前，几名天真的儿童把晶莹剔透的雨花石放在烈士塑像前；

天安门广场上高高飘扬的五星红旗。

【推出片名《拥抱太阳》】

（朱宝贺根据电视录像带资料记录整理）

第五章
电视文艺导演的学养与素质

学习目标

- 了解电视文艺导演应该具备的学养都包括哪些方面。
- 了解电视文艺导演需要具备的基本素质是什么。

"导演"一词的最早出现，据说是在19世纪后半期的"奥地利萨克森州的梅宁根公爵剧团的演出活动中，第一次有了居于艺术指导地位的专职导演"。[①] 该剧团在1876年的记录中指出导演的职责是"维持剧院秩序、管理演员、处理罚金、兼写剧本、检查道具服装、照看上下场"[②]等工作。这些规定为现代欧洲戏剧导演学的创立作出了贡献。在欧洲戏剧文化发展过程中，"导演"这个专业是资本主义发展历史阶段出于科学分工和专业化的需要才逐渐形成的。"导演"这个称谓，从宽泛的意义上说是指那些担任指导表演、进行演出艺术创作的专业工作者。

19世纪至20世纪中末期，科学技术得到突飞猛进的发展，出现了电影、广播、电视这些现代化的科技产品，随之也出现了电影艺术、广播艺术、电视艺术。这些借助于机械力的再生艺术，其创作者根据传播媒介的不同，又被分为电影导演、广播剧导演和利用电视技术、以荧屏为传播媒体进行艺术创作的电视导演和电视导播。

---

① 《电影理论基础》，中国青年出版社1987年版，第186页。

② 何之安：《导演基础知识讲话》，广东省群众文化馆1979年印刷，第6页。

电视导演或电视导播都是电视节目制作中的核心人物。本章初步研讨作为电视导演应该具备的有关学养和素质。

第一节 电视文艺导演的学养

电视导演在电视节目制作中起着非常重要的作用。如何成为一名好的电视导演，是一项复杂的系统工程，他需要具备全方位、系列化、深层次的学养。何谓学养？“学养”一词指的是一个人经过学习而具有某种学识及与之相吻合的修养。学养体现为一个人的整体气质，一种自然流露的书卷气。对于电视工作者来说，电视导演的综合学养主要概括为以下四个方面：

一、文化学养

文化是一个非常广泛的概念。从广义上来说，文化是人类创造出来的所有物质和精神财富的总和，其中既包括世界观、人生观、价值观等具有意识形态性质的部分，也包括自然科学和技术、语言和文字等非意识形态的部分。从狭义上来说，文化是指意识形态所创造的精神财富，包括宗教、信仰、风俗习惯、道德情操、学术思想、文学艺术、科学技术、各种制度等。由此可见，即便从文学艺术这个更小的范围来说，它也包含文学水平、艺术修养、哲理深度、逻辑能力等诸多方面的内容，因而可以认定它为一种由各种知识综合而成的素养。

电视艺术属于艺术学范畴，而艺术学又与哲学、科学、道德、宗教等共同构成文化范畴。英国著名的文化学家泰勒有一段名言：“所谓文化或文明，乃是包括知识、信仰、艺术、道德、法律、习俗以及包括作为社会成员的个人而获得的其他任何能力、习惯在内的一种综合体。”[①]因此，作为文化子系列的电视艺术，必然受到文化的影响和制约，于是电视导演的文化学养也就成为其必须具备的基本要求。

---

① 何丹主编：《电视文艺》，中国广播电视出版社 2001 年版，第 121 页。

当然，文化本身的内涵又是十分丰富的。对于电视导演而言，其文化学养重点表现在：

(一)自身要具有一定的文化品位与文化品格

当今世界，各国家、各领域都兴起了一股“文化热”。电视艺术是文化的一部分，同时，电视艺术又属于一种意识形态的产品，它必然会直接或间接地传达或表达某种文化价值观的倾向。因此，电视导演本身就必须具有一定的文化品格，要站在电视文化的高度，统领自己的电视导演工作。

(二)熟悉并掌握民族文化的特点

民族文化是一个民族的精神支撑和整体的生存状态，也是其自立于世界文化之林的依托。作为中国的电视导演，必须熟悉并掌握中华民族优秀传统文化的特色，并在自己的作品中予以具体体现。

(三)了解并能满足当前电视观众的审美需要

电视导演创作的作品要能适应消费大众的审美趣味和要求，能让电视观众在多层次、多种类的审美体验中获得美感，陶冶情操。

二、艺术学养

电视艺术是以电视作为传播媒介，以艺术为本体而诞生的一门综合性艺术，它既是科技与艺术的大综合，又是多种艺术门类的小综合。这对电视导演在艺术学养上提出了较高的要求。电视艺术本身就是“百花齐放”的，它包括电视剧（又分为单本剧、连续剧、系列剧）、电视综艺节目、电视艺术片、电视专题文艺节目、电视文艺谈话节目、电视娱乐节目（又分为游戏类、益智类、模仿秀）、电视文学（又分为电视散文、电视小说、电视诗歌等）、电视音乐、电视舞蹈、电视曲艺（又分为二人转、相声、快板书、山东快书等）、电视杂技、电视魔术、电视戏剧（又分为话剧、歌剧、音乐剧、舞剧、戏曲、小品等）、电视电影，以及诸多亚艺术品种（如电视艺术体操、电视冰上舞蹈、电视水上芭蕾、电视时装表演等）。这众多的艺术品种集中于电视艺术这个“艺术大家庭”之中，对于一名电视导演来说，如果不具备相应的艺术学养，要想胜任工作就会面临一定的困难。

三、电影学养

电视艺术和电影艺术是姊妹艺术，人们通常将二者合称为“影视艺术”。许多电影导演同时也兼做电视导演，正说明电视艺术与电影艺术之间有许多相通、相似乃至相同的艺术特点。因此，电视导演的电影养学就显得尤为重要。电视导演的电影学养，重点定位在两点上：一是镜头（“画面”）语言的运用，二是蒙太奇的使用。

电视艺术的镜头（“画面”）语言来源于电影。电影的“画面”是运动的，是通过摄像机镜头拍摄记录下来的，它又分为景别、拍摄角度、构图、布局法等方面。

（一）景别

常用的景别为远景、全景、中景、近景、特写等。

1.远景

远景是指表现被摄对象及其广大空间的周围环境或自然景色的一种画面，它包括的景物范围大，着重于整体气势的营造，内容的中心不明显。远景在作品中的主要任务是介绍典型环境或创造某种特定的气氛等。比如，在大型文艺晚会《我爱你，中国》中，有一个节目是老艺术家骆玉笙在圆明园的断壁残垣前领唱《重整河山待后生》，大型交响乐伴奏，几个艺术团体的合唱演员共同演唱这首歌曲。气势雄伟，场面恢宏，这里即首先选用了一个远景的景别。导演选用远景时应注意镜头的长度，必须给观众留取足够的时间看清画面的内容。这种景别在室内录制节目时很少使用，大多是用于外景拍摄。

2.全景

全景是表现被摄对象的全身或场景全貌的画面，在录制舞台演出时，能够看到舞台框内的那种景别。全景可以使观众看清楚演员的形体动作及演员和周围环境的关系，与远景相比，它有较明确的中心内容。用全景镜头拍摄演员时，必须连同被摄对象的脚一并拍摄下来。用全景镜头拍摄场景全貌时，为了使观众能够看清画面的内容，镜头的有效长度不应短于5秒。

3.中景

中景是表现成年人膝盖以上或场景局部的一种画面。中景可以使观众看清人物半身的形体动作和情绪交流，能够交代清楚人与人、人与物之间的关系，是表演场面中的常用镜头。中景以被摄主体富有表现力的局部为主，而环境则降到次要的地位；人物的手势和动作常常是画面中表现的主要部分，以求得神情举止和对白相一致。比如，舞台小品、曲艺说唱等节目的表演，舞蹈演员的面部表情与动作，歌唱演员的演唱与动作等大都用中景进行表现。

中景有着其他景别所不可替代的艺术表现功能，它不仅能使观众看清人物的面部表情，更有利于显示人物半身的形体动作，同时演员又不会因景别空间的窄小而与环境气氛、动作地点相脱节。所以，中景在以人物为主体的电视艺术作品中经常被采用。

4.近景

近景是表现成年人胸部以上或物体局部的一种画面。用近景画面表现人物时，主要以突出面部神情或质感为目的。近景也是拍摄人物时经常选用的景别之一。它是突出演员的表演技巧和挖掘人物心理的重要手段。人物形象主要是通过近景来表现的。

5.特写

特写是表现成年人肩部以上的头像或被摄对象细部的一种画面。特写镜头有极其鲜明、强烈的视觉效果。在电视作品的拍摄中，不要漫无目的地滥用特写，否则会夸大无关紧要的东西，容易使观众产生错觉，削弱艺术作品本身的价值。

拍摄特写画面，关键在于抓住被摄对象的重要局部。最能突出反映人物内心的镜头，莫过于面部表情的特写。比如，反映人物的内心世界，应以眼睛作为特写的对象（又称局部特写），通过对眼睛的表现，揭示出人物内心的喜怒哀乐。

以上我们简单地介绍了各个不同景别的艺术表现功能，导演应根据文学台本的要求，对于晚会的节目用不同的拍摄景别进行分类、组合，完整地表达节目主题和创作意图。

(二)拍摄角度

在熟悉景别之后,我们还要了解拍摄时的角度。主要有以下三种:

1. 平角度

平角度相当于人物站着或坐着时的视平线,高于或低于这一视平线的变化不可以过大。平角度的水平发展,包括正面、背面、侧面、斜侧面四种。

(1)用正面角度拍摄的画面,可以看到人物完整的面部特征及神情,或物体对称的结构。这种角度有利于画面中的人物与观众进行面对面的交流,能够增强亲切感。

(2)用背面角度拍摄的画面,可将主体对象与背景融为一体,背景中的事物就是画面的主要对象。这种角度不重视人物的面部表情,而是以人物的姿态来表现内心感情,并将其作为主要的形象语言。

(3)用侧面角度拍摄的画面,有助于突出人物的轮廓线条以及动作和姿态,同时还能展现出活动的特点,常用于表现运动感强的画面,比如舞蹈动作。用这种角度表现人物之间的感情交流时,能够多方兼顾,平等相待。

(4)用斜侧面角度拍摄的画面,能使被摄主体的横向线条在画面上变为斜线,产生明显的形体透视变化,同时能扩大容量,使画面变得生动活泼。运用斜侧面角度进行拍摄,既有利于安排主体和陪体,也有利于突出主次关系,是电视节目制作中运用最多的一种角度。

2. 仰角度

仰角度又称"仰拍",是摄像机低于被摄对象向上拍摄。用仰角度拍摄,会使不甚高大的物体显得高大,也可使本来就很高大的物体显得更加挺拔,所以,仰角度一般适于创造崇高、威严的气势,造型性很强。用仰角度拍摄的画面,在感情色彩上往往有舒展、开阔、崇高、景仰的感觉。

用仰角度拍摄人物近景时,容易显示出高昂向上的气势,但要注意掌握分寸。因为近距离的拍摄,镜头有近大远小的特性,容易造成被摄人物透视变形。利用贴近地面的仰摄,可夸张运动对象的腾空、跳跃等动作,并能产生比实际生活更强烈的感觉。比如，舞蹈动作中的跳跃，如果贴近地面仰摄，比正面拍摄造成的腾空感觉要强烈得多。

3. 俯角度

俯角度又称“俯拍”，是摄像机高于被摄对象向下拍摄，一般又称“鸟瞰景”。这种角度用于交代人物时，可以充分展示人物与环境的整体气氛。比如，在大型文艺晚会《我爱你，中国》中有这样一组画面：在歌声中，身着节日盛装的800名来自不同民族的男女青年涌向广场，做着整齐明快的团体操，随后四周的解放军战士涌上前，组成一幅巨大的中国地图。当天安门广场上灯光骤灭，“地图”忽地闪亮（每人手持两支手电筒，同时闪亮）。手电筒光组成“黄河”、“长江”的画面，奔腾入海，蔚为壮观！这幅画面就是采用俯拍的角度拍摄的。这种大全景的俯拍使画面显得非常有气势，晚会也因此被推向高潮。

但是，俯拍不适宜表现人物的面部神情及人物之间细腻的感情交流。在以人物为主的中近景画面中，不要随便运用俯角度，否则会产生贬低、蔑视的效果。

（三）构图

构图是“造型艺术”的术语。艺术家为了表现作品的主题思想和美感效果，在一定的空间安排和处理人与物之间的关系和位置，把个别或局部的形象组成艺术的整体，这在中国的传统绘画中被称为“章法”或“布局”。电视画面中的构图是指画面的形式结构，即画面上各视觉形象之间的联结关系和组成方式。

在拍摄的景别和角度中都蕴含着构图。优秀的构图常具有下列特征：(1)风格独特新颖；(2)能够揭示各画面元素（线条、形状、色彩、影调）之间的内在联系；(3)将观众的视线引向主体物；(4)画面具有一定的审美价值，令观众感到赏心悦目。

如何实现合理而优美的构图呢？这里介绍几条基本法则。需要首先说明的是，“构图是一种无穷无尽的艺术，其方法根据作品的内容，创作者的个性、修养、兴趣爱好的不同而异。这里讨论的构图法则，只能是对学习者具有一定指导意义的基本方法，切不可将这些方法视为不可打破的教条”。①

1.运用构图的黄金律

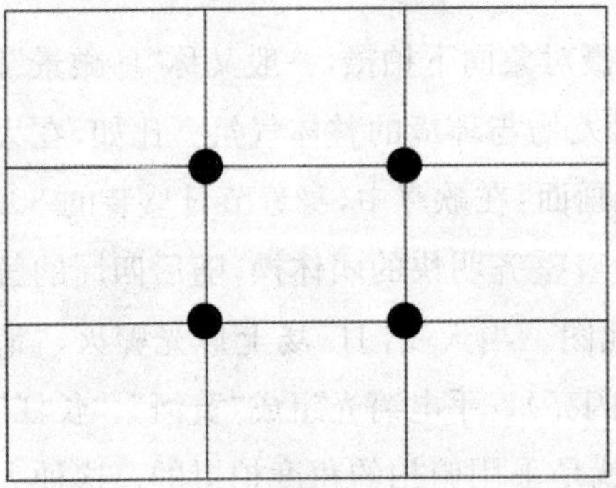

图5-1 构图黄金律示意图

对于并不精通构图理论和规律的初学者来说，掌握构图知识的窍门是首先掌握构图的“黄金律”，即在画面上假设有距离相等的横竖各两条线，形成一个井字形。这个“井”字有四个交叉点，其中任何一个交叉点都是安置主体的最佳方位。因为这四个交叉点都是引人注目的焦点。主体物是画面中最重要的部分，它的布局安排对于整个画面构图的成功举足轻重。为了使主体物鲜明突出，就要将主体物置于画面的视觉中心。而这一“井”字的四个交叉点，正是画面的视觉中心。这样安排，不仅主体物鲜明突出，画面也显得生动有趣、富于动态(见图5—1)。

2.留足天头空白

一幅好的书法作品，章法布局上总是留有足够大小的天头、地脚(上下空白)；而对于电视画面而言，天头空白更重要，必须要留足。电视画面的天头空白就是画面中主要人物的头顶与屏幕上框之间的空白。这个空白过大或过小都不适宜，最佳处理方法是使人物的眼睛位于屏幕横向黄金分割线的第一条线的上下。但是，不同的景别可以稍有变化：近景与特写镜头，眼睛应略低于此线；远景镜头，眼睛略高于此线；中景镜头，眼睛可恰好在此线上。否则，空白过大，画面上轻下重，破坏构图均衡性；空白过小，则由于电视信号在传输过程中的边缘损失，人的头顶部位可能被割去(见图5—2)。

① 张舒予、周章明编译：《电视制作——技巧、艺术、训练》，复旦大学出版社1991年版，第158页。

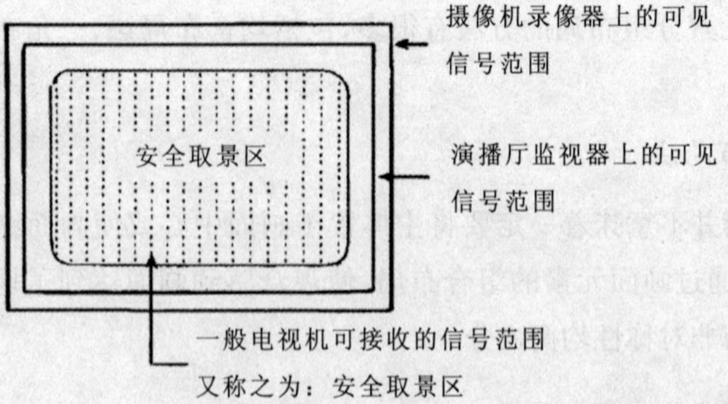

图 5－2

3.注意事项

电视构图是研究画面的组合，使画面动人、感人，并力求美化。说起来构图不应该定什么原则，因为构图要求变化，要有创新，但是有些值得注意的事项还是需要大家作为参考：

(1)构图要确定表现的目标、人物。

(2)重要的人物动作、面部表情以及语言，必须要交代清楚。

(3)观众想要看的事物以及期待看的图像，必须呈现。

(4)图像呈现的次序应该妥善安排，不可紊乱、遗漏。

(5)要注意图像的清新悦目，能够产生美感。

(6)注意图像大小的配合，运用纵深，产生立体感。

(7)注意图像的前后高低，产生层次感。

(8)要使静态的画面也能变得生动活泼，造成运动感。

(9)图像不可以过散或过紧。

(10)注意组合、节奏、韵律，画面要表达流畅。

(四)布局法

日常的视觉经验告诉我们：当我们观察事物时，常常有意或无意地将观察对象分成若干个小组，先一组一组地分别观察，最后得到总体印象。这种观察的效果比满眼看去既省力又清晰。电视构图正是利用这种视觉经验，将画面元素分组布局,引导观众视线集中到画面主体上。

将画面元素分组布局的方法有很多,包括均衡布局法、三角布局法和前后景布局法等。

1. 均衡布局法

画面均衡并不意味着一定要将主体置于画面中心或使画面绝对地左右上下对称,而是通过画面元素的组合布局,使观众感到画面达到了均衡。均衡有对称性均衡与非对称性均衡之分。

(1) 对称

对称在自然界中是结构上的一种规律,鸟的两翼、动物的四肢、树叶的对生,都保持着一种均势的状态。如果鸟翼不是对称的,那么鸟儿就不能展翅飞翔。在舞蹈中的群舞,有许多都是运用对称来构图的。

(2) 平衡

平衡是指物体或系统的一种状态。处于平衡状态的物体或系统,除非受到外界的影响,它本身不能有任何自发的变化。在不同的科学领域,它又有不同的含义。

对称与平衡是造型艺术外部形象结构最基本的重要法则。这个法则被运用在绘画和雕塑艺术中,或者体现在舞台构图上,对于基本情调的掌握、心理上的安定感和美的变化,都起到决定性的作用。如果舞台上离开了这个法则,观众的心里就会产生分散不安的感觉,也就很难实现画面内容所要传达的美的艺术效果。比如,景物和人物的活动如果都安排在同一个角落中,即使再精彩的表演,也会使人感到不舒服。

在平衡形式中有一个重要法则,即除了保持自然生活状态规律外,还要巧妙地运用中国画论中"密地不能藏针,稀地可以跑马"的构图方法。否则,如果离开了这种稀密集中方法,也会造成形象和关系上的混乱。要处理好这种稀密集中的组织,就要充分运用伟大的画家达·芬奇的"小组构图"的原理。这种构图是指在一个大的组织关系中,再分成若干个小组,各个小组服从于大组,各个小组可以在不同的角度上反映中心,从而突出了主次关系。"小组构图"又可称为"分组集中"的构图。在舞台调度中,群众场面显得特别有力。比如在舞蹈节目中,采用"分组集中"的构图,就是很好的方式。

2.三角布局法

三角布局法即是将画面元素组成三角形状，它的视觉中心常位于三角形的顶点。三角布局并不仅限于三个画面元素，它是一种常用的极富于表现力的构图方法：它使画面元素组合紧凑，有利于近景拍摄；利用三角形的几何形状，很自然地将观众的视觉注意力引导到三角形顶点，主体物可以置于三角形三个顶点中的任意一个；三角布局可以使画面元素处于不同的纵深层面上，后面的立体感更强。

3.前后景布局法

前后景布局使画面元素至少处于两个以上的纵深层面。这一布局结构无疑有利于突出画面的立体效果，利用各种技巧更好地引导观众的注意力。比如，根据近大远小的原理，可将主体物置于前景得到突出；通过调焦，使前景虚、后景实，自然而然地将画面视觉中心从前景移到后景或反之，同时保持画面构图不变。

4.运动形成的构图

前面我们提到的多是静态性构图范例。实际上，舞台演出大都是动态的，摄像机也常采用推、拉、摇、移、升、降等运动方式，形成多构图镜头，或者说镜头内部的"蒙太奇"。

电影"蒙太奇"有多层含义，简单来说，蒙太奇的完整概念包括三层意思：(1)作为电影反映现实的艺术方法——独特的形象思维的方法，即蒙太奇思维，蒙太奇原理；(2)作为电影的基本结构手段、叙述方式，包括分镜头和镜头场面、段落的安排与组合的全部艺术技巧；(3)作为电影剪辑的具体技巧和技法。①

蒙太奇产生的依据是：(1)人类观察和认识世界的方法，包括人的视听感觉的规律和分析、综合、联想、回忆、想象等思维活动在电影中的反映；(2)美学原则——艺术反映现实需要对现实生活素材进行选择、提炼、概括、集中、加工、改造，使之典型化和富于美感，这一过程渗透着创作者本人的思想、感情、态度和创作意图，电影艺术也需遵循这一美学原则；(3)电影本身制作材料、技术手段

---

① 许南明、富澜、崔君衍主编：《电影艺术词典(修订版)》，中国电影出版社 2005 年版，第 151 页。

所带来的艺术表现的可能性与局限性。蒙太奇表现方法的产生及技巧的发展是以上述三个条件为根据并受其制约的。①

通俗地说,蒙太奇是指影视作品的组接技巧,即在影视制作过程中,将前期采集的画面和声音素材按照主题要求所设计的顺序组合在一起,形成一部完整的影视作品。

四、电视学养

电视学养是电视导演、导播需要具备的一项基本功。电视导演和导播要充分了解和掌握电视艺术创作的原理和基本特点。首先,电视的特性和基本属性都是以技术为基础的,电视是技术媒介。导播运用电视技术媒介进行艺术上的创作是集艺术与技术操作的总和。导播运用灵活的电视手法,使原始的节目形式,经过再创作,化为荧幕上具体而真实的形象。

作为电视导演来说,其必须具备的电视学养之一是对电视技术诸方面有所了解,掌握电视自身的个性化语言。首先要了解电视台的控制室及演播厅。

(一)控制室②

控制室是导演(导播)、助手、电器技师、音响工程师的工作场所。室内的一面墙上安装着视频监视器。一般来说,演播厅里有几台摄像机,控制室里就有几台视频监视器,分别显示每台摄像机的信号。另外还有几台分别显示正在播放的电视节目的监视器,以便随时可以取用其中的图像素材。控制室通常还有两台屏幕较大的彩色监视器:一台显示预演信号,以检测即将播出或录制图像的质量与效果是否达到要求;一台显示正在播出或录制的图像,导演由此可以看到节目的最后效果。监视器前是长长的导播台,导演一般坐在中间位置,以便观看所有监视器的信号。坐在导演一侧的是依照其指令控制键钮、选择视频信号的电器技师,另一侧则是助理导演。他们佩戴耳机,可以和控制室外的演播厅里所有的制作成员随时对话,密切联系。音响工程师与混音台一般位于控

---

① 许南明、富澜、崔君衍主编:《电影艺术词典(修订版)》,中国电影出版社 2005 年版,第 151 页。
② 张舒予、周章明编译:《电视制作——技巧·艺术·训练》,复旦大学出版社 1991 年版,第 178 页。

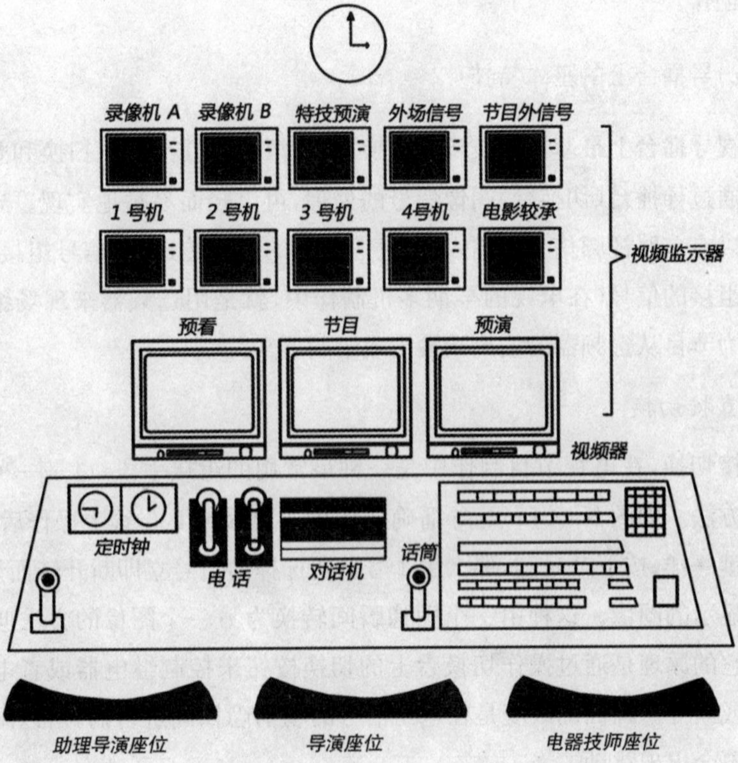

图 5－3　监视器安放示意图

制室的一端,并用玻璃隔开,以防止控制室内噪音的干扰。控制室的后部是所有摄像机的控制器,电器技师可以很方便地通过控制器调节摄像机。

以上所述是一般模式,实际情况可能略有不同。

(二)演播厅

演播厅是电视节目表演与制作的场所。它是开放型的空间,可以容纳摄像机、话筒、灯具、布景、道具等设备,操作人员在此工作,演员在此表演。电视导演可以通过监视器上的图像信号了解演播厅里的节目制作状况,导演与操作人员之间的密切联系是通过电缆来实现的。事实上,有些控制室还被设计在演播厅的楼上,二者并不完全紧密地连在一起。

在控制室的导播台前,导演从监视器上看到演播厅内的活动情况,开始他的艺术创作。

(三)导播台上的基本特技

电视导播台上最基本的技巧是切换、淡入淡出、渐隐渐显、扫换和叠印。这些技巧通过导播台(切换台)图像信号的处理,可以轻而易举地实现。导播台的一端可以有多路视频信号源输入,经过选频器的选择传送,将信号组接在一起。这些被组接的信号(在电视的早期多机制作中,就是用选频器来现场编辑信号的),作为节目从选频器的输出端输出或录制下来。

1. 直接切换

直接切换,在电视节目制作中是一种最常用的组接手段,也是一种最容易掌握的方法。如图 5—4 所示,导播确定是在 A 母线或 B 母线上操作后,像弹钢琴的按键一样,按下 2 号键,那么由 1 号键所选择的信号立即断开转而切换到 2 号键所显示的图像。这种由一个图像瞬间转换为另一个图像的方法叫做直接切换。它的原理是通过操作切换台上的切换按钮来控制继电器或者电子开关的导通或断开。画面的改变是在电视信号的场消隐期间进行的,所以画面的接点部分不会出现跳动。

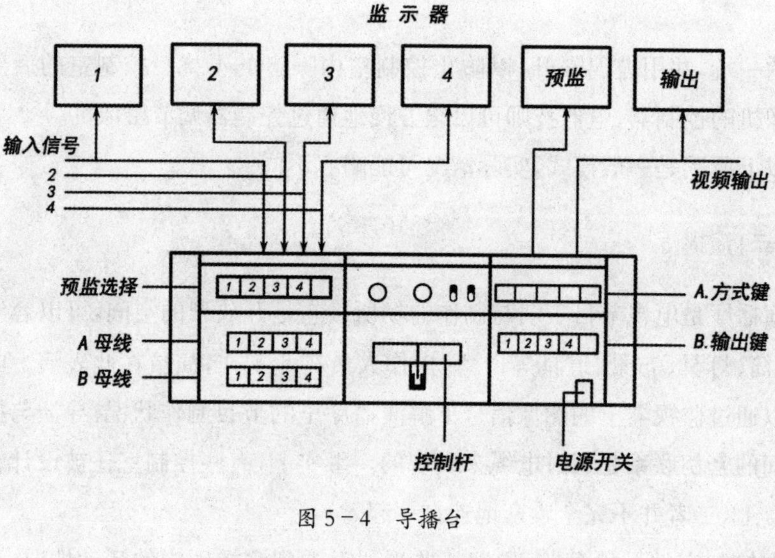

图 5-4 导播台

在实际应用中，直接切换可使画面的情节和动作保持连贯，不存在时间上的差异，给人以轻快、利索的感觉。加快直接切换的次数，还可以改变节目内容的节奏。

2. 淡入淡出

屏幕上前一个画面逐渐消失之后，后一个画面逐渐出现并愈显分明。这是导演通过操纵导播切换台或特技机面板上的推拉控制杆，以任意速度开大或关闭，达到使图像信号增强或减弱的目的。推拉控制杆的操作方法，是先将前一个图像的视频信号关闭（淡出），然后再将另一个图像的视频信号开大（淡入）。淡出淡入连贯使用是节目段落过渡的重要手段（见图5—5）。

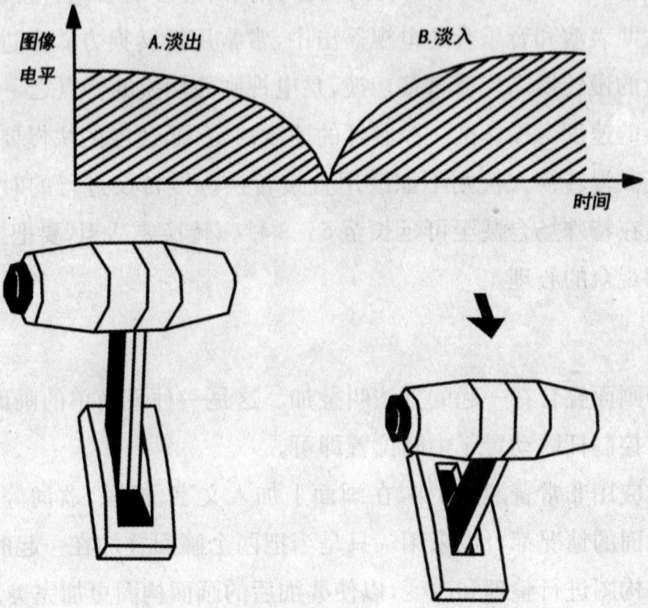

图5-5　推拉控制杆位置操作

3. 慢转换

在前一个画面逐渐消失的同时，第二个画面逐渐分明，最后取而代之（见图5—6）。导播通过操纵位于特技机面板上的推拉控制杆，可以使淡出淡入同时进行。在设备上一般是将两个图像的控制杆电位器的信号上升和下降反接在

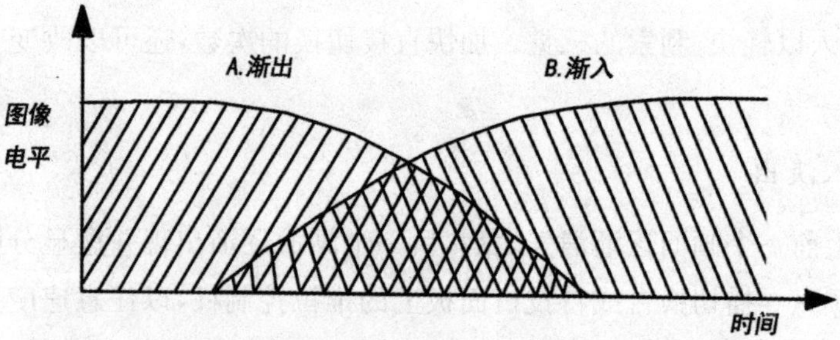

图 5-6 慢转换

一起。操作时只要同时向一个方向拨动,就可达到慢转换的目的。

在录制节目时,慢转换可以表现动作、情节、过程的省略,使画面过渡和谐自然。在歌曲表演和音乐会的电视播出中,常常用慢转换方式来进行镜头的改换。用大量的慢转换来代替直接切换,是电视画面切换的特点之一。

慢转换的速度由操作推拉控制杆的速度决定,而速度的快慢要符合节目的内容和气氛。慢转换太快则不如改用直接转换。慢转换进行的时间通常情况是 2～3 秒,在特殊场合甚至可延长至 5～6 秒。转换要适当,要把握画面内容、音乐节奏和观众的心理。

4.叠加

把两个画面叠合在一起的方法叫叠加。这是一种最简单的画面组合方式,只要将推拉控制杆联动置于中间位置即可。

叠加的应用非常普遍,比如,在画面上加入文字、标题、歌词等。凡是同时叠合两个画面的情况都可以采用。只是当把两个画面叠加在一起时,有必要对画面的原有构图进行整理和改变,以使叠加后的画面构图更加完美。

5.扫换

图像从其画框中的某一部分或某一中心开始,渐渐有另一个画面取而代之,这种画面转换方式被称作扫换。扫换的用法大体上与慢转换的方法相同,所不同的是,扫换可以使电视观众产生强烈的流动感和节奏感等视觉心理效果。实际应用时,还需要根据画面的构图、运动的方向等,选择扫换的图形和确定扫换的方向(见图 5—7)。

图5－7　扫换中的画面组合

（四）快慢动作和静帧特技

我们在电视荧屏上看到有的电视节目，导演为了渲染某种情绪、气氛或是抒发感情，常采用快慢动作或静止图像的处理。快动作和慢动作一样，从本质上说，都是改变现实运动形态的一种技术方法。电视中的快慢动作通常是在特技台上完成的，电影则采用升格（慢动作）或降格（快动作）摄影。对于电视来说，放像机放像时的走带速度快于录像时的走带速度，即形成了画面的快动作；相反，则形成慢动作。静帧是指放像机仍保持放像工作状态而只将磁带停止，银幕上随即出现的静止画面效果（即定格）。

（五）三种键控特技

键控是利用一个视频信号中不同部位参量（例如亮度和色度）的不同，经过处理形成高/低双值键控信号，去控制电子开关，使待合成的两路视频信号交替输出，形成一个画面的一部分被抠掉而填进另一画面的效果，俗称“抠像”。

键控特技是在特殊图形扫换技巧的基础上发展起来的，分为内键、外键和色键。它是选频器所具有的一种特技功能。键控特技不同于前面介绍的淡入、化入与叠加等画面组合方法，它不是改变整个画面，而是在某一画面的局部嵌入另一个画面的元素取而代之，从而形成新的组合画面。

一般来说，键控特技可以作如下分类：

1.内键

内键是以参与键控特技其中的一路信号作为键信号来分割画面的，也就是说，键源与前景图像是同一个图像。其方法是利用信号电平高低的不同，将亮度信号在另一路视频型号的画面上切出相应形状的电信号空洞，其效果如同在画面上剪出相应的图形和字样，从而使画面和字幕融为一体。内键也称自键，一般用于文字、图形的叠加。内键的键源信号通常是在黑底上的白色字符或图形（见图5—8）。

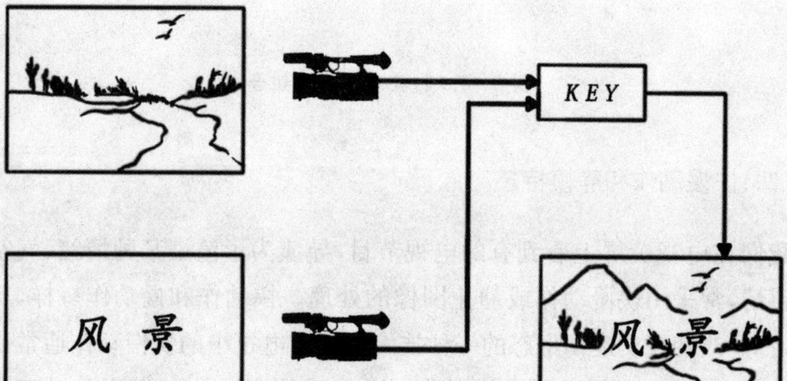

图5－8 内键示意

这种字幕与画面的键控组合，与采用叠加的方法将字幕叠加在画面上的效果迥然不同。叠加信号是两路信号各取强度的50％，而键控信号则是将键控信号键入画面空洞，两路信号的强度都是100％。

2. 外键

外键是相对于内键而言的，其键信号由第三路键源图像提供，而不是参与键控特技的前景或背景图像。外键的键源信号通常也是黑底上的白色字符或图形，填充信号通常为单一色调的彩色信号，因此外键特技通常用于彩色字幕或图形的插入。其方法是：用视频信号充塞在键入信号的外围，使所键入的形状在画面上显现出来，如同使用模板切出的饼干造型一样。然后用第三路视频信号充满于所键入的形状内部（见图5—9）。

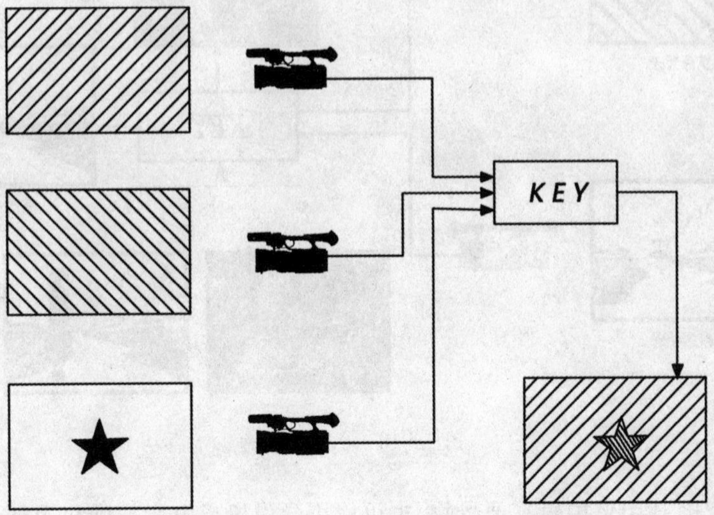

图5-9　外键示意

3. 色键

色键特技是利用前景图像的色度成分与其后的彩色背景幕布的色调差别来形成键信号，用键信号去抠背景图像，再填入前景图像。色键要求键源图像信号有较高的色度反差，也就是要求键源信号的前景和背景的色调尽量分开，最好是补色关系，以保证两者之间的色调差别。

色键键入图像的特定色彩常选用蓝色或绿色，因为这两种颜色与人的肤色差别较大，键入的效果不会影响画面中的人物形象。

如今，色键被广泛地用于新闻、体育等各类题材的彩色电视节目制作中。

如图5－10中，摄像机A拍摄演员的表演，演员的身后用一块单色幕布做背景。幕布的颜色应与人的肤色有较大差异，通常选深蓝做背景颜色。演员的服装色也应该与背景有较大的差别，至少颜色应稍浅一些。利用摄像机A所拍摄的图像信号中的蓝色成分，在电路中分离出键控信号C。因为它是利用画面中的某一特定色彩形成的，故称为色键信号。

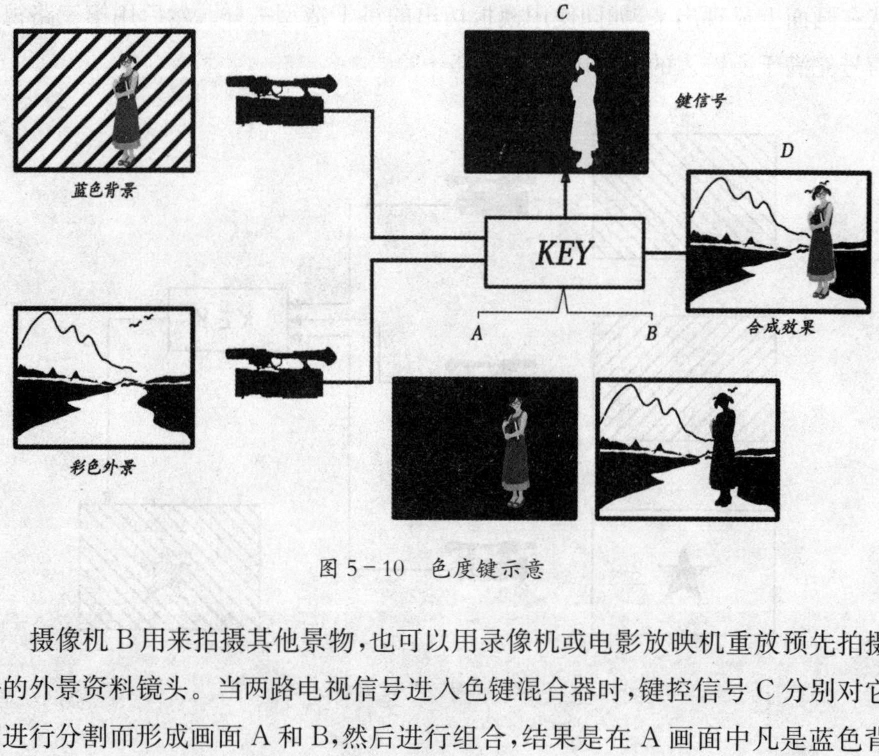

图5－10 色度键示意

摄像机B用来拍摄其他景物，也可以用录像机或电影放映机重放预先拍摄好的外景资料镜头。当两路电视信号进入色键混合器时，键控信号C分别对它们进行分割而形成画面A和B，然后进行组合，结果是在A画面中凡是蓝色背景的部分补上B画面，得到一个合成的画面D。

利用色键特技，我们制作电视节目就不一定非在现场或实景中拍摄，可将外景拍摄的画面用录像带留存，制作时再用它作为背景，演员则可以在演播室内进行表演，从而合成最终的画面。

(六)数码特技和功能

1.画面的扩缩、翻转、位移及分裂

(1)单画面的扩缩

这类似于变焦距镜头的推拉拍摄效果,不同的是仍带有原画面的边框。既可以单独进行水平或垂直面的扩缩,也可以按任意比例来进行扩缩(见图5—11)。

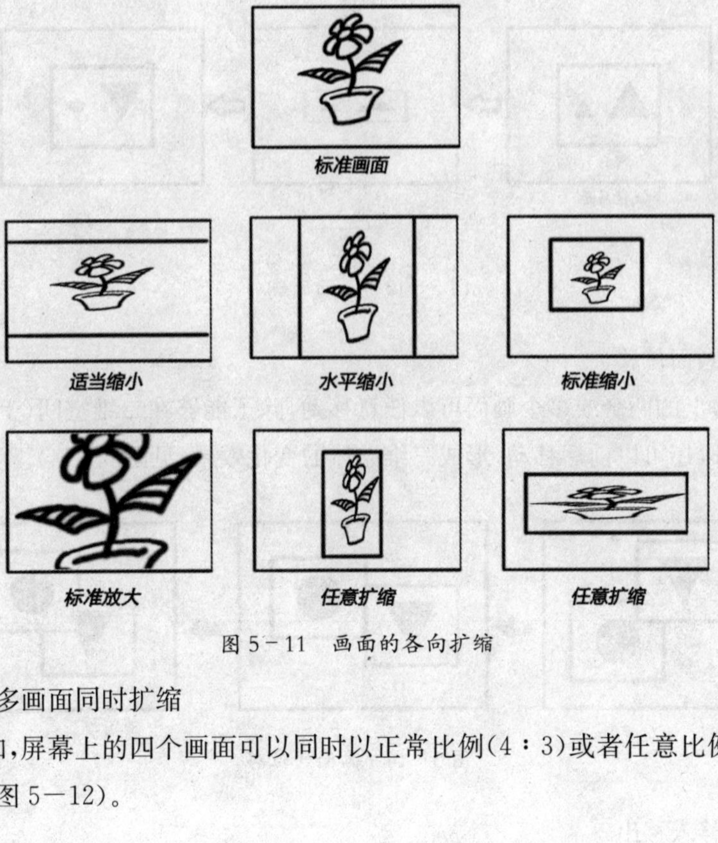

图5-11　画面的各向扩缩

(2)多画面同时扩缩

例如,屏幕上的四个画面可以同时以正常比例(4∶3)或者任意比例缩小或放大(见图5—12)。

图5-12　多个画面同时扩缩

(3)画面翻转

即画面在屏幕上做左右翻转或上下翻转(见图 5—13)。

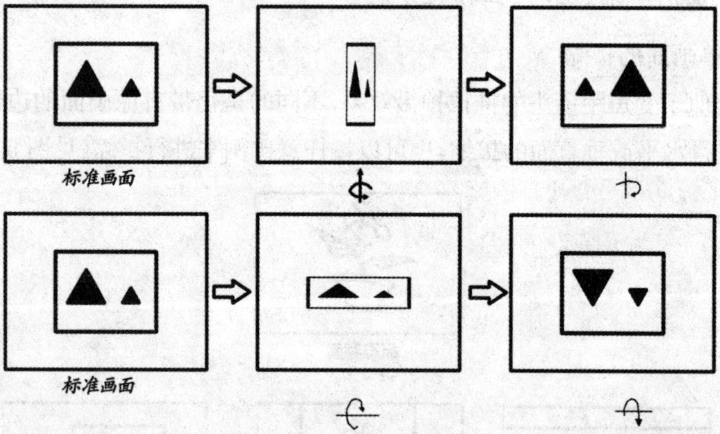

图 5－13　画面的翻转

(4)画面位移

屏幕上的两个或多个画面可以任意移动,除了能够在二维空间(上下左右)变化之外,还可以前后移动,形成三维立体的变化效果(见图 5—14)。

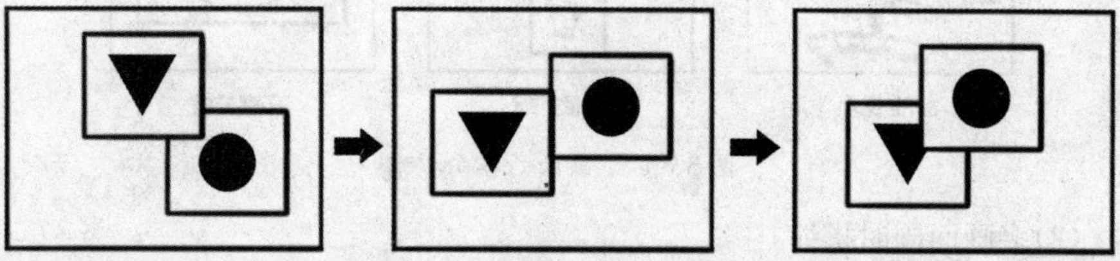

图 5－14　画面的位移

(5)移入移出

画面的移入移出与通常我们所说的划入划出有很大不同。所谓移入移出,是整幅画面向一边移动而出现或消失,类似幻灯机换片时在银幕上的效果。键控信号既可取自摄像机,也可来自特技扫波形发生器或自身电路。输入的键控信号不同,移入移出的方向也不同(见图 5—15)。

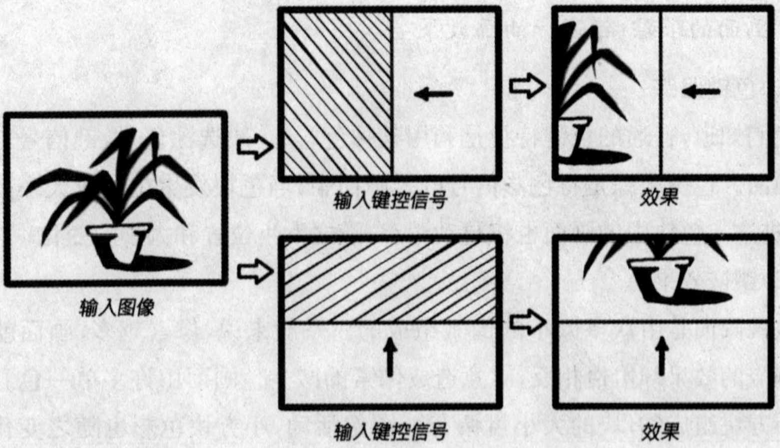

图 5－15　画面的移入移出

(6)画面分裂

同样,利用合适的外输入键控信号,还可以制作出画面分裂的效果。画面分裂又包括水平分裂、垂直分裂和复合分裂,视选择的输入键控信号图形而定。无论哪种方式,都可以将另外的图像插入画面中央。这种效果常常用于场面的转换(见图 5—16)。

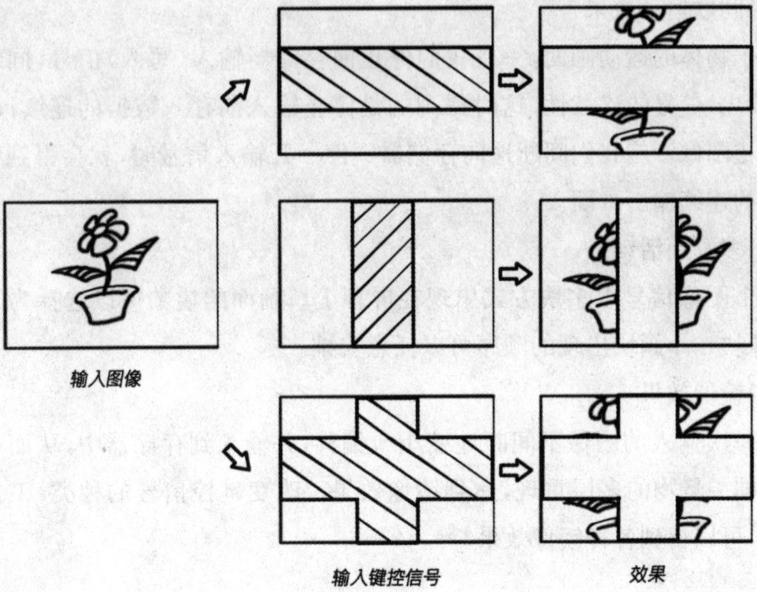

图 5－16　画面的分裂

2.画面的跟踪、镶嵌和油画效果

(1)色键跟踪

我们知道,普通的色键特技是利用某种色彩(一般选深色)做键信号分隔或组合画面。色键跟踪是将色彩信号嵌入画面中,当色块发生位置或大小的变化时,嵌进这一色块中的画面也将自动跟踪,随之发生位置和大小的变化。

(2)镶嵌效果

电视画面是由众多微小的像素组成的。一般来说,像素越多,画面就越清晰。镶嵌的效果却恰恰相反,有意造成像素的减少。画面由许多单一色彩或明暗的小方块组成(方块的大小可调节),图像活动,小方块色彩也随之变化。镶嵌的画面没有清晰的轮廓,给人一种飘忽不定、虚实相间的艺术感受。

(2) 油画效果

油画效果是降低数字电视信号的取样电平位数,限制输出图像的平均电平,使图像的色度、亮度分辨力降低,明暗层次减少,色彩集中,画面变得粗糙,与油画艺术效果相似。

3.画面的运动、重现及静止

(1)间歇运动效果

对于物体的运动画面,一旦我们停止向存储器输入(写入)信号,同时保持输出(读出)信号的连续性,这时得到的是停止输入前存入数据的连续读出,是一个静止图像。当我们间断地向存储器一停一开输入信号时,就会得到物体间歇运动的连续输出画面。

(2)多画面活动

一个图像信号以多块方式出现在屏幕上。画面的块数可以选择为 4 块、9 块和 16 块。小画块出现的顺序可以任意安排。

(3)镜像效果

将一次输入的图像不间断地缩小或偏移,并输入到存储器中,从而在屏幕上出现同一景物的多层重现,达到镜像效果。改变键控信号的种类、工作程序和方式,可以得到各种镜像效果。

4. 画面的频闪

(1)频闪效果

这种特技方式可以在画面上留下物体运动的轨迹，就像多次闪光拍摄成的活动物体的照片一样，故又称为轨迹效果。在具有掩蔽功能的设备上，还可以任意制定画面中的某一部分产生频闪效果。

(2)频闪位移

当运动体的位置基本保持不变时，如果使用一般的频闪效果就会使运动体位置重叠，看不出运动轨迹的起伏，而且不能将运动持续的时间明确地留在画面上。通过频闪位移，有意造成物体水平或垂直方向的移动，可以在改变画面构图的同时，使物体运动的状态分界。

(3)频闪衰减

通过频闪衰减，可以将物体运动的频闪轨迹从开始顺序消除，造成运动物体在一段时间内的拖影(不同于拖尾)；当物体停止运动时，频闪也就停止。

(4)频闪着色效果

频闪着色效果有两种：一种可以给移动物体的运动轨迹加上任何色彩，叫着色频闪；另一种是用色彩填充移动物体以外的画面部分，又叫背景着色效果。

以上所列举的种种电视特技，仅仅是根据它们各自的技术形成和使用方法进行分类的。在实际工作中，往往是各种设备同时连接，几种特技形式混合使用，形成多层组合特技效果。因此更增添了电视特技的花样与数量。[①]

(七)虚拟演播室

1. 虚拟演播室的制作方式

虚拟演播室是近年来发展起来的一种独特的电视节目制作技术，它是在高速图形计算机处理技术与传统色键抠像技术相结合的基础上形成的。其实质是将计算机制作的虚拟三维场景与电视摄像机现场拍摄的人物活动图像进行数字化的实时合成，使人物与虚拟背景能够同步变化，从而实现两者天衣无缝

① 参见李平云：《电视节目制作》，山西教育科学出版社 1985 年版。

的融合,以获得完美的合成画面。

在虚拟演播室系统中,一台工作站可以与多台摄像机相连接,摄像机可以在虚拟演播室中随意移动,高速实时图形工作站根据摄像机跟踪系统提供的信息,建立逼真的三维模型,从而得到真实道具所不能达到的特殊效果。

虚拟演播室技术可以使电视导演摆脱时间、空间及道具制作方面的限制,充分发挥想象自由创作,极大地提高了电视台对节目的创作和制作能力,降低了节目制作费用,因此,受到影视界特别是电视节目制作人员的青睐。虚拟演播室技术是对传统的电视演播室技术的一次重大变革。

2. 虚拟演播室的原理

虚拟演播室是在色键系统的基础上发展起来的。其工作原理是将摄像机拍摄到的以蓝幕为背景的视频图像送往色键器作为前景画面,同时通过摄像机运动跟踪系统,将采集到的摄像机运动参数传送给图形计算机,然后图形计算机根据摄像机运动参数生成合适的虚拟背景画面和遮挡信号,并按照遮挡信号提供的关系,通过I轴深度键和色键技术将前景画面进行合成,使真实演员与虚拟场景形成准确的透视关系,虚拟出真实的演员置身于所谓真实场景中的画面输出(实际上是真实的演员置身于虚拟场景中的画面输出)。

传统色键系统的主要不足之处在于:前景在运动,但背景却不能做出与前景运动相应的动作。也就是说,传统色键系统没有保持住背景和前景之间存在的空间关系,使得前景没有融入背景中,从而限制了传统色键系统的应用范围。

虚拟演播室采用传统的色键合成系统,却突破了传统色键系统的限制,消除了摄像机不能与背景同步运动的致命弱点,使真实的演员能深入到虚拟的三维场景中,并能与其中的虚拟对象实时交互。

一般来说,一套典型的虚拟演播室系统由三个子系统组成:(1)能获取摄像机运动参数的摄像运动的跟踪系统;(2)能实时生成与前景图像保持正确透视关系的背景图像的图形计算机;(3)能将来自摄像机的真实前景和图形计算机所生成的虚拟背景合成并输出的色键合成器。在虚拟演播室中,演员在一间蓝色屋子里进行现场表演,摄像机采集前景视频信号,同时,摄像机上的跟踪系统实时提供摄像机移动的信息,这些数据被传送至一个图形计算机。三维计算机图形发生器实时产生一个逼真的虚拟环境,以蓝色屏幕为背景拍摄的摄像机图像，经延时后与选自计算机的虚拟背景以相同的时码进行工作，并通过色键控器“联合”在一起，实时产生一个组合的图像。

由于计算机图形技术的迅速发展，计算机实时绘制各种复杂逼真的三维场景已成为可能。这些场景可以与摄像机摄制的视频信号完美地合成在一起，使演员表演的空间得到扩展。另外，通过使用“虚拟蓝背景”技术，摄像机可以拍摄蓝背景以外的事物，而不受现场演播室的限制。现场的演员可以在虚拟演播室中与三维背景呈现真实的透视关系，同时允许插入视频片段、互相作用的三维效果、图形、音频及其他更多的东西。所有三维场景可根据摄像机的运动进行实时更新。在感觉上，现场视频及三维场景是由同一台摄像机拍摄的。虚拟演播室强调实时性，演员的现场动作与计算机场景实时合成，合成后的场景能及时地反馈给摄像师和演员，后者可以调整拍摄和表演动作。

总之，虚拟演播室相对于传统演播室制作方式的优势是显而易见的。它突破了传统演播室制作受布景、道具、灯光、场地的局限，可以制作出实际不存在的或难以制作的场景，并创作出更丰富、更吸引人的节目；同时，由于场景的制作、修改、保存等都在计算机上进行，场景的改变也就变得简单易行，不但能节约大量制作布景的投资，而且还能省去布景和道具的存储空间和外景场地，降低了节目的制作费用，提高了演播室的利用率。虚拟演播室尤其适合于新闻、体育、广告、动画、天气预报等电视节目的制作。

第二节　电视文艺导演的素质

电视文艺导演对文艺节目的艺术质量、社会效益承担着主要责任，是电视台各个艺术及技术部门工作人员的总指挥。他的政治思想、艺术修养、专业技能以及荧屏意识的想象能力，都直接关系到文艺节目的质量和品位。作为一名电视文艺导演，应具备的素质主要表现在以下几个方面：

一、政治素质

电视文艺导演的艺术创作是面向亿万电视观众的，这就要求作为一名优秀的电视文艺导演，在政治上，努力学习党的方针、政策，坚持党的文艺“二为”方向和“双百”方针；在思想上，具有对社会的、民族的、时代精神风貌的敏锐洞察力以及对观众审美心理的感悟力，是具有强烈的社会责任感的人。因为我国是拥有亿万观众的超级电视大国，荧屏上所显示的一切，对于广大观众都将产生巨大的影响力和社会效应。电视文艺导演所从事的艺术创作，是使电视文艺节目的内容和形式达到完美的统一，具有较高的审美价值。这就要求电视文艺导演必须在情感上、情趣上能正确领会和掌握党的文艺方针，遵守文艺宣传的政治标准和艺术标准，把握文艺宣传的导向。

什么是电视文艺节目的导向性？原广播电影电视部刘习良副部长说，“据我的理解，就是按照党和政府在新时期制定的各项文艺方针政策办好电视文艺节目。在去年举行的电视文艺座谈会上，我曾经概述了 10 条①，可能不全面，还需要补充，但是有一点可以肯定，就是这些方针政策符合新时期我国文艺工作的现状和发展规律，也符合人民群众希望享受健康的文艺生活的愿望。党在新时期的文艺方针的一大特点是充满辩证法，兼顾到复杂的文艺现象的各个方面。理解和执行党的文艺方针政策，就是要求我们学会辩证思维方式。作为掌握着强大的电子媒体工具的电视文艺工作者的任务就是恰如其分地、恰到好处地把导向性和群众性结合起来。这个结合应该是自然而然的，而不是生硬勉强的。或者说，要做到‘寓教于乐’。关键的问题在于我们的电视文艺工作者自身的政治素质和业务素质的高低。同时还要摆正自己的位置，既不是居高临下的自封为群众的‘先生’，端起‘教育者’的架子，也不是随波逐流地甘当部分群众的‘尾巴’。我们肩负的任务是‘以优秀的作品鼓舞人’。”②

---

① 摘自刘习良副部长 1993 年 7 月 19 日在全国电视文艺座谈会上的讲话，原载《中国电视》1993 年第 9 期。即：1. 坚持“为人民服务、为社会主义服务”的方向；2. 坚持“百花齐放、百家争鸣”的方针；3. 坚持主旋律与多样化的统一，满足人民群众多方面、多层次的精神文化需求；4. 继承人类文明的优秀成果，弘扬优秀民族文化，吸收外来优秀文化；5. 综合发挥文艺教育功能、认识功能、审美功能和娱乐功能；6. 坚持社会效益第一、经济效益与社会效益相统一；7. 按照艺术规律办事，尊重艺术家的创造性劳动；8. 开展实事求是的科学文艺批评；9. 坚持一手抓繁荣，一手抓扫黄；10. 加强文艺队伍的广泛团结。

② 摘自《首要任务是提高电视文艺节目的质量》，《中国电视》1994 年第 11 期。

二、业务素质

作为导演，对于文艺作品的优劣应具有一定的判断力；能根据党的宣传方针，结合当前形势，确定节目主题，制定切实可行的节目录制计划，满腔热情地向社会提供优秀的艺术作品，陶冶人们的情操，使人们在艺术欣赏中得到激励与鼓舞。这是电视文艺导演所应具备业务素质的首要方面。

其次，导演还应具有一定的组织协调能力。一台电视文艺节目的成败，关键在于导演的组织和实施。为了制作一台优秀的电视文艺节目，导演务必协调好各个艺术部门和技术部门之间的关系，要能掌控全局，激发各个部门的合作精神和大局意识，要求各部门全身心地投入工作，忠于职守，在导演的统一指挥下，形成有机的整体，沉浸在和谐的创作境界中。此外，导演还应具备一定的社会活动能力，能够争取到广泛的社会支持，为节目成功奠定物质基础；能够满足不同观众的审美需求，所办节目雅俗共赏，得到各个层次观众的肯定和欢迎。

可见，要想成为一名优秀的电视文艺导演，制作出好的电视文艺节目，绝非容易，要靠自己在实践中不断地思考和摸索。“导演的才能是无法用语言来表达的，这种才能是经验和天才积累的产物。”[①]“导演艺术，确实是一门创造性极强的艺术。即使同一内容的节目，如果由不同的导演执导，拍出的节目风格常常是迥然不同的。导演艺术理论是不断发展、不断变化的理论，掌握这些理论不仅依靠学习，更多的则依赖于导演的创作实践经验。”[②]但是，对于初学者来说，先学习一些著名导演的成功经验，掌握一些专业知识，还是大有借鉴意义的。

三、实施能力

导演的业务实施能力表现在“能够撰写电视文艺节目分镜头脚本和串联词，具有担任导播的能力；导播时镜头调度联结流畅，切换点准确，富有节奏感，

---

① 〔美〕唐·利文斯顿著，周传基译：《电影和导演》，中国电影出版社 1995 年版，第 1 页。

② 张舒予、周章明编译：《电视制作——技巧、艺术、训练》，复旦大学出版社 1991 年版，第 279 页。

能完整地表达主体和创作意图；熟悉电视文艺节目后期制作流程，能独立地组织完成后期编辑、配音、合成等工作”。[①] 具体来说，包括以下几个方面：

（一）事前的准备

1. 研读文学台本时应注意以下几个方面：

（1）主题是否正确？

（2）结构是否严谨？

（3）有无演出效果（能否表演）？

（4）有无高潮？

（5）分析优点与缺点。如若发现问题，必须会同撰稿人商量修改或重写，直到满意以后才能做分镜头的工作。

2. 绘制现场位置图。

3. 标出摄像机的位置及麦克风转动的方向。

4. 演员与摄像机的距离与使用灯光的种类。

5. 召集演员会议，研究商量演出事宜。

6. 规定彩排时间和地点。

7. 讲解现场一切指示信号的用法。

8. 如有影片、制图、音乐、色效插入等，应事先在流程表上注明，并向相关人员交代清楚。

9. 用笔画出演员移动的位置。

（二）节目录制过程中

1. 与工程人员和现场人员联系。

2. 通知演员各就各位，注意摄像机顶上的红灯准备演出。

3. 演出时要注意观察监视器。

4. 留意播出摄像机的号码，以便呼号指挥。

5. 犯了错误立即想办法补救，不必介意而影响情绪。

① 摘自广播电影电视部编：《广播电视岗位规范》，第 282 页。

6. 不要为某一细节而忽略整个节目的演出。

7. 发号施令，头脑要冷静，用句要简单明确。

8. 注意“音画”的转位，要细心构图。

(三)如何导好节目

1. 指挥摄像师拾取各种现场表演图像，经过选择，再确定某一个图像的播出。

2. 指示转换器操作人员或助理导演，用何种方式将各个图像衔接播出，画面衔接要流畅。

在转接方面，还应注意的有几点：

(1)转接的次序要顺理成章，镜头与镜头之间相互要有联系，并要懂得“蒙太奇”镜头的运用。

(2)转接要自然，不能显得突兀。

(3)运用特技技巧，将转接镜头复原重叠，使画面富于变化。

(4)电视屏幕比例是 4∶3，在转接镜头时，要注意景物变换的原则，不能超过比例。

电视导演比舞台导演更困难也是更重要的地方是：“他决定了观众将能看到什么与听到什么，这个选择权利被导演独揽了，观众只能跟着他走。所以，导演必须审慎地做出自己的选择。经验丰富的导演，常常是根据自己的经验、技巧与感觉而很快地做出决定。而作为刚从事导演的新手，必须对所有可能的选择进行仔细的分析而后才能做出决定。”①

综上所述，要想成为一名优秀的电视文艺导演，绝非一日之功，而是要在具备一定的政治修养、业务素质和专业技能的基础上，在反复的艺术实践中不断地磨炼自己，发挥自身的艺术创作潜能，才能创作出优秀的电视文艺节目。

---

① 摘自张舒予、周章明编译：《电视制作——技巧、艺术、训练》，复旦大学出版社 1991 年版，第 280 页。

思考与训练

1. 电视文艺导演应该具备的学养都包括哪些方面？

2. 电视文艺导演所应具备的政治素养是什么？

3. 电视文艺导演应具备的业务素质和实施能力都包括哪些方面？

阅读导航

1. 任金洲、高波：《电视摄像》，中国广播电视出版社 2005 年版。

2. 王灏、孟群：《电视制作技术》，中国国际广播出版社 2009 年版。

第六章
电视文艺导演的职责

学习目标

- 了解电视文艺导演工作的性质。
- 了解导演撰写工作台本的要求。
- 了解导演撰写阐述的有关内容。
- 了解导演对晚会的总体设计都包括哪些方面。
- 了解导演工作实施过程中的方方面面。

电视文艺是一门综合性艺术。一台成功的电视综艺晚会，凝聚着若干艺术部门、技术部门工作者们的辛勤创造，是集体智慧的结晶。而电视导演则是这一艺术创作集体的核心，他既是摄制计划的制订者、艺术风格的设计者，同时也是实施制作的指挥者。

一台电视综艺节目从策划到完成，其流程可分为撰写文学台本部分和导演实施部分。撰写文学台本的部分我们在前面已经讲述了。下面我们主要讲述导演实施部分的内容。

对于电视文艺导演来说，其工作主要分为四个阶段进行，即前期的准备阶段、节目排练期间、实地录像阶段以及后期制作阶段。

在前期的准备阶段，导演集中精力进行案头工作。首先，研究撰稿人写的文学台本，撰写出导演工作台本(或叫流程表)；其次，撰写导演阐述。导演撰写工作台本的依据是文学台本，要仔细地研究文学台本并考虑以下几个问题：

1. 这台综艺晚会的立意与主题。也就是说，创作这台电视综艺节目的主要目的是什么？想要表现什么思想内容？2. 预期达到一种什么样的艺术效果？3. 在社会效益上期望达到什么样的目的（如宣传某种思想、提供审美愉悦、进行娱乐等）？导演经过这几个方面的认真分析，就能够对文学台本的主题内涵和节目构成有一个大致的了解。在这个基础上导演再发挥艺术想象力，进行形象化的电视艺术构思，将所构思的内容用文字表述出来，成为未来电视综艺节目的摄制蓝图，也就是导演在工作中使用的工作台本。

第一节　导演撰写工作台本

导演在撰写工作台本的时候，凝聚着自身的创造性和想象力。比如：需要穿插什么样的外景镜头或历史资料？运用什么样的字幕？采用什么样的内部结构对节目进行艺术处理，从而使它更具有可视性？如何将特技与节目内容进行有机的结合？等等。

电视综艺节目是视听艺术，具有声画合一的特点。因此，导演在撰写工作台本时，要从画面和声音两个方面入手。朱羽君教授曾说："画面是构成电视剧表现形式的最基本的元素，导演的一切构思、演员的表演、场景的选择、各种生活形象的运用、场面的调度等等，都要落实到一个有框架的平面画上，再交给观众。其他的艺术元素如音乐、对话、音响效果等等，也只有和画面结合，才会产生电视剧完整的形式。所以电视剧导演要有强烈的画面意识，把演员、场景、生活素材，运用的时间、空间转化为一个个画面。这转化过程中有许多学问，有自己独特的规律。作为导演应该通晓这些学问和规律……"①虽然文中指涉的是电视剧导演，但究其本质来说，电视文艺编导与其有极为相似的地方，只是表现内容有所不同而已。

那么，电视综艺节目的画面界定又是什么呢？朱羽君教授曾说过这样的话："无论一个画面拍摄的时间有多么长，内部的景别、构图如何变化，只要中间

① 朱羽君：《电视画面研究》，北京广播学院出版社1995年版，第120页。

没有停机，没有断电，都视为一个'镜头'，即一个画面。"电视综艺节目的画面也应该符合这样的界定。"一个导演的主要学问和功力是镜头和镜头之间的组合，即蒙太奇思维能力。"导演"要学会选择适当的形象素材并以适当的角度、景别将它们组合在画面上，使它们相互之间产生一种辩证关系，去激发观众的思维，以生动深刻地传达内容"。[①] 对于一台电视综艺晚会来说，导演要重视节目中每一个画面的艺术质量。如果能把每个画面都处理好，那么整台晚会的艺术质量就比较高，观众也会比较容易接受。

当执导一台综艺晚会时，导演在前期的案头工作中应该从何处开始着手呢？要从每个具体的节目着手，进行艺术构思。

一、撰写工作台本

(一)熟悉影视艺术的表现媒介

1. 对话——主持人的语言、演员的台词。
2. 音响效果——环境和动作的声音。
3. 音乐——烘托气氛，描写环境。
4. 表情——演员表演的面部表情。
5. 姿势——动作设计。
6. 装扮——化妆、服装设计、造型设计。
7. 装置——布景或实景。
8. 照明——灯光设计。
9. 道具——演员使用的工具或实景需要的物件。
10. 演员的形体特征——是否有特殊要求？
11. 观众的反应——烘托演出的气氛。
12. 舞台动作——哑剧、沉默。
13. 自然背景及场所。
14. 布置场景及无限的变化。

---

① 朱羽君：《电视画面研究》，北京广播学院出版社 1995 年版，第 120 页。

15.特技摄影——慢动作、叠画等。

16.彩色的运用——黑白、彩色变化等。

17.摄影角度以及其他蒙太奇手法。

(二)撰写工作台本的横向设计与纵向安排

1.横向设计,包括:(1)节目名称;(2)演员;(3)舞台表演;(4)背景配合表演的形式;(5)灯光;(6)音响;(7)吊杆景物;(8)电子屏幕(插播的镜头资料及外景资料等);(9)道具;(10)干冰或烟雾;(11)服装及头饰;(12)特技艺术处理的设想;(13)串联的形式及手段。

2.纵向安排(依据文学台本进行节目排序),包括序幕、篇、章,尾声。

(三)确定文艺晚会演出的场所

1.舞台、演播室方式:茶座式或剧场式,适合于晚会类的综艺节目。

2.场馆内的演播方式:大看台、分区活动,如运动会的开、闭幕式等。

3.露天舞台的演出方式。

4.实景地演播方式。

5.广场上的演播方式。

6.舞台与实景交融方式。

7.舞台与电视艺术手段结合方式。

8.综合方式(即舞台、广场、电视艺术手段的结合方式。)。

9.虚拟演播室:电脑制作、二维动画、三维动画,单个节目使用这种方法。

选择怎样的场景就意味着导演要把视觉冲击力放在怎样的位置上。预先构想出有强烈的视觉冲击力的画面是这一阶段的中心任务,当然场景的选择要以剧本为依据。

二、撰写节目的画面内容

导演工作台本中的内容包括解说词、歌词、字幕、节目构图的设计、电视特技处理的设想,以及穿插的影视镜头资料、外景镜头、字幕、音乐、音响等。

在导演工作台本中，节目构图的设计及艺术处理，最能体现出导演的构思、设想及审美追求，它们在工作台本中占有重要的地位。导演要发挥奇思妙想，将这些构思、设想写进工作台本中，以便在实施中达到完美的体现。当然，导演也会有即兴的创作。比如，王洗平总导演在1998年春节歌舞晚会《致春天》中就有一个"随手拣来都是歌"节目，可以说是即兴创作，也是突发奇想的结果。节目是原生态的组合，效果很好，给观众留下了深刻的印象。再比如，武志荣导演的1999年北京电视台春节联欢晚会的开场歌舞《福到》，无论是歌曲还是舞蹈，都具有民族性的美学追求。而在主持人的出场设计上，6位主持人分别从"福"、"禄"、"寿"、"喜"四个大灯笼中走出来给观众拜年，可以说是新颖的构思。文化部举办的文艺晚会《七彩虹》中，主持人从张开的大折扇中走出来，舞台效果也很有新意。由此可见，导演的新颖构思和奇思妙想能给节目带来新鲜感，产生强烈的视觉冲击力。

导演要具有创造性的思维，只有这样，创作的节目才能更具有艺术性。对于电视文艺导演来说，在创作中要勇于去想象、去感觉、去实践。导演在构思一个节目时，首先要考虑到节目采用什么样的形式，这决定了节目的可视性。内容与形式之间是彼此影响、相互制约的关系。节目的表现形式通常会直接影响到节目的播出效果。因此，导演构思节目要强调形式的感性化与直觉化，应从构图、灯光、色彩、服装、服饰、运动的节奏、道具、演员的调度、场景、音响等方面予以把握。

这里以一台晚会的歌曲节目为例，分析导演工作台本中有关构图和艺术处理的问题。例如，大型电视文艺节目《我爱你，中国》，其结尾部分是大合唱《我爱你，中国》，文学台本上撰写的歌词是：

我爱你，中国，我爱你，中国，
我爱你春天蓬勃的秧苗，
我爱你秋日金黄的硕果。
我爱你，中国，我爱你，中国，
我爱你碧波滚滚的南海，
我爱你白雪飘飘的北国。
我爱你森林无边，

我爱你群山巍峨，

我爱你淙淙的小河，

荡着清波从我梦中流过。

我爱你，中国，我爱你，中国，

我要把美好的青春献给你，

我的母亲，我的祖国。

我要把美好的青春献给你，

我的母亲，我的祖国。

那么，围绕着歌词，导演是如何进行艺术构思，在工作台本中怎样体现画面设计的艺术处理呢？

邓在军导演在工作台本中是这样写的：

天安门广场。

身着节日盛装的各民族男女青年400人大合唱。

歌声中，800名女青年涌向广场，跳着整齐明快的团体操，四周解放军战士涌向前，组成一幅巨大的“中国地图”。

歌声继续，广场上灯光骤灭。“地图”忽地闪亮（每人手持两支手电筒，同时闪亮）。“地图”中电筒光组成的“黄河”、“长江”同时涌现，各依自己的航道逐次闪亮，奔腾入海，蔚为壮观！在“中国地图”周围，焰火突然升空。

广场上空，焰火礼花缤纷五彩，照耀夜空。

歌声大作。

再一次推出著名书法家启功书写的片名《我爱你，中国》。

从这首歌曲的导演工作台本中我们可以看出：有对演员数量、构成的要求；有对画面构图的设计、灯光的运用和艺术上的处理；有表演场地的确定（以人民英雄纪念碑和天安门城楼为前后景）。通过这样宏大的画面构思，节目为我们展现出一个波澜壮阔、欢乐奋进的壮丽场面。

三、撰写插播影视资料镜头

在导演工作台本中穿插影视资料镜头和与外景有关的镜头也是体现导演艺术构思的一个重要方面。影视资料镜头和外景画面，往往用在歌曲、器乐曲演奏、舞蹈表演中比较多，可以起到揭示节目的内涵、增加节目的艺术含量的作用，使节目的艺术品格更高远。

（一）歌曲节目

在《我爱你，中国》这台晚会中，有一首新创作的歌曲《走过，我们一同走过》，由杨洪基演唱。导演在进行艺术构思时，把演员安排在毛主席纪念堂的雕塑前演唱。这是一座表现工、农、商、学、兵、科技工作者艺术形象的群体塑像，雕塑也成为歌词内容的背景，这个背景的选择就很有典型性，它可以起到情景交融的作用。因为是一首新创作的歌曲，导演把歌词全部记录在工作台本上，供其他有关创作人员参阅。歌词是这样写的：

走过，我们一同走过，
不知你是否记得？
看看身边那一串串脚印，
是炎炎烈日，历历风波。
走过，我们一同走过，
几十年不停地探索，
望望眼前那一串串希望，
是几番欢乐，几番拼搏。
噢！春风吹过，秋雨下过，
乌云雷电，我们见过。
洒下的有血、有汗、有泪，
留着的是旗、是火、是歌。
走过，我们一同走过，
天越走越宽，路越走越阔，

尽管还有艰难曲折，

走着，我们照样地走着，走着。

为了揭示歌词的内涵，导演在工作台本中注明了在演员演唱这首歌的时候应插播的画面：

绵延起伏的群山；

油田钻塔的转场；

王铁人跳进泥浆池用身体搅拌泥浆；

抗洪抢险的军民挽臂挺胸抵抗洪水；

森林大火，军民们奋不顾身地扑救；

邢台地震，周总理亲临灾区视察；

十三陵工地，毛主席挥锹劳动；

狂风巨浪拍击着礁石；

珠穆朗玛峰攀登的健儿；

十三届四中全会主席台上的六位政治局常委。

选择以上影视资料镜头插播在歌曲中，不仅强化了电视艺术的表现手段，而且使观众对歌词有更深刻、更形象的理解。

在《拥抱太阳》这台晚会中，导演在歌曲中插播影视资料也是非常典型的。其中有一首彭丽媛演唱的歌曲《父老乡亲》，这首歌有两段歌词：

我生在一个小山村，那里有我的父老乡亲，胡子里长满故事，含笑中埋着乡音。一声声喊我乳名，一声声喊我乳名，多少亲昵，多少疼爱，多少开心。啊，父老乡亲，啊，父老乡亲，我勤劳善良的父老乡亲。啊，父老乡亲，啊，父老乡亲，树高千尺也忘不了根。

我住过不少小山村，到处有我的父老乡亲，小米饭把我养育，风雨中教我做人。临别时送我上路，临别时送我上路，几多叮咛，几多期待，几多深情。啊，父老乡亲，啊，父老乡亲，我勤劳善良的父老乡亲，我同甘共苦的父老乡亲，树高千尺也忘不了根。

在第一段中，导演插播了彭丽媛身穿村姑服装的画面，歌词“树高千尺也忘不了根”，也成为演唱者的内心独白。在第二段中，导演插播了我们党中央三代领导人毛泽东、刘少奇、周恩来、朱德、邓小平、江泽民、杨尚昆、李鹏等深入工厂、农村、部队、建筑工地、少数民族地区及受灾地区视察时的动人情景，形象地揭示出党和国家领导人同人民群众在一起，联系群众、关心群众，与“父老乡亲同甘共苦”的歌词主题。歌曲中插播的影视资料，充分揭示了歌曲的深刻内涵。

(二)器乐曲节目

对于器乐曲演奏节目，如果能从内容出发进行电视化的艺术处理，插入适当的外景镜头，则可以揭示出乐曲所表现的深远意境，起到烘托主题的作用。

例如，大型交响乐演奏《黄河狂想曲》是青年作曲家丁小里专门为《我爱你，中国》这台晚会创作的一部交响曲。它以黄河为主题，抒发了创作者对中华民族悠久历史、灿烂文化的热爱以及炎黄子孙对母亲河的眷恋。为了把乐曲的主题思想更加形象化地呈现在观众面前，导演在乐曲演奏的过程中插播了表现黄河的画面，声画配合使乐曲内涵表现得更为深刻。导演在工作台本中写明插入画面的要求：

惊涛滚滚怒吼的黄河；
黄河边上的大水车；
惊涛急流中的皮筏子；
赤膊奋战的黄河船夫；
气魄雄浑的阳关古道；
“大漠孤烟直，长河落日圆”；
鬼斧神工的三门峡；
气象万千、一泻千里、壮阔浩大的黄河入海口；
(航拍)九曲黄河蜿蜒于群山之中。

(三)舞蹈节目

在舞蹈节目中，有时用叠加实景画面烘托气氛、营造意境，使节目显得更有气势。

比如,在文化部春节晚会上有一个舞蹈节目《奔涌的大潮》。“在现代节奏的太空音乐伴奏下,36 名女演员翩翩起舞。汹涌澎湃的波峰浪谷里,展现一段刚健挺拔的弄潮儿领舞。”背景画面正是用叠加实景拍摄的汹涌澎湃的海浪。

有时也会插播影视资料进行渲染揭示。比如独舞《年轻的白杨》,这个节目是根据中国传媒大学合唱团演唱的歌曲创作的,歌词中用校园白杨比喻当代大学生。舞蹈语汇比较抽象,独舞的舞姿也较为单薄。为了使舞蹈和歌曲更为融合、更有具象性,导演在工作台本中记录下了将要插播的外景镜头资料:

清晨做韵律操的女学生、跑步的男学生;

课堂上男学生回答问题;

运动场上百米赛跑运动员争先恐后;

图书馆的书架前女学生精心挑选图书;

军训营出征,院长授旗;

打靶场上女学生持枪射击。

这些反映、记录同学们学习、生活、军训等活动的镜头资料,被插播在舞蹈中,与舞蹈相结合,使舞蹈和歌曲的内涵更为丰富,画面也更生动。

总之,导演选择插播的影视画面资料要根据节目的内容,进行艺术上的总体构思,而不能为了插播而插播。

四、撰写工作台本中的声音

电视文艺节目中的声音不外乎有三种:一种是人物发出的语言范畴的声音,包括人物对话、主持人的串联词;一种是音乐和歌唱的声音;一种是作为现场动作的音响效果声。这些声音与画面有着同等的重要性。

导演在撰写工作台本时对声音的处理,总体上要遵循“系统论”的原则进行协调统一。因为,“声音作为节目的组成方面,以它独特的表现手法感染观众,烘托气氛,并影响着观众的情绪。它与画面互相配合,构成了节目的整体,使节目有一种立体感。观众如能在欣赏节目时,不知不觉地接受声音,从某个角度来说，声音的处理是成功的……使观众达到一种最佳的艺术享受”。[1]

在电视文艺节目中，声音能够传递丰富的信息，对深化节目思想、强化感情渲染、增强视觉空间的真实感具有十分重要的作用。如果声音中的音响效果选择不当（如掌声、笑声或现场混响声效果欠佳），观众就会感到困扰，画面再好观众也会反感。虽然声音的制作由音响工程师承担，但是，导演必须检测声音与画面是否协调统一。因此，作为一名电视文艺导演，应该全面地掌握电视艺术声画综合的特点，在撰写工作台本时就要考虑到声音的运用。

（一）片头声音

片头声音包括音乐和音响。这两种声音处理的好坏是非常重要的，它们往往是作为节目的前奏而被引入整个节目中的。尤其是片头音乐的艺术处理要典型，内涵要丰富，有点题的动机和效果。我们举两个例子进行说明。

大型文艺晚会《拥抱太阳》，它的主题音乐选择了一首现成的歌曲《妈妈教我一支歌》。这首歌作为整台节目的开场曲，担负着给晚会定基调的作用。节目开始是一组生机勃勃的镜头：一大群象征未来的少年儿童，手中牵着五彩气球，在蓝天白云的映衬下，欢呼着奔跑而来。一轮巨大的金色太阳冉冉升起，叠印在蓝天白云和儿童的画面上充满屏幕，随即推出《拥抱太阳》的片头字幕。这组镜头配合主题音乐《妈妈教我一支歌》，再融入儿童的欢呼声，营造出万众欢呼、奔向未来、拥抱太阳的意境。音乐与音响在节目中反复出现，使主题思想贯彻始终。

再比如，中国传媒大学影视艺术学院文艺系录制的一台电视专题文艺节目《青春节拍》，表现当代大学生的学习生活和精神追求。片头的一组镜头是这样的：一幅巨大的马赛克拼贴的壁画；画面下方是长城的造型与飞翔的和平鸽；上方中央是一轮初升的旭日，中间是一对体魄健壮的青年男女飞翔在和平鸽中，一起追逐着日出，奔向光明。推出字幕《青春节拍》。字幕隐掉，镜头被推向旭日的特写之后化出海上日出，象征着“青年人是早晨八九点钟的太阳”，在海面上出现两行诗句：“从未相许的是我的太阳，永不失约的是我的太阳”。与这个

---

① 洪民生主编：《追忆》，中国国际广播出版社 1990 年版，第 148 页。

片头画面相配合的是催人奋进的音乐旋律，不露痕迹地转入主题歌《青春行》的变奏，既有点题的作用，又与结尾全体学生演唱的主题歌《青春行》形成呼应。这样的艺术设计处理，使画面形象和主题音乐不仅相吻合，而且也更加突出了画面形象的魅力。

(二)音响效果

音响效果在电影和电视剧中占有十分重要的地位，同样，对于电视文艺节目来说，它也是一个不可缺少的表现因素。如果音响效果运用得恰当、合理，则可以烘托演出的气氛，增强节目的感染力。

例如，在大型文艺晚会《光明赞》中有一个歌舞节目《长城谣》：

舞台上，用透光材料制作的“长城”蜿蜒起伏。

在凄凉的《长城谣》歌声中，一段男子舞蹈，表现在日寇铁蹄下，中国人民家破人亡、流离失所的惨状。

舞蹈演员向独唱演员慢慢汇聚。

山河破碎的神州大地在淌血，灾难深重的中华民族在淌血，饱经蹂躏的民众呻吟着、挣扎着……

模拟南京大屠杀的场面。一阵枪声，众人纷纷倒下……

瞬间的静寂。

一面大红绸布逐渐伸展，像热血蔓延，覆盖在尸体上……

在这个节目中，导演设计的音响效果是“一阵枪声”，虽然只有四个字，却使节目的气氛和立体感陡增。伴随着枪声，众人纷纷倒下，画面与声音得到完美融合，节目的深刻含义得到凸显。

另外还有一段表现欧洲战场“攻克柏林”的舞蹈节目：

在雄壮的混声合唱中，苏联军队攻克柏林；苏军坦克开进广场；欢腾的苏军士兵把缴获的法西斯旗帜抛向广场点火焚烧；德国的国会大厦在炮声中肢解、倒坍。

在合唱声中，苏、美、英、法四国军队胜利会师，四杆军旗迎风招展。

灯光渐暗。

在电波嘀嗒声、列车会车的汽笛声中，画外朗诵进入……

在这段歌舞节目中，导演运用音响效果使节目显得非常有气势，音响声与歌声、音乐和演员们的表演融为一体，将节目推向高潮。

但是，我们也看到一些节目，对音响效果非常不重视，只靠语言或舞蹈动作进行表演，舍弃了音响这一艺术创作手段，使节目缺少应有的色彩和力度，削弱了节目的感染力。这是导演对音响效果的艺术表现力缺乏认识造成的，认为有视觉的形象就可以，却忽略了电视文艺是视听艺术这一基本特点，造成不应有的遗憾。

导演在进行总体艺术构思时，对声音的表现力要有足够的重视。如果说导演的工作台本是一部交响乐的总谱，那么，就应该将画面、语言、音乐、音响效果做总体设计，进行优化组合，使其和谐统一，恰到好处。

五、导演在撰写工作台本时对整台节目设计的要求

1. 画面饱满：掌握节目内容，画面体现得充分、不单调。
2. 组合出新：运用多种艺术门类组合成一个新的整体。
3. 构图匀称：不要一头沉，尽量用黄金率达到美感。
4. 追求意境：背景的烘托，要情景交融。
5. 内外结合：做到有机性，相得益彰。
6. 层次清楚：前后层次，背景纵深。
7. 景别运用：流畅通顺，不要生硬。
8. 节奏和谐：动、静，简、繁，快、慢，说、唱、舞的和谐搭配。

六、设计节目的思维方法

1. 人物形象化思维。
2. 情节组合化思维。
3. 反串逆向化思维。

4. 场景立体化思维。

5. 戏剧悬念化思维。

6. 情感动情化思维。

7. 场景意境化思维。

8. 电视化创作思维。

9. 虚拟电子化思维。

10. 纪实真实化思维。

七、串联与转换设计

1. 主持人串联:通过语言手段。

2. 字幕串联:注意字体与色彩。

3. 切画转换:注意节目节奏。

4. 叠画转换:注意速度。

5. 特技转换:运用多种电子技术手段。

6. 空镜转换:渲染气氛与营造意境。

7. 大屏幕报题转换。

8. 黑幕暗转。

八、导演的其他工作

(一)塑造屏幕上的视觉形象

对于一档电视文艺节目来说,导演怎样塑造屏幕上的视觉形象,决定了其所想表现的节目内容和传达的信息。几乎所有的导演都会采用基本相同的拍摄工具和技术手段,包括镜头和拍摄角度、布光、转换镜头的方法等。那么,区别一名电视文艺导演的艺术水平高低,就要看他是如何发挥自己的艺术创作构思,通过选择演员、摄像、灯光舞美、服装和怎样搭配、协调这些因素来完成节目的。为什么把同一个文学台本交给两位不同的导演来处理就会得到两种极不相同的结果呢?原因就在于最终的摄制因素不同。其实,导演工作是一种极其主观的艺术，所以很难制定统一的规则。每个导演都有自己的艺术创作个性和追求，甚至不断地超越自己，进行创新，使之与众不同。

（二）导演在塑造视觉形象时要涉及三个重要因素

1. 导演对节目处理的选择

导演对节目处理有着各种各样的选择。一个好导演总能正确地选择摄制的各种方法：(1)是单机拍摄还是多机同时进行拍摄？(2)正确地选择顺序；(3)正确地选择时间，包括单个节目占用总体节目的时间比例；(4)可以做出的其他选择：选用精彩片段还是节目整体播出？多种艺术门类的组合还是复合？等等。这是导演艺术的基本功，其实电视节目正是导演选择的总和。

这里所说的选择范围是比较宽泛的概念。电视导演所做的节目处理和选择是十分重要的，因为这些处理和选择决定了观众能看到什么和听到什么。一般来说，一位较专业化的导演可以根据自己的经验、技能和第六感受来做出选择，并能判断出哪一种方式可行，哪一种不可行。但是，作为一名年轻导演，应尽量认真对待所做出的选择和决定，只有把握住各种可能性，才不至于失掉拍好节目的机会。

2. 导演对节目处理的观点

导演做出的很多摄制决定显然不是靠即兴的创作，而是以节目的整体形式、风格和内容为依据的。这就是导演对节目处理的基本观点或叫基本的出发点。

导演对节目处理的观点是通过对节目素材的各种创作手段和感情的反映而形成的，在导演工作中必然融会着导演的感情、智慧和摄制的创造性。如果导演没有节目处理的基本观点，要摄制出能达到整体目标的、具有特色的节目是十分困难的。一个电视文艺节目可以被看做是由很多决定组合在一起后创作出来的。导演必须有自己明确的观点，在计划、排演和摄制中以此作为依据，否则就容易偏离节目的总体目标。导演处理节目的观点没有一定的规律，但导演的观点必须是完善和加强节目所要达到的目标。

3. 导演进行形象的塑造

电视文艺导演的工作绝大部分是与画面和形象打交道的，导演不仅要再现

"真实",还要借助于摄像机的拍摄角度、镜头和特技效果来创造新的形象。在摄制之前,导演要使节目在自己的头脑中形象化,不仅要有总体形象,而且要使每个场景、每个镜头、每个转换镜头都形象化,也就是说,在走进演播室之前,导演先要在头脑中过一遍整个电视节目。

学会形象思维需要通过实践和专心的思考。导演只有使节目在自己的头脑中形象化,才能在工作台本中设计出具体的镜头和演员的表演。而一旦导演的工作台本形成了,导演的形象思维也就具体地体现出来了。这是导演的前期工作之一,余下的是中期排练和后期制作了。

第二节　撰写导演阐述

撰写导演阐述是导演前期案头工作中的一部分,它不仅表明导演对文学台本中的思想和艺术的全部构想,还集中地体现导演本人在电视观念和艺术创作上的美学追求及个性,并贯穿节目创作的始终。一台大型电视综艺晚会,涉及舞美、摄像、技术、录音、照明、制片等各个工种,他们是办好晚会不可缺少的重要环节,在晚会的总体艺术创造中占有各自重要的位置。一台成功的晚会,必然是各个方面通力合作的结果,是集体智慧的结晶。从这个意义上来说,一个好的编导,应该同时也是一个好的组织者、思想政治工作者和指挥者。①

导演通过什么方式使各部门工作人员充分了解自己的创作意图呢?在前期的准备工作中要召开摄制组工作会议,导演在会上要进行导演阐述,使摄制组全体创作人员充分了解和领会自己的总体艺术构思,以便统一思想,确定方案,明确分工,协调工作。因此,导演阐述是导演艺术创作中一项必不可少的内容。那么,导演阐述都包括哪些方面呢?

一、明确晚会的主旨与基调

首先,导演要向摄制组工作人员说明为什么要举办这台电视综艺晚会,以

---

① 林强编:《邓在军电视艺术》,华文出版社 1993 年版,第 156 页。

及晚会的主题与主题思想是什么，使全体摄制组人员都明确参与这次晚会工作的意义。比如，中央电视台1989年春节联欢晚会，导演阐述中首先向全体摄制组人员说明这次春节晚会的主题是“团结、欢乐、向上”，主题思想是“通过充满欢乐的节日气氛，采用浓郁的具有民族风格的音乐、小品、相声、舞蹈以及综合节目，以载歌载舞、笑声不断的艺术手段，体现团结、欢乐向上的精神”。[①]

在电视综艺晚会中还有一类是属于行业性的综艺节目，它与春节联欢晚会的不同点是侧重于行业特色，因此在确定主题方面有自己的独特要求。例如，由铁道部主办、铁道部科学技术馆承办的大型文艺晚会《铁龙飞奔》，它的导演阐述是这样的：“晚会的主旋律是讴歌在负重爬坡中的铁路职工，肩负着支持改革的重任。他们在共和国版图上从南到北，从西到东，不论在运输、生产、建设、科研等各条战线……日日夜夜谱写着新篇。他们处在艰苦条件下，排除重重艰难，完成祖国交付给他们艰巨而光荣的任务！他们把困境和希望共存的重担系于一身。他们的事业是伟大的，他们理应得到理解和信任。本晚会就是要刻画一代代铁路人坚忍不拔的铁的精神。”

接下来在导演阐述中要说明的是晚会的总体气氛与基调。洪民生说：“评价一部好的音乐作品，要考虑它的基调、旋律、结构、节奏。春节晚会这样一台综合性节目，就像盖一幢房子，要有总体设计、布局、风格、环境气氛，这看起来很虚，实际上很实，它决定着节目的总基调、取舍标准，掌握着节奏快慢、起伏跌宕。”[②]那么，导演阐述中又该如何说明晚会的总体气氛、基调、色彩呢？我们仍以央视1989年春节联欢晚会的导演阐述为例，“一台晚会气氛的体现，是靠多方面的因素促成的。具体到春节晚会，则又更有其特定性。即它是中华民族传统的节日，必须呈献给人们五彩缤纷的色调、跌宕起伏的欢笑，使除夕之夜充满特有的快乐。无论节目内容、表演形式、表现手段、音响处理、环境设置，均须造成这种特有的气氛……”[③]接下来又对晚会的风格和节奏的把握做了进一步阐述：“春节晚会是中国传统的民族节日，它必须具有浓郁的民族风格，必须体现中华民族勤劳智慧、团结向上的精神。因此，我们在编排节目的过程中，力求整

① 洪民生主编：《追忆》，中国国际广播出版社1990年版，第49页。
② 洪民生主编：《追忆》，中国国际广播出版社1990年版，第5页。
③ 洪民生主编：《追忆》，中国国际广播出版社1990年版，第50～51页。

个节目是一首抒情的赞歌，一篇叙事的报告文学，既有'贵州茅台'的火爆浓烈，又有'洋河大曲'的清纯淡雅，更是西北'红高粱'的泥土芳香。在节目与节目的衔接上，则力求紧凑、自然、真实和流畅，加强内在联系，在欢歌笑语中，不断把晚会推向高潮。"[①]导演在进行阐述时，采用了多种修辞方法，对春节联欢晚会的气氛、基调、色彩进行说明，使参与创作的各个部门工作人员都有一个形象化的理解和认识。尤其是对风格和节奏的把握，要求更为具体。

对于行业性晚会来说，其在气氛、基调、色彩、风格、节奏的把握上自然与春节联欢晚会有相同的地方，但也有其自身的特点。比如《铁龙飞奔》这台行业性晚会，导演在阐述中对晚会总体的气氛要求是"热烈、浓郁，处处充满深情、激情"；对基调的确定是"欢快、明朗、清新、雅致"；对于色彩的要求是"黄、橙黄，舞台美术设计应体现庄重多于华丽，手法宜用写意，简明、线条清晰，多在软幕、软装饰上下工夫"。具体的要求是"《铁龙飞奔》宜用老艺术家谢添倒笔书法制成霓虹灯做底大幕悬挂"，"会徽制成灯饰悬挂当中"。从这个例子我们可以看出行业性文艺晚会的一些特点。

这种类型的晚会一般都是根据主题来确定气氛和基调的。洪民生说："主题就是晚会的基调和灵魂。"这也就是说，确定晚会的基调要以主题为依据，不同的晚会主题决定着基调各不相同。

二、对各工种艺术创作的建议

(一)对灯光设计的建议或强调

在电视综艺晚会中，灯光是个重要的组成部分，"只要有演播环境，有形象，有画面，就有灯光的存在"。[②] 而灯光的设计要以导演阐述中提出的要求为依据。"灯光师要听取导演对晚会基调的阐述和对具体节目的处理与镜头运用，以及对灯光造型气氛的想法。"[③]在把握节目基调的基础上，运用灯光的各种表现手法，创造出与晚会的主题思想相吻合的艺术效果。因此，导演在阐述中要

---

① 洪民生主编：《追忆》，中国国际广播出版社 1990 年版，第 50～51 页。

②③ 林景云主编：《电视制作论集》，人民出版社 1993 年版。

写明对灯光设计的建议或艺术上某些需要予以强调的地方。

比如，央视1989年春节联欢晚会的导演阐述中对灯光设计的要求是："充分体现和渲染节日的欢乐喜庆气氛，充分体现灯光色彩的总体风格及多样化的统一，根据每个节目内容，体现它的光效变化，并给摄像的构图和色调的追求创造条件，对人物艺术造型给予修饰和美化作用。"①

在行业性文艺晚会《铁龙飞奔》中，导演在阐述中对灯光设计的要求是："灯光师应帮助导演完成总体气氛的营造，在保证拍摄用光(照度)的状况下，根据节目内容变换灯源、灯数、灯饰。独舞、独唱可采用追光、聚光、压弱环境光。小品、短剧可根据内容进行灯光处理。个别节目可采用灯式烟火效果。观众系成三面布局，主持人经常在观众中游走，可在保证拍摄用光时，加大追光效果处理。观众席周围可否考虑加装饰型彩灯?"

从这两种类型的文艺晚会导演阐述中，我们可以看出不仅有对晚会总体气氛和风格的要求，还有灯光运用的具体要求。导演通过阐述与灯光设计师交换意见，将自己的艺术构思付诸实践，从而达到荧屏画面光效美的境界。

(二)对录音和音响的要求

一台电视文艺晚会总是少不了声音的，包括歌唱演员的伴奏音乐、主持人用的话筒声、表演人员的现场声、观众的反应声音，等等。导演在阐述中要向负责录音和音响的工程师们提出要求，比如，晚会采用直播还是录播？是先期录音、现场还原？插播节目的音响又应该怎样？对此都应有明确的说明，供负责录音和音响的创作人员去完成。央视1989年春节联欢晚会前，导演曾对录音和音响的负责人提出建议："本次晚会的录音分作先期录音、现场还原、同期录音及直播节目音响的编辑合成。先期录音必须为准确地还音做好前期的艺术处理，同期声要有现场感、真实感，插播节目的音响更须突出这两点。总之，要使全片的音乐、音响、解说形成整体感。"②《铁龙飞奔》文艺晚会中，导演的要求是："现场采用电视切换处理节目，因此，对话筒、伴奏带、主持人音量、音质、音控经调音台现场处理，防止增大后期工作量。因此，音响设计、录音师应聘请高

---

①② 洪民生主编:《追忆》，中国国际广播出版社1990年版，第51页。

级技师担任，以期保证音乐、音响质量。”

(三)对摄像的要求

文艺晚会是集体智慧的结晶，其中，摄像师可以说是整台晚会中举足轻重的人物。因为最终展示在电视荧屏上的画面才是电视艺术的直接体现。摄像师要具有扎实过硬的基本功，能够熟练地掌握摄像机的性能和推、拉、摇、移、跟、甩、急推、急拉等操作技术，他需要了解和熟悉整台节目，从而完成导演的创作意图。导演要与摄像师默契配合，因此在导演阐述中，导演要对摄像师提出一定的要求，使摄像师能按节目内容或导演要求提供播出的镜头画面。

比如文艺晚会《铁龙飞奔》，导演对摄像师提出的要求是：“现场切换前，摄录人员应在排练、走台时和导演一起投入，熟悉剧本、熟悉调度实际操作，跟戏(节目)把机，按导演意图熟悉机位、景别和技能，以保证运动自如。”

央视 1989 年春节联欢晚会，导演阐述中对摄像提出了三点建议：1.“总的视角是我们编创者能够通过运用镜头，注入强烈的主观色彩，追求镜头的真实而非视觉的真实”；2.“构图方面，在保持四平八稳的基础上，注重透视和光影的运用，充分利用推拉摇移的运动手段，并使之真正为节目内容、为突出主题服务”；3.“加强全景镜头的内部含量以增强气势，注意镜头多变而不琐碎，在运动中表现节奏的变化起伏”。①

(四)对化妆、服装、道具的基本要求

在撰写导演阐述时，灯光、录音和音响及摄像三个方面要特别予以强调。此外，对文艺晚会中的化妆、服装、道具也应该给予必要的重视。这三者往往集中表现在演员身上，应在保持节目欢乐气氛的前提下，把握节目特点，并与节目内容和风格相符合，体现时代特色与生活气息。

比如，在化妆上，“人物造型要依节目的种类而定，现代人物要生活化，戏曲及有特征的人物造型力求准确、逼真，在演员本色的基础上，尽可能地加以美化。要不浓、不艳、自然、生活、真实”。在服装上，“注意服装色彩与背景的和谐

① 洪民生主编：《追忆》中国国际广播出版社 1990 年版，第 52 页。

统一,注重体现民族特色”。道具的制作应简单、准确,要与节目内容有机地结合起来,更好地烘托节日气氛。有的导演还对服装负责人提出要求,“新排节目必须按服装设计经导演审定后进行制作。在审查节目时着装要做到一次到位,不准代装进入审查”。[①]

三、晚会的总体设计

导演阐述中第三方面的内容是晚会的总体设计,其中包括:场景的设置;节目的开场、高潮、尾声的设计;晚会中插播的内容及安排。

(一)场景的设置

比如央视1989年春节联欢晚会,导演对于场景的设置是这样阐述的:“确定了以演播室直播为主,中国剧院部分节目插播为辅的工作方案。”为什么要设计这样的方案?导演阐述中说明了理由:“就以晚会场景而言,多以演播室为中心,为加强现场气氛,创造了一个欢快的节日喜庆环境,缩短了演员与观众之间的空间距离;而现场直播的真实性、时效性又缩短了与观众之间的时间距离。今年,我们在保持往年多场景设置的基础上,特别加设了中国剧院这一场景。”导演阐述中又说明了为什么要“特别加设了中国剧院这一场景”,理由是“充分运用中国剧院舞台固有的优势,增加画面的纵深透视及舞台的横移及升降效果,把部分节目延伸至观众席,以求与演播室直播效果的和谐统一”。“利用中国剧院舞台优势这一外部手段,充分体现节目本身的艺术特色,使之在艺术风格及视觉感染力方面,有别于演播室的效果。”

导演进一步阐述在中国剧院录制节目的设想安排和录制办法及要求:

> 在中国剧院先期录像的共有11个节目,其中开场曲及结束歌舞,分别在演播室和中国剧院两场景中交替演出。由演播室转入中国剧院的第一个节目是《战士拉歌》,这一段共由8个节目组成,计划50分钟。这一段节目以歌曲《指南针》化出外景,接徐小凤独唱作为插播

---

① 洪民生主编:《追忆》,中国国际广播出版社1990年版,第52页。

结束。

这一单元中,《战士拉歌》、《英雄儿女》、《大型现代舞》这三个节目,以及开始曲、结束歌舞,规模较大、气氛热烈,为整台晚会的几个小高潮。

《战士拉歌》、《英雄儿女》旨在表现当代军人的气概风貌,作为晚会中歌颂人民解放军的节目;歌曲《指南针》旨在升华晚会主题思想,体现科技界取得的重大成果。

中国剧院的录制采取专场录像与实况录像结合的办法。专场录像为提高节目的录制质量和水平,弥补一些不宜实况演出的节目;实况录像主要为烘托节日气氛,使中国剧院先期录像的节目与除夕夜晚演播室直播的节目,在节日气氛、观众情绪方面保持一致……中国剧院部分节目系提前录像后,插播在现场直播中,因此在气氛上更要求与除夕之夜的现场直播气氛统一起来。包括镜头处理、灯光和舞美设置,特别是现场效果声,均须具备真实感与现场感,观众组织及其情绪的调动亦不能忽视。①

从以上文字我们可以看出导演阐述中对节目总体设计的设想、节目的安排和录制方式、直播与插播的气氛把握等方面的要求,以及这样实施的理由。最后,导演也在阐述中向各个创作部门提出希望,做一次大战役前的总动员,使晚会获得圆满的成功。

(二)开场、结尾的设计

对于行业性的文艺晚会,导演在撰写导演阐述第三部分的总体设计时,场景设置一般都选择在舞台上,重点是开幕式的演出和高潮尾声的设计。我们以《铁龙飞奔》为例进行说明。这台文艺晚会的开幕式,导演在阐述中是这样设计的:

主题歌声起,灯渐暗,纱幕上《铁龙飞奔》标题熠熠发光,聚光柱投

① 洪民生主编:《追忆》,中国国际广播出版社 1990 年版,第 56 页。

射在会徽上。在热烈欢快的音乐声中,化装成铁路各工种、各行各业的人们,队列舞登场。

两旁的两个大气球上悬挂着两幅大字:"人民铁路为人民","人民铁路人民建"。

在高亢的主题歌声中,锣鼓队成三行从台后高喊着上台。锣鼓手在指挥者的指挥下欢快地击打锣鼓。在紧锣密鼓高潮到来时,鼓声、锣声急停。

抒情音乐起,一队少女身穿铁路服(裙)健步登场,在欢快的乐声中翩翩起舞。她们肩披吉祥哈达,奔向观众,敬献哈达。

这个开幕式体现出晚会热烈的总体气氛。

在结尾处导演的设计是:

在激烈的舞蹈声中,音乐突停,一派寂静。灯光急暗,聚光灯聚集在一朵鲜艳的花蕾上,花蕾突开,一位小姑娘从张开的花瓣中摇着鲜花站起。她用清脆的歌喉,唱起童歌《希望之歌》。

在《希望之歌》的歌声中,小姑娘随着花瓣升腾至半空中,随着歌声临近结束,花蕾渐渐降落,到地面后,花蕾关闭。

朝鲜族少儿舞蹈《扬帽舞》急起。《扬帽舞》至高潮时,60 名少年儿童高唱着"请把我的歌,带回你的家……"蜂拥登场。

演员们依次登场,主持人宣布晚会结束。孩子们把鲜花献给领导和观众。

演员谢幕;领导登台接见演职员代表。

这种结尾与开幕式遥相呼应,总体设计为整台节目的气氛服务,体现出欢快、明朗、清新、雅致的基调。

综上所述,导演阐述是导演对摄制组全体创作人员关于创作总体构思的具体阐释。它是晚会的总则和大纲,是导演艺术创作中一项必不可少的工作。

导演阐述的写作没有固定的模式,根据导演的素质、造诣、习惯的不同而风格各异。但总的要求是:导演阐述应力求明确、鲜明、形象、生动而具体,富有吸引力和说服力,能鼓舞全体创作人员的热情,激发想象,推动创作的积极性。

导演阐述不仅表明导演对作品的思想和艺术的全部构想，还集中体现了他的电视观念和美学理想。导演把文学台本转化为屏幕形象，这是质的改变。导演阐述是导演前期工作的成果，直接反映导演的创作个性，并贯穿创作过程的始终。摄制组的各个主创部门应在导演阐述的基础上制定出各自的设计方案，丰富、补充导演的艺术构思，形成统一的摄制方案，保证作品思想和艺术的完美统一。

第三节 导演工作实施程序

一、前期准备工作

导演完成了案头的文字工作之后，要着手筹建摄制组开始前期的准备工作。电视文艺节目的创作是艺术与技术综合作用的过程，电视艺术创作离不开现代化的科学技术手段。因此，导演首先要同以下工作人员取得联系，确定电视文艺节目的前期录制准备工作。

（一）同技术部门人员的联系

导演要同技术人员商定录制文艺晚会所用的设备；同音响工程师设计录音工作方案：是前期录音还是同期录音？同灯光设计师设计有关布光方案；同美工研究舞美设计、装置、道具配备等要求。

（二）同摄像人员的沟通

导演同摄像人员积极沟通交流，共同研究拍摄用的导演工作台本。对于导演的创作意图，摄像人员要做到心中有数，包括提供不同的拍摄场景（舞台、外景）、拍摄时的机位、取景构图等方面的实施方案。

（三）选择主持人、演员

根据文学台本中的节目类别要求，选择合适的节目主持人及演员。

(四)制定切实可行的拍摄计划与实施方案

以上几项准备工作就绪后,导演即可召集全体主创人员举行摄制组工作会议,在会议上宣读导演阐述,以此统一全组思想,确定拍摄方案,进行明确分工,使各部门能协调工作。对于一些复杂的节目,导演还要举行若干次会议,分别与有关人员商定具体实施方案。之后,导演要全面检查所有设备、材料、灯具等,规定一个限期,为进入正式的排练做好充分准备。

从前期的准备工作中我们可以看出,导演必须具有组织才能,善于用人,能够充分发挥摄制组成员的积极性,使之成为一个团结、合作、生机勃勃的制作群体。导演前期工作做得越细致、越全面,他的后期工作就会越顺利,获得成功也就越有保障。

二、中期排练工作

前期的准备工作完成后,导演要抓紧时间进入更加辛苦和烦琐的排练阶段。在这期间导演的工作可以说是“千头万绪”,一方面要排练演员们表演的节目,另一方面也要排练全体制作人员的各项工作。这一阶段导演的工作程序是:

(一)预排演员们表演的节目

排演,这是一切表演艺术都必须经过的程序,无论简单或复杂,都要进行。预排的优势在于能使演员们充分理解导演的创作意图,并密切配合。

排练可选择在空间大小适宜的地方进行,达到模拟表演场地的目的。在排练中,导演要向演员们说明自己的创作要求,节目要排演得越熟练越好,避免彩排或正式录像时出现不应有的差错。

(二)对摄制组人员的排练

当演员排演到一定程度,导演可决定到演播室进行带机正式彩排了。对于整台节目来说,这是灯光师布光,美工师置景,摄像师摄像,服装、化妆、道具等工作人员的最后练兵。“导演在这个阶段里，主要确定两大方面的问题：一是演员的活动范围与方式；二是制作成员的工作活动范围与设备的安放位置。如布景、道具的位置，不同区域的布光要求，话筒的位置与置放方式，更重要的是摄像机的拍摄机位以及摄像机的运动方式等等。”①

1. 对摄像人员的排练

现在我国大多数的电视文艺节目基本采用的是多机同时拍摄、同时剪辑的录制方式，一般是三台摄像机，也有五台以上的。比如，大型春节晚会就是五六台摄像机同时拍摄、同时编辑播放的。多机拍摄首先要有整体的机位设计，在拍摄内容和景别上要有明确的分工，以免漏掉必要的内容。导演还可以现场调机，指挥调度摄像机取得理想的画面。

导演要像音乐指挥一样，指挥各部摄像机进行拍摄。导演在指挥摄像机运动时，至少要同时考虑两个以上的镜头：正在拍摄的镜头和下一个将由另一部摄像机拍摄的镜头。只有这样，导演才可以提前调度将要拍摄的摄像机，做好准备，以成功地连接上一个镜头，使各部摄像机可以有条不紊地向选频器输送画面。假如有些节目排练的时间较短，导演没有足够把握对每一个镜头的演员活动都做出准确的规定，那么，可以分配三台摄像机专门盯住某一景别的镜头。比如，一号摄像机专门负责拍摄中景镜头，二号摄像机负责拍摄被摄主体的近景或特写镜头，三号摄像机负责拍摄全景镜头。这样，演员无论怎样活动，总有一部摄像机能够拍摄下可用的画面，从而避免出现漏拍的状况。导演在演播室内带机正式排练的工作十分繁重，他所做出的决定是否正确与妥当，将直接影响节目的制作质量。

2. 对控制室内工作人员的排练

在演播室除了对摄像人员的排练外，还要对控制室里的工作人员进行排练。比如，在控制室内工作的电器技师、音响工程师、录像师、灯光师等人，他们要随着演播室的排演进行选频、特技与录制等方面的排练。当然，导演在一边监视图像、一边指挥控制室内工作人员的同时，还要顾及对演播室的指挥，他通

① 张舒予、周章明编译：《电视制作——技巧、艺术、训练》，复旦大学出版社1991年版，第290页。

过演播室内的通讯系统同所有的主创人员保持联系。经过这样的排练后，控制室内的所有工作人员对演员们表演的节目、布光要求、特技使用、音响处理等有关事宜都有了明确的理解。

在这个阶段完成后，导演可以进行试录式的彩排。控制室与演播室的彩排可分为三种方式进行：一种是间断式的排练。控制室对演播室里送来的信号进行一段段的选频与录制，一旦发现机位、表演或灯光等方面的问题，立刻停机，予以纠正后再继续进行。第二种是不间断式的排练。在间断式排练的基础上，便可以尽量争取不间断地从头到尾进行排练。即使发现问题（如果不是特别严重的）也不要停机，而由助理导演做记录，待全部排练完毕后，再指出问题，注意在下一次排练时予以纠正。第三种是彩排。在导演的指挥下，演播室内的演员与摄像师，控制室内的电器技师、音乐工程师等人都按照正式拍摄的计划与要求进行最后一次排练，作为正式录像时的最后检验。

三、正式录像时导演的工作

一切准备工作就绪，正式录像开始，导演要做以下几项工作：

导演要稳定自己的情绪，做到“临场不惧，遇事不慌”，以胸有成竹的平静心态，面带微笑、从容不迫地向全体摄制组成员做最后一次“战前动员”，提醒大家要注意的地方。

在录像开始前，导演还应注意以下几点：必须让自己的指令语言简洁明了，使有关人员能够明白无误；在指挥演员时，要注意必须说清楚演员的名字，避免发生误会；在调度摄像机时，必须明确地指出机号，比如“一号机”或“二号机”，使执机的摄像师能够明白导演的指令；在发出正式指令之前，必须预先发出准备的口令，使相关人员有足够的时间做好各项准备工作。比如，在正式发出从一号机淡入到二号机这个指令之前，应提前若干秒钟发出预备口令：“准备从一号机淡入到二号机。”这样做能使二号机摄像师有足够的心理准备与时间来调动摄像机对准所要拍摄的对象，等待导演通过选频器淡入他所拍摄的画面。

导演在正式开始录像前的两三分钟要预览监视器中的预演画面，如果监视器中呈现的图像不符合要求，可以发出指令立即修改；与此同时，还要监听伴随图像的音响效果，做到眼看、耳听、嘴说、手动。当这一切达到理想的程度，导演发出指令："各就各位，准备开拍！"摄像师将摄像机移向指定的机位。伴随着音响工程师在控制室内的调音台上调出和谐的混声效果，导演对录像师说："录像准备！"一切准备动作就绪，导演发出指令："预备！音乐准备，一号摄像机准备好。开始！"舞台监督将手向上一挥，拍摄正式开始。

这时，导演坐在切换台前，眼睛不是注意那些按钮，而是以大部分的精力去观察监视器和工作台本，随时调度摄像师摄取预选画面。导演同摄像师要密切配合。在录像时，导演除了要提醒摄像师按计划摄取合适的镜头外，还要给其某种自由，充分发挥他们的积极性。导演要从观众的欣赏心理出发，把镜头切换得流畅、自然，同时控制好每个镜头的时间长度与运动节奏，要尽量严格地按照既定方案实行。即使切错画面也不必过多考虑，等全部节目录制完毕再进行补拍也可。一场演出节目全部录制完以后，导演的录制任务也就基本完成了，余下的工作是督促工作人员收拾整理。

四、后期制作工作

后期制作是导演对所有拍摄的素材进行审看、选择，在编辑人员的协助下，运用一定的艺术与技术表现手段（包括特技、字幕等），使节目成为声画合一的艺术整体。这一阶段的工作非常重要，如同百米赛跑的最后冲刺，是取得好成绩的关键时刻。此时，导演对工作中的每个细节都要给予充分重视，否则会留下遗憾。这一阶段导演的工作包括以下几项：

（一）审阅图像素材

经过紧张的拍摄录像阶段之后，导演要静下心来审阅所拍摄的素材。为了不使源素材带因反复审阅而磨损，可将其复制一版作为副版，用副版进行审阅，确定可用的镜头画面。在审阅时，思路要开阔，根据构思和导演工作台本写出编辑方案。比如，选择在什么地方插播外景素材和历史资料？要做哪些特技处理？这些都要经过周密而细致的考虑，为正式编辑做好思想准备。

在审阅素材时要注意两点：一是视频信号的质量，也就是画面的艺术质量如何，要选择最好的保留下来待用；二是仔细监听音频信号，也就是录音的音响是否清晰、优美，与画面是否和谐。当这部分工作完成后，接下来要审阅外景素材和历史资料，根据节目内容的需要选择素材以备制作合成之用。

（二）制作节目片头

节目片头如同一本好书的封面，要求简洁醒目。晚会的片头多种多样，因此导演在制作片头时，要匠心独运，力争精彩。片头“除了对晚会的主题与基调予以高度概括性的揭示，还应该是新、奇、喜、乐都有为最好”①。“从整个晚会来讲，片头是它的一个有机组成部分。这部分的艺术创作可以分为：画面构图设计、画面节奏设计、特技设计、色彩设计和字幕设计等等。其中需要多工种合作，可以借用绘画、雕塑、摄影、电视、音乐、实物等多种媒介造成一种多维的、强烈的、新颖的艺术氛围。从总体要求上，一个好的片头，需要细腻的运动感觉、准确的节奏、简洁而富于意味的画面，同时构成运动着的视觉美。”②有一点需要强调，片头时长一般控制在30～40秒比较合适。片头时长过短，容易造成急促感，过长又会使观众感到乏味、冗长，因此要把握好分寸。

（三）字幕设计

字幕在电视节目中是不可缺少的重要组成部分，通常来说，与观众最先见面的就是标题性的片头字幕。“片头字幕，在电视荧屏中，不但因自己的提示作用处于先导地位，它还因自己的艺术价值和装饰效果使画面大为增色，而给人以美的艺术享受。”③因此，导演在制作电视节目时，对字幕的使用不可忽视，要有精心的设计和通盘的考虑。比如，片头字幕选择什么样的字体，是美术字还是传统书法艺术的手写体？这都要从节目与片头的画面美出发，使之和谐统一，产生一种富有艺术性的装饰美。

除了片头字幕外，在整台晚会中还有节目标题、唱词、歌词以及说明性文字等都要有所设计，字体、大小都要合理，该强调的应尽量醒目，从而给观众留下深刻的印象。

---

①② 林景云主编：《电视制作论集》，人民出版社1993年版，第222页。

③ 林景云主编：《电视制作论集》，人民出版社1993年版，第232页。

此外，还要注意字幕的色彩选择，处理好与背景画面颜色的关系。如果背景画面色彩较暗，字幕就应该选用相对明亮的色彩，以形成较大的反差；反之，背景较亮，字幕色彩较重一些效果会比较好。色彩是富有个性的：红色象征兴奋、热烈，是节日和喜庆场面不可缺少的主色；绿色代表和平、宁静，使人容易和春天充满生机的景象相联系；蓝色给人以辽阔而深远的感受；黄色使人感到明亮和活跃；白色蕴含着洁净与纯情……在选择字幕色彩时，可参照一下色彩的个性，使字幕色彩与画面相匹配，形成字幕既突出醒目，颜色又和谐统一的效果。

五、运用特技画面

数字特技使电视节目在制作手段、创作途径和方法上，都有了使人惊叹不已的新局面。导演同视频特效制作人员相配合，利用各种数字特技，发挥创作构思，就可以将各种电视节目素材变换成动人心弦、美妙奇特的电视片头、字幕以及各种特殊画面，使电视艺术达到一种新的高度。导演如何开发电视特技潜藏的功能，把特技运用到节目制作中，使画面的信息量增大、艺术品位增值，也是导演需要认真考虑的问题。它能充分体现出导演的艺术创造力，使节目更具有电视化的特点。

时任广电部副部长杨伟光说："用特技插入各种各样的图像，大大提高了电视文艺节目的信息量，也提高了电视文艺节目的可视性。在这一点上中央台和地方台都做了大量的探索和创新。比如，《拥抱太阳》七一晚会，当时晚会刚结束，江泽民总书记就打电话给艾部长，认为这台晚会非常成功，使人看到的不仅仅是现场的唱歌、跳舞等表演，而且把我党历史上的很多重大事件和重要人物，在文艺演出的同时，通过插播画面都展现在观众面前，所以它的内容比一般舞台演出要丰富、生动得多。因此，江总书记给予了高度评价。我觉得这台晚会表现出了电视文艺工作者的智慧和创造，也是对电视的功能的开发。所以现在电视文艺舞台上看到的表演不是简单的舞台、剧场的搬家，而是比剧场丰富得多的再创作，也是我们电视文艺走向成熟的重要标志。”①

运用特技手法往往体现在具体的节目上，不同的节目选择特技的方式也不一样。运用特技手段要从节目内容出发，为表现节目内容服务，而不能为特技而特技，把特技当做一种装饰品。这样就失去了使用特技的意义，给人一种“闹得慌”的感觉，那就有些失败了。它不仅不是“成熟的重要标志”，反而显得幼稚可笑了。我们从已经播出的文艺节目中选择比较成功的常用特技手法，以供参考。

(一)歌曲节目

在歌曲节目中常用的电视特技手法主要有以下几种：

1. 平面叠画

这种手法是在两段歌词的中间或演唱的中段插入或叠入演唱者的话外音或文字性的字幕，表示演唱者对观众的祝福或表述自己的心愿。它可以烘托演唱者的情绪，沟通表演者与观众之间的情感，丰富电视画面的信息含量。这种方法在大型文艺晚会《正月里来唱新歌》中有所体现。

2. 叠加历史资料镜头

在歌曲演唱的同时，插播或叠加纪实性的历史资料镜头，使节目的内涵更为丰富，可视性更强。但历史资料镜头的插播或叠加，一定要符合歌词内容或歌词所描绘的意境。比如，在中央电视台举办的《丰收大地——纪念毛泽东〈在延安文艺座谈会上的讲话〉发表50周年》大型综艺晚会中，有两首歌曲都是采用这样的方法。一首是《延安的声音》。演员在演唱这首歌曲时，插播的历史资料镜头有：毛主席与文艺界的演员合影；朱德委员长与演员联欢跳舞；周总理与演员们一一握手；邓小平同志挥手向演员们致意等。节目因此增添了深层次的含义。另一首歌曲是《奉献五彩缤纷》。当宋祖英演唱这首歌曲时，画面上插播了历史纪录片的镜头：巴金先生在朝鲜志愿军阵地上与战士们亲切交谈；老舍在牧区访问；柳青在农村与农民们座谈；周立波在山乡参加劳动；戏曲艺术家梅

---

① 《中国电视》1994年第11期。

兰芳、方荣翔、常香玉在工地、农村演出，等等。将表现艺术家们深入农村、基层，为工农兵演出、创作的纪实资料镜头插播在歌曲中，揭示出文艺工作者的奉献精神，作品的思想性更强，主题更为深刻。

3.两种艺术形式的叠画

这是以歌唱为主，叠入另外的艺术表演，用特技画面传达信息、丰富内容。比如，文化部1993年春节晚会上有一首男女声二重唱歌曲《美在你心里》。两位歌手演唱歌曲时，有两位获奖名模也同台表演，类似于“伴舞”的组合处理。但当歌手演唱第二遍时，荧屏上出现了演唱者与名模时装表演的画面叠加的特技处理，主唱演员的服饰、场地都没有变化，而名模的服饰随着飘移的叠画而发生改变。这种同台演出与特技叠画处理，不仅发挥了荧屏的兼容性，而且也增强了美的韵味。

4.内外景叠画

有些歌曲的内容具有情节性，为了加深观众对歌曲内容的理解，艺术地表现这种情节性，导演采用内外景结合的艺术手法，将内景的歌曲演唱与外景的情节画面叠加在一起，舞台演唱歌曲经过形象化的情节性处理后，大大地拓宽了歌曲的表现力和艺术感染力。比如，电视综艺晚会《为了腾飞》中有一首歌曲《莫忘我的话》，就是采用这种手法。歌唱演员宋祖英在舞台上演唱歌曲《莫忘我的话》，歌词大意是一位司机的妻子叮嘱丈夫出门开车千万注意交通安全。演员在台上深情地演唱着这首歌，随着歌词的内容，镜头拉出进入现实生活场景。宋祖英扮演司机的妻子，早上送别丈夫，叮嘱丈夫“莫忘我的话”，丈夫也深情地向妻子和孩子告别去上班。晚上妻子做好晚餐，盼望着丈夫的归来，孩子在阳台上眺望，看见当司机的爸爸开车回来了，母女俩面带笑容在阳台上招手迎接在外工作一天的亲人。这种舞台上演唱与现实生活中的表演交错进行，生活中的表演形象化了歌词的内容，加强了歌曲的感情色彩，充分展示出特技的艺术功能。

(二)短剧、小品、相声节目

短剧、小品、相声节目在电视综艺晚会中被称为支柱性的节目。这类节目大都具有情节性，运用电视化手段进行艺术处理是大有可为的。导演可以运用蒙太奇的手法，将舞台演出与舞台外的表演进行特技组合，使节目更具有电视特色。比如，在《为了腾飞》这台晚会中有一个音乐报道剧《金苹果行动》，这个短剧在舞台上表现的是一个风雪交加的大年三十的夜晚，交通民警站岗指挥着来往的车辆，而舞台外的表演是生活中的几个孩子背着家长用不同的暗号进行联络，一个个神秘地溜出家门，家长们不知孩子们的去向，报警寻找。舞台上交警的报话机接到报警说几个孩子离家出走，不知去向，请注意孩子们的踪迹。孩子们从后台的四方涌向舞台的岗亭前，交警把他们一一拦住。根据报警提示，交警认出了孩子们，把他们的名字一个个叫出来，询问他们大半夜不在家过年，准备到哪儿去，并告诉他们家长非常着急地找他们。孩子们从怀里掏出红苹果，举到警察叔叔的面前，“叔叔也有家，也有孩子，为了工作，不能合家团聚，不能同自己的孩子欢度除夕……”孩子们真挚的情感使警察叔叔非常感动，他劝说孩子们赶快回家，爸爸妈妈正焦急地等着他们哪。孩子们告别警察叔叔走下舞台。

这个报道剧很感人，但如果只停留在舞台上表演可能要逊色一些，除夕之夜的欢乐情景也难以表现。编导运用内外景组接的手法，把台上和台下的生活表演进行艺术的结合，不仅富有戏剧性的悬念，而且，运用外景画面把千家万户除夕之夜的欢乐景象表现出来，与风雪之夜中的交警值勤，形成了鲜明的对比。在这种强烈的对比中突出孩子们没有忘记警察叔叔为了大家的安全在坚守岗位，产生了慰问叔叔的行动，他们每人拿着红艳艳的苹果来到岗亭前向叔叔表示敬意，使短剧的情感达到高潮。这种内外结合的艺术处理方式，使感情高潮在步步铺垫的基础上形成，充分发挥了电视的优势，节目也更加吸引人。

电视综艺晚会所选用的相声节目除了传统的对口相声之外，编导还可以挖掘电视艺术表现多时空的优势，创造出新的适合电视表现的形式，使相声节目既有可听性，又具有形象化的可视性。比如相声《夜行记后传》，它是在 20 世纪 50 年代红极一时的相声《夜行记》基础上改编的，由侯耀文和石富宽表演。这个相声的开头是演员在舞台上表演，随着内容的进展，导演把演员拉出舞台，进入现实生活，实地拍摄相声中描述的画面。相声《夜行记》讲述的是“爸爸”当年图便宜买了一辆破自行车，不听人劝，结果把一个行人撞到了药铺里，最后自己也掉地沟里的故事，对“爸爸”的行为给予了绝妙的讽刺；《夜行记后传》延续发展了这个故事，表现主人公骑着一辆破旧的摩托车，因为刹车不灵，把行人撞到饭店里去了。这个人正是40年前被自行车撞到药铺里的人的儿子，而石富宽所扮演的交警，正是当年那位从地沟里救出骑自行车人的儿子。这是个充满戏剧性情节的改编相声，经过蒙太奇手法组接，节目也更具有电视艺术的特征，显然比两个人表演的传统相声，在形象上丰富了许多。改编后的相声节目，不但没有失去原有的“包袱”，而且在表演上平添了许多笑料，充分发挥出电视画面表现内容的优势，可称为“电视相声”。

随着技术手段的不断完善，特技在电视综艺节目中的表现力还将不断提高。通过对各类文艺作品的电视化加工处理，不仅丰富了电视银屏，而且也给传统艺术形式带来了全新的发展空间。电视文艺编导要正确地认识电视特技的基本规律和特性，充分发挥想象力和创造力，创作出更多优秀的电视综艺节目。

(三)陪衬节目主持人的叠画

主要有两种：一种是陪衬主持人的叠画；另一种是陪衬主持人画外音的叠画。

在大型电视综艺晚会《拥抱太阳》中，主要的节目主持人有田华、李秀明、秦怡、谢芳、白杨、祝希娟、李羚等，当这些主持人出场时，辅以各自主演的经典电影画面。这样一方面暗示出这些主持人所演的电影与晚会的主题相关，另一方面电影画面也与主持人的解说词相匹配，达到相得益彰的效果。比如，田华说，“今天是中国共产党70周年诞辰，是妈妈的生日。我作为党的一名文艺战士、党的女儿，和全国50多万党员以及全国各民族人民在一起，向母亲致以深深的敬意。”田华在说这段解说词时，画面上叠加了她主演的电影《党的女儿》片段。李秀明说，“今天，我们作为年轻的一代，望着祖国的蓝天、大地，望着飘扬着的党旗，久久地思索、思索着，该献上什么样的礼物，向妈妈祝贺生日，使妈妈欣慰、让她放心。”这时叠加了李秀明主演的电影《年轻的一代》的部分镜头。从这些特技画面的运用中，我们可以看出运用特技也要服从于主题，不能滥用特技，否则就会失去特技原有的意义。

第二种是运用画面陪衬解说词。比如在大型音诗《光明赞》中，有几处起过渡作用的朗诵词，由著名播音员方明、雅坤朗诵，朗诵人不出形象，而只出声音。画面上如果出字幕，一则重复，二则缺乏具体形象。导演在这里处理成以画面配合解说词，声画叠加，共同完成了串联的任务。

六、电视文艺节目的制作方式

电视文艺节目的制作方式主要有三种，即ENG制作方式、EFP制作方式（电子现场制作）和ESP制作方式（演播室制作方式）。

（一）ENG制作方式

ENG是“Electronic News Gathering”（电子新闻采集）的缩写。这种制作方式最早用于电视新闻的制作。它的特点与传统的影片制作相仿，先拍摄画面，然后对素材进行剪辑，即前期拍摄，后期编辑。它的特点适合于几乎所有类型的电视节目制作。

对于电视文艺节目来说，当室内外的节目素材、历史镜头资料、片头设计制作完成，字幕的字体、色彩确定，以及使用什么样的特技都经过深思熟虑之后，导演便要与负责节目编辑的工作人员，平心静气地坐在剪辑台前，依据编辑方案进行编辑工作。一般来说，要在画面编辑完成之后，再进行音响编辑。音响编辑最好采用插入法，分别对不同的声道单独编辑，以便于调制音量强弱，使之达到平衡状态。比如，对于源素材是小品或相声，以及节目主持人的语言等，往往采用的是同期声录音；而像歌曲、伴舞的音乐以及配乐，大都不是同期声录音而采用后期配音的方式。这主要是为了保证音乐作品的艺术质量。在编辑完成一个段落之后，导演要回放画面并审听音响，从整体上检查风格是否统一，每个镜头的连接是否流畅，声音是否和谐统一，声画是否同步。这个阶段的工作相当细致，特别是画面的剪接点和声音的转换都要做到天衣无缝，使视听效果达到完美的结合。

（二）EFP制作方式

EFP制作方式又被称作电子现场制作。EFP来源于电视技术，是“Electronic Field Production”的缩写，也被称为即时制作方式。它原本是对一整套电视设备的统称，叫 EFP 设备或 EFP 系统。这套系统至少包括两台以上数量的摄像机，一个图像(视频信号)切换台，一个音响控制台和所需的辅助性设备。利用这套设备，可以在事件发生的现场制作电视节目。所制作节目如果是与事件同时播出，我们称其为现场直播。

中国电视文艺刚刚诞生时，就是采用这种方式直播出去，它不能留下现场表演的记录，只有电视观众在电视荧屏上看到演出的全过程。直到 20 世纪 70 年代，我国引进了录像设备，才将现场演出的情况通过录像机保留下来。如果不是当时同步播出而是录像，那么我们称其为现场录像。

目前，许多电视文艺节目都采用这种方式制作，比如纪念抗日战争和反法西斯战争胜利 50 周年大型文艺晚会《光明赞》，就是采用现场直播、同时录像的方式。

无论是现场直播还是现场录像，所摄制的节目镜头画面，都不能由一台摄像机完成。节目的镜头要多变，应有不同拍摄对象、不同景别的变换，应有不同拍摄角度和技巧的选择，应有起伏的情节和快慢节奏的转换。这就要求必须有两台以上摄像机同时工作，个别甚至多达二十几台摄像机同时工作，从不同的角度和位置拍摄各种镜头。这些视频信号被集中到导播台上，供制作人员选择，编排成一个连续、多变的镜头组合。这个切换过程也就是节目的剪辑过程，它与拍摄工作同时进行。这里电视节目制作的拍摄阶段和剪辑阶段同时开始、同时结束，与事件的发生、发展同步进行。

EFP 方式的制作特点是多机拍摄、即时编辑(剪辑)，具有制作节目的连续性和同时性。EFP 设备可以全部装在一辆汽车内，具有一定的灵活性，常常用于一些户外大型文艺节目和时效性较强的电视节目制作。

(三)ESP 制作方式

ESP 是“Electronic Studio Production”(演播室制作)的缩写。演播室相当于电影厂的摄影棚，它能隔断外界的声光，通过人工的音响、光线、布景来创造出演播空间。它可以用多台摄像机和多个话筒同时录制演播区的表演，并根据需要对节目进行录像制作或直接播出。它包括演播、拍摄和有关制作区域(如演播室、导控室等),是一种大型节目制作系统。

根据目前中央电视台以及各省级电视台的情况来看,分别有2000平方米、1000平方米、800平方米、400平方米、200平方米和100平方米左右不同面积的大、中、小型电视演播室,可用于大、中、小型各类电视节目的制作和播出,构成了电视台多层次节目制作系统。这种节目制作方式也被称为演播室制作方式。它融会了ENG制作方式和EFP制作方式的优点。演播室里设有全自动化的灯光系统、音响效果设备,完全可以同立体音乐录音棚相媲美;拥有达到广播级标准的摄像机,以及最新的电视技术的精华——数字特技设备、电视动画图像创作系统。演播室制作既可以先拍摄素材,再进行剪辑,也可以多台摄像机同时拍摄,在导演台上即时切换,因而可以高质量、高效率地制作电视节目。

ESP与前两种制作方式的不同之处是,所有需要制作的节目素材都必须事先做好充分的准备,不离开电视演播室就可以进行制作。这三种方式究竟选择哪种好,要取决于节目本身对时效性的要求,节目的规模和场面,以及人员、经费等多种因素。

在电子现场制作和演播室制作中,导播人员担任着很重要的使命,是创作集体的核心人物,要对整个节目的质量负责。导演不同于导播,导演可以指导或干涉演员,可以导戏;而导播无法干预正在发生的事件或进行中的节目,唯一可做的是运用一定的表现手段,调度摄像机来表现和反映它。导播通过切换台让观众先看到什么、后看到什么,或者不让观众看到什么,当然他的选择和决定也是事先精心设计和安排好的结果,不过融进了导演的主观意图。

在现场制作过程中,导播人员既要观察监视器屏幕(注意,这里并不是只观察一个屏幕上的电视图像,而是三个或者更多)上不断变化的图像,还要及时准确地按下切换按键变换输出的画面。加之其他一些必须注意的如时间、音响等因素,导播人员从始至终都处于高度紧张的状态之中。

作为一名优秀的导播,他应该具备什么样的素质呢?

首先,导播人员应该具有丰富的经验。有人说,天才就是经验加上一点小聪明,经验可以帮助导播人员对事件有大致的预见和推测。预见准确才能切换及时。诚然,目前现场制作的方式还主要应用在体育、文艺和部分新闻节目中。每一类型节目都有所不同,但每种类型的节目总有其规律可循。掌握各种类型节目的特点和制作规律就等于拿到了打开导播之门的金钥匙。这个规律就是不断充实的经验。

其次,要熟练掌握镜头组接的规律和娴熟的导播台操作技巧。现场即时性切换是没有时间去仔细斟酌的,随意切换又会使整个节目的镜头衔接混乱不堪,因此,导播应当精通画面语言。对于一名导播来说,娴熟的导播台操作能力可使制作切换得心应手、恰到好处,而精通画面语言可使镜头组接得有章法、有层次,流畅自然。

现场制作是一个集体创作过程,身为主要负责人的导播必须与其他工作人员有良好的协作关系。集体素质取决于个人素质和整体意识。现场制作集体毕竟不是战时的军队,单靠强制命令无济于事。作为负责人的导播,应当善于处理各种关系,包括与各个环节工作人员之间的协调关系。重要的是能互相体谅、相互尊重,充分注意爱护和发挥每个人的工作积极性。

以上三点是每一个成功的导播人员必备的素质,它既反映了导播的气质又体现了导播能力。①

通过这一章的学习,我们可以清楚《电视文艺编辑岗位规范》中所要求的"能够撰写电视文艺节目分镜头脚本和串联词,具有担任导播的能力;导播时镜头调度联结流畅,切换点准确,富有节奏感,能完整地表达主体和创作意图,熟悉电视文艺节目后期制作流程,能独立地组织完成后期编辑、配音、合成等工作"。

总之,导演的职责大体包括以上几项。对于有志于从事电视文艺导演工作的青年人来说,仅仅了解导演所肩负的职责还不够,还必须广泛地学习文化知识,增强自身的文化艺术修养。有些项目导演不一定亲自动手,但应该有所了解。比如,舞美、服装、化妆、灯光等方面的知识,这些知识的掌握绝不是一朝一夕之事,需要长期的积累和认真的领悟,请记住"艺无止境"这句名言。

---

① 李平云:《电视节目制作》,山西教育科学出版社 1985 年版,第 246 页。

思考与训练

1. 电视文艺导演在一台晚会中应承担什么样的职责?

2. 导演撰写的工作台本都包括哪些内容?

3. 导演撰写阐述时涉及几个方面的问题?

4. 导演的工作程序是什么?

5. 导演与导播的异同点是什么?

阅读导航

1. 洪民生主编:《追忆》,中国国际广播出版社 1990 年版。

2. 张舒予、周章明编译:《电视制作——技巧、艺术、训练》,复旦大学出版社 1991 年版。

附表

中央电视台《2001 年春节联欢晚会》直播流程表(节选)

导演：王冼平　王宪生　金越

序号	节目	形式	参演团体	音响处理	服装	道具	现场调度	效果	大屏幕
第一小时——欢乐篇[节目时长：]									
※ 1′26″	倒计时 10″ 晚会片头 1′00″	放像		像带还音	19：59：50 开始		演员在舞台上候场	片头以后以下节目开始	晚会片头
1 3′54″	今天真好	歌舞	演唱：孙悦　陈晓东 济南前卫歌舞团南京艺术剧院北京星之海内蒙小鸿雁北京军乐学校二炮军乐队	DAT 还音道具耳麦 2	主要演员自备、其他演员台备	手机、公文包、挎包、鲜花无数、裁缝用卷尺、裁衣架、装满年货超市用手推车、邮递挎包、售货车、小提琴、吉他、内有鲜花花篮、福财神年画、楼梯、拉杆箱、小学生双肩背包、大学生双肩挎包、大报纸一条、菜蓝、书报若干、新年礼物若干	音乐开启大门 第二遍唱词主唱演员上外环平台升起至水平 道具楼梯间奏时上场	间奏时现场有和观众交流的内容，请及时开启场灯 ★舞蹈人	主持大屏内容 喜庆背景 舞台大屏位置置中内容 喜庆画面
1′11″	串联		周、朱、曹、张	手持 4 加音乐	台定制		主舞台，内环开盖升起	紧接着放音乐	
2 3′08″	越来越好	歌曲	演唱：宋祖英 舞蹈：吉林市歌舞团	DAT 还音 道具手持 1	雪人 16、雪花服 25	大雪花、灯笼、雪花、鞭炮、扫帚、风车若干	舞台上定位开始、雪花机、内环开盖内环平台上演员和景片升起，演员上台后内平台逆时针旋转	摄像顶棚开始注意舞蹈演员撤场	
46″	串联		曹、张	手持 2			主持区		主持大屏：喜庆画面
3 11′41″	红娘	小品	表演： 郭达、蔡明 刘桂娟、刘小梅 伴奏： 中央戏曲学院	胸麦 4，乐队 8 人拾音	演员服装自备	绣帐子、椅子 4 椅披 2、棋盘、景片	舞台上开始		
1′03″	串联 168—0		周、朱(小全)	手持 2			主持区带大屏幕	CCTV、168 题、选票	主持大屏：喜庆画面

主要参考文献

书籍

1. 洪民生主编，中央电视台《追忆》编委会编：《追忆：中央电视台 1983～1989 春节联欢晚会》，中国国际广播出版社 1990 年版。
2. 洪民生著：《我与电视》，中国国际出版社 1990 年版。
3. 张舒予、周章明编译：《电视制作——技巧、艺术、训练》，复旦大学出版社 1991 年版。
4. 沈纪主编：《电视文艺论集》，人民出版社 1993 年版。
5. 林强：《邓在军电视艺术》，华文出版社 1993 年版。
6. 赵化勇、胡恩主编：《电视文艺文集》，北京出版社 1998 年版。
7. 杨晓民、陈亦文：《难忘今宵——中央电视台历届春节联欢晚会大写真》，长江文艺出版社 1998 年版。
8. 张凤铸主编：《中国电视文艺学》，北京广播学院出版社 1999 版。
9. 何丹主编：《电视文艺》，中国广播电视出版社 2001 年版。
10. 游洁：《电视文艺节目创作》，中国广播电视出版社 2001 年版。
11. 吕艺生：《大型晚会编导艺术》，上海音乐出版社 2005 年版。
12. 任金洲、高波：《电视摄像》，中国广播电视出版社 2005 年版。
13. 陈念祖：《节庆晚会编导手册》，上海音乐出版社 2006 年版。
14. 李庆山、李敬编著：《中央电视台 24 届春节联欢晚会台前幕后》，中共党史出版社 2007 年版。
15. 关玲等：《中国广播电视文艺大系（1977～2000）·电视综艺节目卷》，中国广播电视出版社 2008 年版。

16. 杨燕主编:《中国广播电视文艺大系(1997～2000)·电视戏曲卷》,中国广播电视出版社 2008 年版。

17. 王灏、孟群:《电视制作技术》,中国国际广播出版社 2009 年版。

杂志

《现代传播》

《电视研究》

《中国电视》

《中国广播电视学刊》

网站

http://www. cntv. cn

http://www. xinhuanet. com

http://www. smg. cn

http://www. dragontv. cn

http://www. btv. com. cn

http://www. hunantv. com

http://www. jstv. com

后 记

这本教程是在中国传媒大学南广学院副校长丁海宴教授和教务部领导金梦玉教授及广电学院王更新院长的关注与支持下，以获得广电总局优秀科研成果奖的《电视文艺编导艺术》一书为基础，经过删减、增补、修订并按照教程的要求重新撰写的。因此，它更加全面和丰富，也更符合指导实践的要求。

在撰写的过程中我们除了补充新的章节内容外，还吸收了近年来在电视艺术界出现的新的优秀作品，并把它们的精彩部分作为例证选编到教程中，使之更具有时代性的意义，从中我们也看到电视文艺编导艺术的发展轨迹和成长脉络及创新的成果。

这本教程的突出点是知识性、技能性的综合阐述，既有一定的理论色彩，又有指导实践的应用性，因而更符合培养目标的要求。尤其是书中适当地选择了优秀节目的范例，对学习这门课程的学生会有一定的启发和借鉴作用。为此，我们感谢张东辉导演为本书提供了电视音乐《龙船调》的导演阐述和分镜头本，中央电视台《我要上春晚》栏目的编导苏柱子提供了第一期节目的录棚稿作为学习资料，同时也感谢中国传媒大学南广学院冯苗振老师为本书第五章绘制插图。

非常感谢出版社编辑的辛勤劳动，为支持教学所付出的努力。

作者

2011 年 9 月 30 日

图书在版编目(CIP)数据

电视文艺编导教程/朱宝贺,王慧敏著.--北京:中国传媒大学出版社,2012.3
(2020.10重印)
ISBN 978-7-5657-0426-0

Ⅰ.①电… Ⅱ.①朱… ②王… Ⅲ.①文艺－电视节目－制作－高等学校－教材
②文艺－电视节目－导演艺术－高等学校－教材 Ⅳ.①G222.3

中国版本图书馆CIP数据核字(2012)第007455号

电视文艺编导教程
DIANSHI WENYI BIANDAO JIAOCHENG

著　　者	朱宝贺　王慧敏
责任编辑	欧丽娜
封面设计	王洪亮
责任印制	李志鹏
出版发行	中国传媒大学出版社
社　　址	北京市朝阳区定福庄东街1号　　邮编:100024
电　　话	86-10-65450528　65450532　　传真:65779405
网　　址	http://cucp.cuc.edu.cn
经　　销	全国新华书店
印　　刷	三河市东方印刷有限公司
开　　本	730mm×988mm　1/16
印　　张	16.5
字　　数	258千字
版　　次	2012年5月第1版
印　　次	2020年10月第7次印刷
书　　号	ISBN 978-7-5657-0426-0/G·0426　　**定　价**　39.00元